Intelligent Connected Vehicle

智能网联汽车核心技术丛书

智能网联汽车

ADAS系统原理与关键技术

朱胜峰　张宝义　杨爱喜　著

化学工业出版社

·北京·

内容简介

《智能网联汽车ADAS系统原理与关键技术》是“智能网联汽车核心技术丛书”中的一册，本书旨在深入探讨智能网联汽车的核心系统——高级驾驶辅助系统（ADAS）的工作原理和关键技术。本书通过系统地阐述ADAS系统的各个组成部分、技术原理及其在实际应用中的关键作用，包括车道偏离报警系统、前向碰撞预警、自动紧急制动、自动泊车辅助、车道保持辅助、自适应巡航控制、车辆盲区监测、疲劳驾驶预警、夜视辅助等系统，为读者提供了一个全面而深入的了解智能网联汽车技术的视角。

本书可供智能网联汽车ADAS方向的技术人员阅读参考，也可供智能网联汽车行业的政策制定者、企业管理者、科研工作者以及汽车第三方检测机构人员阅读，同时也可以作为国内高校相关专业的本科生、研究生的参考教材。

图书在版编目（CIP）数据

智能网联汽车ADAS系统原理与关键技术 / 朱胜峰，张宝义，杨爱喜著. -- 北京 ：化学工业出版社，2024. 6. --（智能网联汽车核心技术丛书）. -- ISBN 978-7-122-45805-6

Ⅰ. U463.61

中国国家版本馆CIP数据核字第2024X1K551号

责任编辑：雷桐辉　　装帧设计：王晓宇
责任校对：李露洁

出版发行：化学工业出版社
（北京市东城区青年湖南街13号　邮政编码100011）
印　　刷：北京云浩印刷有限责任公司
装　　订：三河市振勇印装有限公司
787mm×1092mm　1/16　印张14　字数275千字
2024年9月北京第1版第1次印刷

购书咨询：010-64518888　　售后服务：010-64518899
网　　址：http://www.cip.com.cn
凡购买本书，如有缺损质量问题，本社销售中心负责调换。

定　　价：89.00元

前言
PREFACE

随着国家经济的逐步发展和新兴技术的不断进步，我国汽车产业近些年得到了飞速发展，已然成为工业经济稳增长的“压舱石”。尤其是近几年，我国汽车工业紧抓电动化、智能化、网联化转型机遇，强化顶层设计，着力推动技术创新、产品创新和市场创新。智能网联汽车作为智能交通系统中汽车与车联网交集的产品，已经成为行业发展的新风口，为我国汽车产业的转型升级和新型工业化的推进带来了历史性机遇。

与传统汽车产业的发展模式不同，智能网联汽车产业作为具有巨大潜力的战略性新兴产业，具备天然跨界融合的特质，而且其发展不仅能够推动汽车产业的转型升级，也会给居民出行方式、交通管理模式、市政设施规划等领域带来变革。一直以来，道路交通安全和交通运行效率问题都是交通组织和管理的痛点，如何提高车辆运行的安全性和智能化程度是相关企业关注和研究的热点，而高级驾驶辅助系统（ADAS）的研发和应用，能够预先让驾驶者察觉到可能发生的危险，有效增加汽车驾驶的舒适性和安全性。

ADAS 并不等同于自动驾驶或无人驾驶，其是自动驾驶、无人驾驶实现的重要基础。由于 ADAS 能够极大提升车辆和道路的安全性，因此，其不仅成了智能网联汽车的重要组成部分，也演化为汽车产业发展最快的应用领域之一。

从实现原理来看，ADAS 是借助于安装在车辆上的各种传感器（如毫米波雷达、激光雷达、单 / 双目摄像头以及卫星导航等）采集行驶过程中车辆以及周边环境的信息，再通过系统的运算和分析，识别可能出现的危险，给出相应的应对方案，并依托控制系统完成对车辆的操控。随着汽车安全标准以及电子化水平的不断提升，人们对车辆行驶的安全需求也将越来越高，这无疑使得 ADAS 拥有广阔的市场前景。

从全球范围来看，目前 ADAS 市场的集中度较高，主要被博世、采埃孚等具有技术和设备优势的传统零部件巨头所垄断。受益于各国监管机构对于车辆主动安全技术的要求和推动，ADAS 市场的发展势头仍十分迅猛。

为了进一步推动我国汽车领域实现高质高效发展，提高产业生态的丰富程度，我国相关部门陆续出台了多项关于智能网联汽车的政策和文件，从政策层面为智能网联汽车产业的发展提供支持。其中，ADAS 作为智能网联汽车的重要组成部分，也是我国政府关注的重点。2022 年 3 月 1 日，《汽车驾驶自动化分级》作为我国的国家标准正式开始实施，北京、上海、广州、深圳等城市也先后制定了一系列鼓励 ADAS 技术研发的政策和管理细则，为全国的智能驾驶测试和商业化运营试点起到了引领示范作用。

本书立足于当前全球智能网联汽车产业以及 ADAS 系统的发展现状与趋势，采用总分式结构，全面阐述智能网联汽车 ADAS 系统的构成、原理、测试与评价方法等，试图为读者提供一些有益的借鉴与思考，对从事智能网联汽车设计研发、产品测试、质量论证等相关方向的人员具有较高的参考价值。

本书注重理论与实践相结合，核心内容包括车道偏离报警系统（LDWS）、前向碰撞预警系统（FCW）、自动紧急制动系统（AEB）、自动泊车辅助系统（APA）、车道保持辅助系统（LKA）、自适应巡航控制系统（ACC）、车辆盲区监测系统（BSD）、疲劳驾驶预警系统（DMS）、夜视辅助系统（NVS）等九大方向，全面阐述智能网联汽车 ADAS 系统的原理和关键技术，同时辅之以大量的结构图、框图和表格，让读者精准把握 ADAS 系统的应用价值和发展前景。

此外，由于本书是“智能网联汽车核心技术丛书”中的一册，因此推荐读者结合丛书中的其他书籍对照阅读，以便对智能网联汽车产业的发展有更加全面系统的了解和更为深入准确的把握。

由于作者水平所限，书中不足之处请读者批评指正。

著者

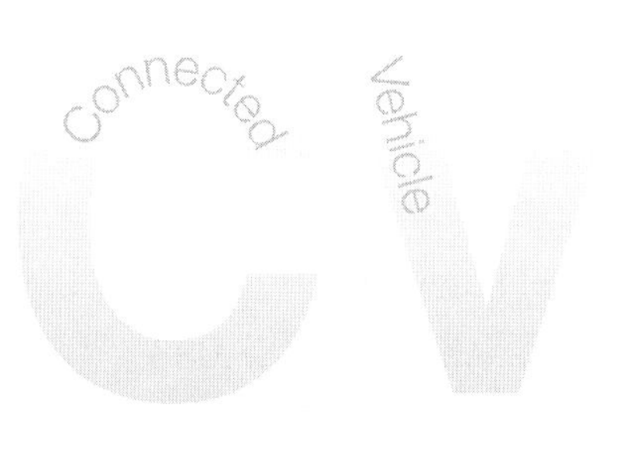

目录
CONTENTS

第 1 章

智能网联汽车 ADAS 系统

1.1 汽车高级驾驶辅助系统概述

1.1.1 ADAS 系统定义与类型

智能网联汽车高级驾驶辅助系统（advanced driving assistance system，ADAS）是一种融合了环境感知技术和数据处理技术等多种先进技术的系统，能够通过采集和分析处理车辆、驾驶员以及周边环境的动态数据的方式，来为驾驶员和执行器提供车辆操作方面的提醒，从而进一步提高驾驶车辆的安全性和舒适性。

从发展过程来看，高级驾驶辅助系统需经过感知预警、主动控制和无人驾驶三个阶段。具体来说，高级驾驶辅助技术是支持车辆实现无人驾驶的重要技术，高级驾驶辅助系统中包含感知、控制、执行等多个模块，其中，感知模块具有技术发展成熟时间早的特点，能够赋予车辆感知预警功能，让车辆能够及时发现危险并以警告的形式提醒驾驶员，同时为驾驶员的驾驶行为提供辅助，在提高行车安全性的同时，优化驾驶员的驾驶体验。

高级驾驶辅助系统可按照环境感知系统划分为自主式高级驾驶辅助系统和网联式高级驾驶辅助系统两种类型。

（1）自主式高级驾驶辅助系统

自主式高级驾驶辅助系统具有较高的技术成熟度，能够利用车载传感器来感知周边环境信息，利用车载中央控制系统来对这些信息进行分析，并根据分析结果进行决策。就目前来看，其大多已经被装配在量产车型中，在一定程度上实现了在汽车领域的广泛应用。

从功能上来看，自主式高级驾驶辅助系统可分为自主预警类、自主控制类和改善视野类等多种类型。

① 自主预警类。自主预警类高级驾驶辅助系统能够对车辆进行自动监测，及时发现碰撞危险，并向驾驶员或车辆控制系统发送提示消息，以便通过对车辆的控制，来避免交通危险或降低事故影响。具体来说，自主预警类高级驾驶辅助系统如表 1-1 所示。

表1-1 自主预警类高级驾驶辅助系统

系统名称	功能介绍	使用车型
前向碰撞预警系统	识别潜在的危险情况，并通过系统提醒，帮助驾驶人避免或减轻碰撞事故的伤害	日本楼兰
车道偏离报警系统	当车辆可能偏离车道前，对驾驶人进行提示，减少因车道偏离发生的事故	现代全新胜达、陆风 X7
盲区监测系统	监测盲区内行驶的车辆或行人	沃尔沃 XC60、奥迪 Q5
驾驶人疲劳预警系统	推断驾驶人的疲劳状态，给予报警提示或采取措施	哈佛 H9、大众途观

② 自主控制类。自主控制类高级驾驶辅助系统能够对车辆可能面临的碰撞危险进行自动监测，并在发现危险时向驾驶员或控制系统发送提示消息，也可以通过主动介入的方式对驾驶行为进行操控，以便实现对危险的有效防范或减少交通事故所造成的损失。具体来说，自主控制类高级驾驶辅助系统如表 1-2 所示。

表1-2　自主控制类高级驾驶辅助系统

系统名称	功能介绍	使用车型
车道保持辅助系统	修正即将越过车道标线的车辆，使车辆保持在车道线内	奥迪 Q3、JEEP 自由光
自动制动辅助系统	当车辆与前车处于危险距离时，主动产生制动效果让车辆减速或紧急停车，减少因距离过短而发生的事故	丰田汉兰达、日产逍客
自适应巡航控制系统	使车辆始终与前车保持安全距离	福特锐界、丰田汉兰达
自动泊车辅助系统	自动泊车入位	福特翼虎、日产奇骏

③ 改善视野类。改善视野类高级驾驶辅助系统能够充分确保车辆在视野较差的环境中行驶时的安全性。具体来说，改善视野类高级驾驶辅助系统如表 1-3 所示。

表1-3　改善视野类高级驾驶辅助系统

系统名称	功能介绍	使用车型
自适应前照明系统	自动调节前照明系统的工作模式	丰田 RAV4、沃尔沃 XC60
夜视系统	夜晚时借助热成像系统，可见行人或动物	纳智捷优 6
抬头显示系统	将汽车驾驶辅助信息、导航信息、高级驾驶辅助系统信息等以投影的方式显示在前方，便于阅读	宝马 7 系、大众辉昂
全景泊车系统	360°全景提示	哈佛 H8、吉利豪情 SUV

（2）网联式高级驾驶辅助系统

网联式高级驾驶辅助系统中融合了车用无线通信（vehicle to everything，V2X）技术，能够感知车辆周边环境信息，并根据这些信息预测周边车辆的行驶情况和状态，从而在此基础上为车辆驾驶员的驾驶操作行为提供辅助。现代通信与网联技术在汽车领域的应用加强了汽车、道路和行人等各个交通参与者之间的联系，并将各方交通参与者作为智能交通系统中不可或缺的信息环节。

网联式高级驾驶辅助系统具有闯红灯警示、交通拥堵提醒、过大车辆警告、限速交通标志警示、现场天气信息警示、违反停车标志警示、违规穿过铁路警示、弯道车速警示、减速区警示等诸多功能，既能够向本车的驾驶员发出提示信息，也能够利用 V2X 和车辆与基础设施（vehicle to infrastructure，V2I）通信等技术手段，向周边的其他车辆发送警示信息，进而达到降低车辆碰撞的可能性的目的。

1.1.2 ADAS 系统构成与原理

20 世纪 60 年代，汽车电子技术尚处于发展初期，技术水平较低，且相关研究大多围绕发动机控制和仪表显示展开，车辆安全相关工作对人力的依赖性较大。20 世纪 70 年代，罗伯特•博世有限公司逐渐加大在汽车电子技术研究方面的投入，并开发出了车用制动防抱死系统（antilock brake system，ABS），而 ABS 系统的发展和应用也在一定程度上为 ADAS 技术的发展提供了支持。

近年来，硬件技术快速发展，汽车电子设备在数据处理和数据存储方面的性能不断提升，计算机视觉技术和计算机图像处理技术的水平越来越高，材料科技、传感器技术、信息通信技术也不断发展，同时，高级驾驶辅助系统的发展速度也越来越快，并逐渐被应用到多个领域当中。就目前来看，ADAS 技术已经被应用到自适应巡航、自动泊车、行车辅助、自动换道、自动刹车等多个方向。

（1）ADAS 系统的组成结构

一般来说，ADAS 系统主要由三部分构成，如图 1-1 所示。

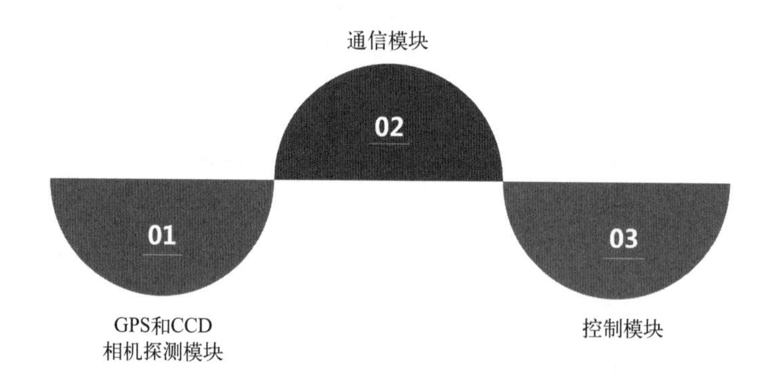

图 1-1 ADAS 系统的组成结构

① GPS 和 CCD 相机探测模块。全球定位系统（global positioning system，GPS）和电荷耦合器件（charge-coupled device，CCD）相机探测模块可以利用 GPS 接收机来接收 GPS 卫星信号，并根据信号中所蕴含的信息计算出车辆的速度、经纬度坐标和时间等信息，也可以借助汽车前后部装配的 CCD 相机来实时采集道路交通状况信息，并据此对出现交通安全问题的可能性进行判断，以便驾驶员在遇到危险时及时采取相应的措施，提高行车的安全性。

当汽车处于行驶状态时，可能会出现各种危险情况，影响汽车的行车安全，而 GPS 和 CCD 相机探测模块可以广泛采集各项道路交通状况信息，在信息层面为驾驶辅助系统提供强有力的支持，让该系统能够根据实际行驶情况做出正确操作，从而充分保障行车安全。

② 通信模块。通信模块可以利用车载无线终端来实现与周边车辆的实时信息交互。一般来说，装配有先进辅助驾驶系统的汽车，均以分布式运行的方式存在于

移动网络中，且具有路由功能，既能够作为移动节点自由加入或离开网络，也可以借助协议来发现和维护其他节点的路由。

③ 控制模块。控制模块能够对交通事故进行预测，并根据预测结果做出相应的主动控制操作，从而达到降低交通风险的效果。从作用过程上来看，控制模块需要先接收来源于通信模块的车辆信息，再利用整车控制器对这些数据信息进行分析处理，衡量行车的安全性，最后在发现安全风险时发出警告信号，并主动采取相应的预防措施。

（2）ADAS 系统的工作原理

从工作原理来看，ADAS 系统可以利用车载雷达、车载摄像头等传感器设备来获取各项周边环境信息，并借助这些信息，实现对车辆周边的静止物体和运动物体的识别、监测和追踪，同时充分发挥中央处理芯片的作用，综合运用各项相关信息和地图数据进行决策，再控制车辆的各个部件来执行决策，并采用多种方式向驾驶员发出提示信号，以便驾驶员及时通过驱动、制动或转向的方式来规避交通危险。

具体来说，ADAS 的工作流程主要包含以下三个阶段：

① 感知阶段。ADAS 系统可以利用雷达、激光雷达、摄像头和超声波传感器等车载感知设备广泛采集周边环境信息，并对这些数据信息进行分析处理，以便从分析结果出发，进一步识别和跟踪各类交通参与者，如路标、车辆、行人等，进而实现对车速、车辆位置以及道路交通状况等信息的实时掌控。

② 决策阶段。ADAS 系统能够利用预设的算法和规则来对各项来源于感知系统的数据信息进行分析处理，在此基础上进行风险预测，并根据预测情况制定相应的安全策略。具体来说，当车辆前方道路上存在障碍物时，系统会采集障碍物相关信息，并据此设计最佳制动方案，以便执行系统控制车辆及时避让，防止出现碰撞等交通安全事故。

③ 执行阶段。ADAS 系统可以根据决策阶段生成的指示信息来对车辆进行控制，并为驾驶员驾驶车辆提供帮助，从而达到保障行车安全的目的。

综上所述，ADAS 系统能够预先感知道路交通风险，并为驾驶员驾车提供支持。近年来，科学技术飞速发展，ADAS 系统的功能和应用越来越多样化，未来，ADAS 系统也将会进一步推动智能交通和自动驾驶快速发展。

1.1.3　ADAS 系统常用传感器

ADAS 系统常用的各类传感器在功能和原理方面存在许多不同之处，且具有较强的不可替代性，能够满足系统在各种场景中的感知需求。具体来说，ADAS 系统常用的传感器主要包括以下四种类型。

（1）超声波雷达

超声波雷达常用于泊车系统，能够利用超声波来实现距离测量功能，通常可以按照探头的工作频率进行分类，如 40kHz、48kHz、58kHz，且该频率还能够影响雷达的测量精度，一般来说，高精度的超声波雷达通常具有更高的工作频率，但高精度的超声波雷达在水平和垂直方向的探测角度较小，因此车辆中的超声波雷达大多装配 40kHz 的探头。

从工作原理来看，超声波雷达可以利用超声波发射装置来发出超声波，在超声波遇到目标回传时，利用接收器进行接收，并根据时间差计算出车辆与目标之间的距离。除此之外，超声波雷达还具有防水、防尘等优势，能够在一定程度上抵挡泥沙带来的干扰。

具体来说，倒车雷达示意图和超声波倒车雷达原理分别如图 1-2、图 1-3 所示。

图 1-2　倒车雷达示意图

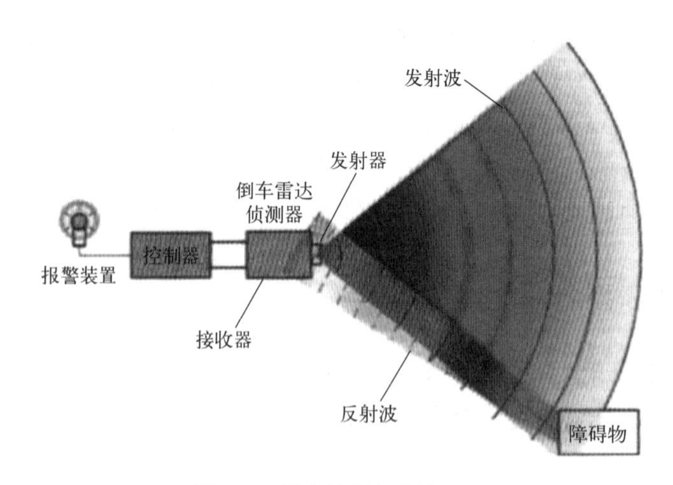

图 1-3　超声波倒车雷达原理

一般来说，每个汽车倒车雷达系统中要装配 4 个超声波传感器，自动泊车系统需要在此基础上加装 4 个超声波驻车辅助（ultrasonic parking assistant，UPA）传感器和 4 个自动泊车辅助（automatic parking assistant，RPA）超声波传感器。

（2）毫米波雷达

毫米波雷达能够利用毫米波段的电磁波实现距离测量和相对速度计算功能。现阶段，频段为 24GHz 的短中距离（15 ～ 30m）雷达和频段为 77GHz 的长距离（100 ～ 200m）雷达在汽车行业中的应用较为广泛，其中，77GHz 的毫米波雷达具有分辨率高和尺寸小的优势，能够在 ADAS 系统中发挥更大的作用。

从工作原理上来看，毫米波雷达可以先向外发射毫米波段的电磁波，再接收经过目标反射的电磁波，最后根据时间差计算出车辆与目标之间的距离，根据经过反射的电磁波的频率偏移计算出车辆与障碍物之间的相对速度。不仅如此，毫米波雷达还具有穿透力强、全天候全天时工作等优势，但同时也存在视场角较小、行人反射波的识别难度高等不足之处。

从组成部件上来看，毫米波雷达主要包含天线、射频微波集成电路（monolithic microwave integrated circuit，MMIC）和基带信号处理三部分。具体来说，天线指的是毫米波雷达中所使用的微带贴片天线，与其他天线相比，这种天线尺寸更小，重量也更轻；MMIC 位于雷达射频的前端，具有发送和接收射频信号的作用；基带信号处理能够以数字处理的方式，将信号处理到基本频率上，其主要涉及阵列天线的波束形成算法、测量算法、信号检测、分类和跟踪算法等内容。

（3）激光雷达

激光雷达，即三维激光扫描仪，能够利用激光束实现距离测量功能。具体来说，激光雷达的应用场景如图 1-4 所示。

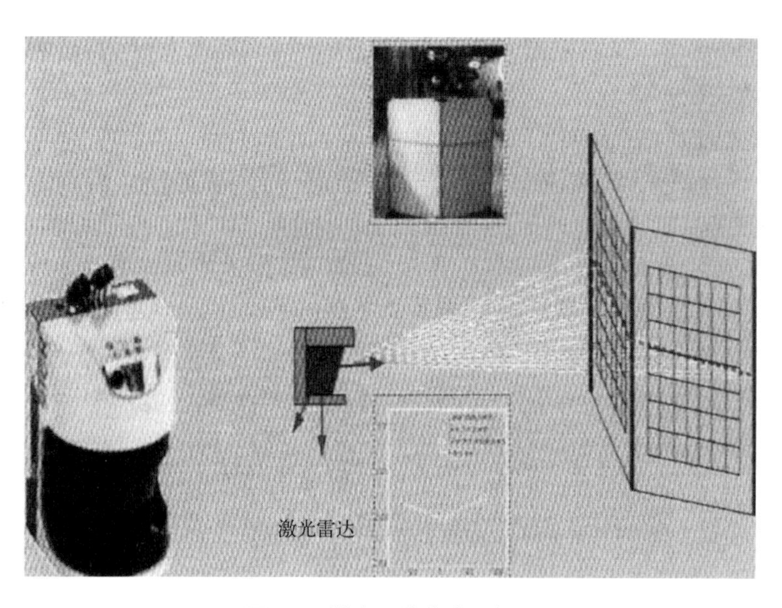

图 1-4　激光雷达的应用场景

从作用原理来看，激光雷达可以先发射激光束，再接收经过目标反射的激光束，并根据激光束的折返时间计算出车辆与目标之间的距离。这种方式可以帮助 ADAS 系统广泛采集目标表面各个点的三维坐标和反射率等信息，让系统可以根据这些信息构建目标的三维模型，并掌握各项数据，生成三维点云图和环境地图，进而实现对周边环境的感知。具体来说，基于激光雷达的目标三维模型如图 1-5 所示。

图 1-5　基于激光雷达的目标三维模型

现阶段，应用较为广泛的激光雷达大多为 8 线、16 线或 32 线的产品，除此之外，部分 64 线的激光雷达有时也会被应用到 ADAS 系统中。一般来说，激光雷达的线束与测量精度、安全性和成本之间均存在正相关关系。

激光雷达的优势体现在分辨率、抗干扰能力、信息采集能力等多个方面，具体来说，激光雷达主要具有以下几项优势：角分辨率高、距离分辨率高、速度分辨率高、探测精度高、探测范围大、抗干扰能力强、信息采集量大、信息采集实时性强等。

激光雷达的不足主要体现在探测性易受天气因素干扰方面，雨雪、大雾等均会对激光雷达的探测性造成影响。

（4）摄像头

摄像头是支撑 ADAS 系统实现各项图像识别和风险预警相关功能的重要设备。具体来说，摄像头能够广泛采集各类图像信息，让 ADAS 系统可以根据这些图像信息来识别和检测车道线、障碍物和行人，并进一步实现自动泊车（automated parking，AP）、自动紧急刹车（autonomous emergency braking，AEB）、车道偏离报警（lane departure warning，LDW）、车道保持辅助（lane keeping assist，LKA）、行人碰撞预警（pedestrian collison warning，PCW）、疲劳驾驶预警（driver fatigue monitor，DFM）、交通标志识别（traffic sign recognition，TSR）和交通信号灯识别（traffic light recognition，TLR）等诸多功能。

就目前来看，无论采用单目摄像头的 ADAS 系统，还是采用双目摄像头的

ADAS 系统，在实现碰撞预警的过程中，都需要先借助前视摄像头来获取各项图像数据信息，再从图像中提取距离信息，掌握车辆与前方目标物体之间的距离。

从作用原理来看，基于单目视觉的距离测量需要充分发挥图像匹配的作用，先对前方道路上的行人、车辆、障碍物等进行识别，再根据图像中的目标尺寸对目标距离进行估算。为了确保目标距离估算的准确性，单目视觉摄像机应先构建包含大量特征数据的样本特征数据库，并确保在该数据库中能够找到待识别目标的所有特征数据，提高目标识别的精准度。例如，大型动物的数据库中能够找出各类大型动物的各项特征数据；车型数据库中能够找出各类车型的各项特征数据。当数据库存在特征数据不全的问题时，系统将无法有效识别目标，也无法精准测量出车辆与目标之间的距离，因此 ADAS 系统可能会出现漏报等情况，导致行车的危险性大幅升高。

基于双目视觉的距离测量可以在不识别目标类型的情况下测量出目标距离，具体来说，系统需要在计算出图像视差的基础上，进一步测量从前方目标到车辆之间的距离，掌握距离的变化情况，并据此进行预警或制动。双目视觉应用了双目三角测距原理，能够实现对目标距离的精准测量。具体来说，ADAS 双目摄像头的原理如图 1-6 所示。

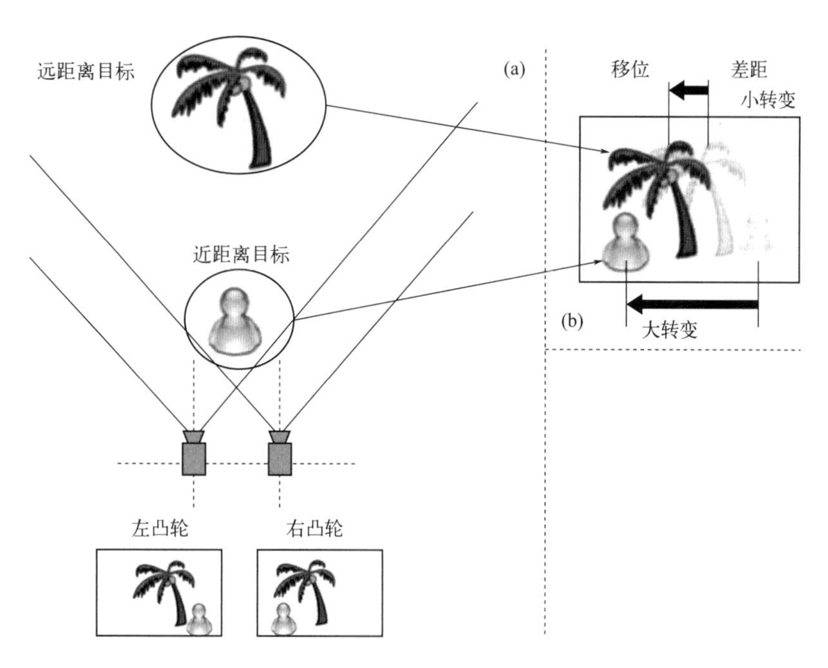

图 1-6　ADAS 双目摄像头的原理

不仅如此，汽车也可以装配多个摄像头，借助不同类型的摄像头，以及摄像头与摄像头或其他设备之间的协作来实现更多功能。具体来说，交通标志识别的多目视觉方案如图 1-7 所示。

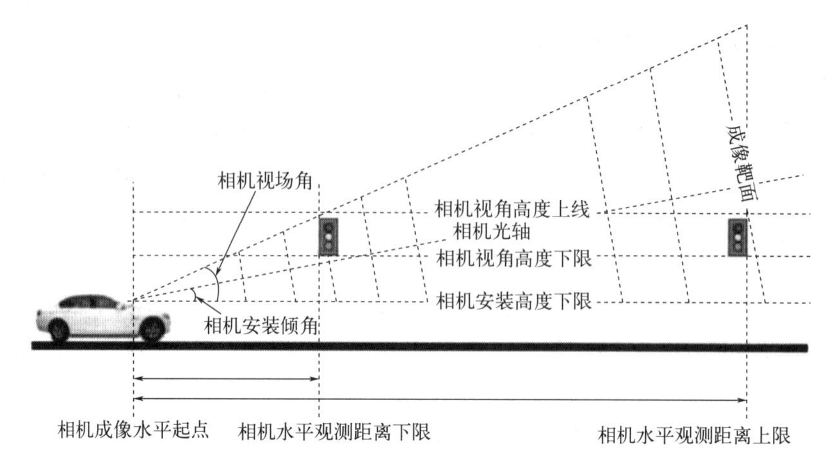

图 1-7 交通标志识别的多目视觉方案

具体来说，汽车可以借助广角相机和中长焦相机来扩大目标识别的视角范围和距离，实现对前方道路上更大范围内的障碍物的识别；可以借助可见光相机和远红外相机来识别夜间环境中的障碍物，保障夜间行车的安全；可以借助位于前、后、左、右四个方位的广角摄像头来采集不同方位的图像信息，并利用这些信息来校正各项相关参数和镜头扭曲，优化车辆周围画面图像，并通过车内显示器来为驾驶员提供车辆周边环境的全景鸟瞰画面，从而减少视线盲区，保障行车安全。

一般来说，不同类型的传感器的优势和不足也各不相同，为了提高系统功能的多样性和有效性，汽车通常需要装配多种类型的传感器，充分发挥各类传感器的优势，并弥补不足，进而提高感知精度。各种传感器各有优缺点，如表 1-4 所示。

表1-4 不同传感器的特点对比

项目	超声波雷达	摄像头（vision）	激光雷达	毫米波雷达
远距离探测能力	弱	强	强	强
夜间工作能力	强	弱	强	强
全天候工作能力	弱	弱	弱	弱
受气候影响	小	大	大	小
恶劣环境（烟雾、雨雪）工作能力	一般	弱	弱	强
温度稳定度	弱	强	强	强
车速测量能力	一般	一般	弱	强
目标识别能力	弱	强	一般	一般
避免虚报警能力	弱	一般	一般	强

1.2　ADAS 系统构成与主要功能

1.2.1　车道偏离报警系统

车道偏离报警系统（lane departure warning system，LDWS）主要指车辆行驶过程中，在未打转向灯的情况下突然大幅度偏离车道，一旦发生这种非正常偏移，行车记录仪会立即判断行驶路线是否存在异常，如果是，便会通过行车记录仪的显示屏提醒驾驶员，同时还会发出声响警告给驾驶员以警示，以便驾驶员立即进行相应操作，使车辆驶回原来的车道。车道偏离报警系统如图 1-8 所示。

图 1-8　车道偏离报警系统

HUD（head up display，抬头显示器）、摄像头、控制器和传感器是构成车道偏离报警系统的重要组件。在启用车道偏离报警系统后，安置在车身侧面或后视镜位置的摄像头会实时采集车辆行驶车道的标识线，接着借助图像处理来获取车辆此时在车道中的位置参数。当车道偏离报警系统检测到车辆偏离车道时，传感器将立刻搜集车辆数据与驾驶员操作状态，再由控制器发出警报提醒，以上过程会在 0.5s 左右完成，从而为驾驶员预留更多的反应时间。一般情况下，若驾驶员打开转向灯，进行正常的变道、转弯等，车道偏离报警系统不会发出警报或提示。

近年来，各类相关技术的发展和应用为车道偏离报警系统进一步扩大应用范围提供了强有力的支持，车道偏离报警系统可适用的车型也越来越多。一般来说，各类车型在开启方式方面存在差异，部分车型在行驶过程中需要手动开启车道偏离报警系统，部分车型可以在行驶过程中随时自动开启车道偏离报警系统，还有一部分车型在行驶过程中需要将车速控制在相关条件的要求下才能够自动开启车道偏离报警系统。

福特将车道偏离报警系统应用到了新蒙迪欧中，该系统既能够随车辆启动自动开启，也能够在驾驶员的操作下被关闭或重新开启。一般来说，在汽车转向灯处于关闭状态时，系统会判定驾驶员并未针对车辆即将越过车道线进行变道的情况采取相应的修正转向操作，并通过车辆的仪表盘向驾驶员传达相应的提示消息。

1.2.2 车道保持辅助系统

车道保持辅助系统（lane keeping assist，LKA）能够随时检测车辆在车道内的位置，同时自动调整转向，保持车辆在车道内行驶，属于高级驾驶辅助系统中的一种，能够在 LDWS 的基础上调节刹车的控制协调装置。一般情况下，自动驾驶汽车在行驶过程中会通过摄像头来识别行驶车道的标识线，该系统有助于配合这项功能来确保车辆保持在原车道上行驶。车道保持辅助系统如图 1-9 所示。

图 1-9 车道保持辅助系统

在启用车道保持系统后，摄像头一旦识别到车辆靠近标识线或有脱离行驶车道的可能性时，便会借助转向盘的振动并发出声音来向驾驶员发出提示或警告，会适时轻微转动转向盘来微调驾驶方向，将车辆保持在正确车道上。若发出提示后发现转向盘较长时间无人主动干预，便会触发报警，以此来提醒驾驶员。

在车辆行驶过程中，能够识别到本车道两旁标识线的车道保持辅助系统处于待命状态，该状态下，组合仪表中的绿色指示灯亮起。如果车辆在越过车道两侧标识线之前打了转向灯，那么警告信号会随之被屏蔽，系统将认定该行为是驾驶员在有意识地进行车道变换。车道保持辅助系统适用于高速公路或路面条件较好、车道线清晰的公路等结构化道路上，因为只有在车辆速度达到 65km/h 的情况下，该系统才开始运行。

车道保持辅助系统的应用既能够在一定程度上保障行车安全，也能够帮助车辆驾驶员形成在变道时主动打开转向灯的驾驶习惯。就目前来看，车道保持辅助系统已经被应用在多种车型中，其中日产、丰田、本田等日系车大多都装配有该系统。

1.2.3 自适应巡航控制系统

ACC（adaptive cruise control，自适应巡航控制系统）亦称主动巡航系统，与传统的定速巡航控制有些相像，主要包括雷达传感器、数字信号处理器以及控制模块，属于舒适度较高的一项辅助驾驶功能。

自适应巡航控制系统可以按照车距、车速、前方车辆等情况来主动调节车辆的制动和车速，提高车辆行驶中的安全性和效率。当检测到车辆前方畅通时，该系统会设定最大的巡航速度行驶；当检测到前方有车辆时，便会根据前方车辆的车速、距离等适当地降低车速，按照之前选定的与前车间的距离调整至合适的巡航速度。自适应巡航控制系统如图 1-10 所示。

图 1-10 自适应巡航控制系统

自适应巡航控制系统采用红外线光束或低功率雷达来获取前车的准确位置，一旦发现前方车辆减速或前方出现新的车辆，系统便会立即向发动机或制动系统发出执行信号，指挥其降低车速，与前车保持安全行驶距离。当发现前方车辆提速或消失，则会加速至预先设定好的车速，此时雷达系统会自动检测下个目标。

自适应巡航控制系统适用于直线、弯道、坡道、凹凸路面等多种路况，能够为驾驶者提供更加轻松、舒适的驾驶方式。自适应巡航控制系统可以替代驾驶员控制车速，消除了传统定速巡航控制需要频繁设定与取消的缺陷。同时，在车辆与前车间的距离过小的情况下，系统的控制单元会调动并协调配合发动机控制系统、制动防抱死系统，来适当地制动车轮、降低发动机的输出功率，促使车辆始终与前方车辆保持安全行驶距离。

ACC 系统能够利用雷达和计算机对靠近车辆的物体进行检测，并根据道路情况自动控制车辆行驶状态，同时在一定程度上取代驾驶员的操作，并为驾驶员提供驾驶辅助，从而降低驾驶员的驾驶压力，确保车辆在行驶过程中的安全性。

沃尔沃汽车可以利用位于前挡风玻璃处的摄像头和位于前格栅中的雷达来获取车辆前方道路信息，在感知到车速超过 30km/h 时激活自适应巡航控制系统，以便利用该系统来识别前方车辆，并自动按照设定速度跟车行驶。

1.2.4 前向碰撞预警系统

前向碰撞预警系统（forward collision warning，FCW）主要利用雷达系统对前方车辆进行实时监测，以此来判断车辆与前车的方位、距离，以及相对速度，一旦监测到潜在的碰撞危险，便会向驾驶员发出警告。前向碰撞预警系统如图 1-11 所示。

图 1-11 前向碰撞预警系统

前向碰撞预警系统主要通过传感器来获取前方道路信息并进行数据分析，同时会识别与跟踪前方车辆，当识别出前方车辆时，则对两车间的距离进行测量。该系统还可以进行车速估计，依据安全车距预警模型来判断追尾可能，若判定存在追尾风险，会立刻按照预警规则向驾驶员发布预警，但系统本身并不会采取制动措施来控制车辆或避免碰撞。

现阶段，前向碰撞预警系统已经广泛应用在多种车型中，且能够与辅助制动系统协同作用，进一步提高预警的及时性和有效性，减少车辆追尾碰撞事故，从而充分确保车辆在行驶过程中的安全性和舒适性。

吉利汽车所使用的城市预碰撞安全系统是一种前向碰撞预警系统，就目前来看，吉利汽车已经将该系统装配在博越、博瑞、帝豪 GL 和帝豪 GS 等多种车型中，并在该系统的支持下，利用位于前保险杠下方的中程毫米波雷达来感知前方道路信息，在发现前方车辆出现制动、减速等操作，且本车驾驶员未做出能够有效应对这一情况的驾驶操作时，主动向驾驶员发送提示消息，提醒驾驶员通过制动等方式来避免车辆碰撞，也可以直接以自动制动的方式来避免车辆碰撞。不仅如此，该系统还能够在车辆制动的过程中对制动力和前车距离之间的关系进行检测，并在车辆制动力不足时及时为其提供辅助，进而实现对车辆碰撞事故的有效防范。

1.2.5　自动泊车系统

自动泊车系统（automatic parking assist，APA）主要通过摄像头或超声波雷达等车载传感器识别有效的泊车空间，再利用控制单元来控制车辆的加减速度和转向角度，以自动停放车辆。与以往的倒车雷达及倒车影像等倒车辅助功能相比，自动泊车更加智能化，可以有效地帮助驾驶员完成泊车，为驾驶员减轻因泊车而带来的驾驶压力。自动泊车系统如图 1-12 所示。

图 1-12　自动泊车系统

自动泊车系统利用超声波雷达与全景环视系统来感知泊车环境，通过车轮传感器和惯性测量单元（inertial measurement unit，IMU）来估计车辆位置与行驶方向，同时会根据驾驶员的选择来手动或自动设置目标泊车位，最后系统将计算自动泊车轨迹，运用准确的车辆定位和车辆控制系统，使得车辆按照计算好的泊车轨迹进行全自动泊车，直至车辆到达目标泊车位。

1.2.6　盲区监测系统

盲区监测系统（blind spot detection，BSD）属于自动驾驶汽车的一项高科技安全类配置，主要负责清除车辆的后视镜盲区。BSD 主要依靠车辆后面的两个雷达对车辆侧面和侧后面的状态进行实时监测，若有车辆出现在此区域，后视镜上的盲点警告指示灯将会亮起，同时车上的组合仪表也会发出相应的警告来提示驾驶员，以防车辆在换道时因盲区而造成事故。盲区监测系统如图 1-13 所示。

图 1-13 盲区监测系统

汽车后视镜存在视觉盲区，车辆在变换车道时会看不到盲区内的车辆，而如果盲区内恰巧出现超车车辆，那么此时就会因变换车道而发生碰撞事故，尤其在暴雨、暴雪、浓雾以及夜间等恶劣的天气条件下，驾驶员更加难以看清后方车辆，这时变道就会存在更大的危险，而盲点监测系统可以很好地解决车辆后视镜盲区所带来的问题，有助于提高行车的安全性。

盲区监测系统在车辆中的应用能够帮助车辆有效规避行车危险，确保车辆在行驶过程中的安全性。汽车领域的各个汽车厂商正在不断加大对盲区监测系统的研究力度，就目前来看，奥迪 A8、奥迪 A4、沃尔沃 S40、东风标致 508/408 等多种车型中都装配了相应汽车厂商推出的盲区监测系统。各个厂商推出的盲区监测系统在很多方面都存在许多差异，且环境感知传感器和预警显示单元的反应等方面的差异较为突出。

1.2.7 驾驶员疲劳预警系统

驾驶员疲劳预警系统（driver fatigue monitor system，DFM）主要借助摄像头来获取图像，之后采用目标检测、动作识别以及视觉跟踪等技术来检测驾驶员的驾驶行为与生理状态，一旦驾驶员出现分心、疲劳、抽烟与打电话等危险行为时，该系统便会在设定的时间内进行报警以防发生交通事故。驾驶员疲劳预警系统工作原理如图 1-14 所示。

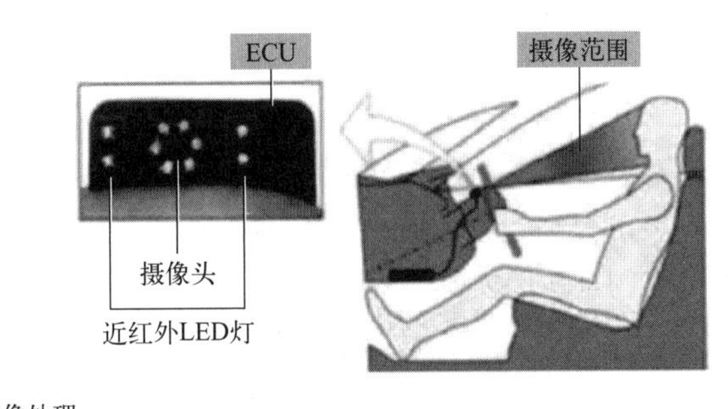

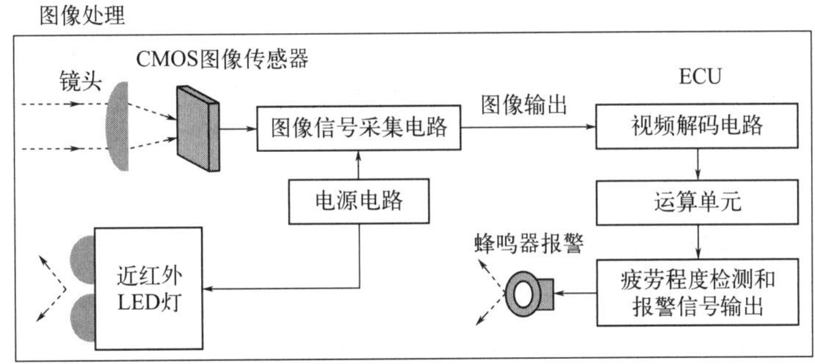

图 1-14 驾驶员疲劳预警系统工作原理

驾驶员疲劳预警系统能够采集和分析车辆驾驶员的状态信息，并根据分析结果来判断驾驶员的疲劳状态，以便及时向驾驶员发出预警信息或提供驾驶员驾驶车辆所需的辅助服务。例如，比亚迪 G6 中的疲劳驾驶预警系统能够采集车辆驾驶员的生理图像反应，并从中获取驾驶员的面部特征、眼部信号和头部运动性等信息，同时据此推断出驾驶员的疲劳状态，并及时采取提示报警或驾车辅助等措施来保障行车安全。

驾驶员疲劳预警系统通过分析驾驶员闭眼、打哈欠等疲劳特征来判定驾驶员是否出现疲劳行为，并迅速地发出疲劳驾驶预警，能够有效地做到规范驾驶员的驾驶行为，最大程度降低交通事故的发生率。

该系统具有高精准度的算法，能够达到对驾驶员疲劳状态的不间断管理，几乎不会受到光照情况、时间条件以及是否戴墨镜等外界条件影响，一旦检测出驾驶员出现生理疲劳状态，便会及时发布预警警告，以此来快速给驾驶员以警醒，防止重大事故的发生。

1.2.8 自适应灯光控制系统

自适应灯光控制（adaptive light control，ALC）属于一种智能灯光调节系统，其目的是为驾驶员提供最好的道路照明效果。该系统主要由车前照灯、车灯控制系统、电子控制器单元（electronic control unit，ECU）和传感器四部分组成。其大致的工作流程是：车辆的速度传感器与转向盘转角传感器会将自身所检测到的信号传递给电控单元，电控单元随之对信号进行处理，之后判断处理过的数据，继而输出前照灯的转角指令，最后前照灯按照指令转动相应的角度。

自适应灯光控制系统主要凭借感知驾驶员操作、车辆行驶状态、天气环境以及路面变化等信息，来自动控制汽车前照灯适时进行左右、上下照明角度的调整，以寻求各种路况下的最佳照明效果，提高行车安全性。车辆在转弯过程中，重要的是要提前看到将要转弯的方向的障碍物，按照实际驾驶经验来看，通常车灯转过 0°～ 15°便可以实现较好的照明，而且只要所转方向一侧的前照车灯实现智能转动即可，另一侧的前照车灯可保持不变，这样既简化了车灯控制系统，又可以达到预期的照明效果。

1.3 ADAS 系统实车道路测试方法

1.3.1 ADAS 环境感知技术

近年来，汽车已进入千家万户，逐渐成为人们日常生活中不可或缺的交通工具，同时汽车数量的快速上涨也带来了交通拥堵和交通安全等问题。为了保障出行效率和交通安全，汽车行业需要不断加大对先进辅助驾驶系统的研究力度，并进一步提高自动驾驶技术的实用性，将研究成果应用到各类场景中。ADAS 系统的测试包含多个环节，如场地测试、实际道路测试和软硬件仿真在环测试等。

实际道路指的是真实的道路场景，通常包含真实且不受人为因素影响的气候环境、道路基础设施和交通参与者。由于真实的道路场景中所发生的事件具有较强的随机性，因此测试过程指的就是被测车辆在真实的道路场景中行驶的过程，而相关测试人员也无法提前设定初始条件。

就目前来看，自动驾驶技术正在快速发展，ADAS 系统实车道路测试的重要性日渐凸显。汽车行业可以充分发挥 ADAS 系统实车道路测试的作用，实现对自动驾驶技术等新兴技术的检测以及对 ADAS 系统车辆安全性的验证。

从车型开发方面来看，我国大部分整车厂在进行ADAS系统标定时需要使用博世、飞思卡尔和大陆集团等国外车企提供的各类相关软硬件设备。从 ADAS 系统标定测试过程上来看，首先，汽车行业需要对研发车型进行多次不低于 8 万公里的道路测试；其次，测试人员需要定期向供应商企业传输相关数据，以便供应商企业调整 ADAS 系统参数；最后，汽车行业可以在此基础上将研发车型的匹配优化至最佳水平。

为了有效验证 ADAS 系统车辆的安全性能，汽车行业需要不断对其进行道路测试，但现阶段的道路测试存在测试效率较低和测试效果较差等问题，汽车行业亟须从技术层面解决在道路测试路线的选择方面遇到的问题。

在制订 ADAS 系统车辆测试的道路场景分类和路线选取原则的过程中，汽车行业应综合考虑 ADAS 系统的环境感知技术和道路交通安全等诸多因素，确保在道路测试过程中遵循该原则能够有效提升测试效率，并获得更好的测试结果。

车辆感知识别技术是支撑 ADAS 系统发挥作用的技术基础，具体来说，ADAS 系统可以利用该技术实现对道路交通环境以及车内外情况的感知和识别，借助各类车载传感器设备广泛采集环境图像信息，并在此基础上从图像中识别并提取出车道线，以便据此完成后续的相关决策工作。

（1）车载传感器

为了充分发挥 ADAS 系统的作用，汽车需要借助航拍或视觉传感器等各类车载传感器来获取照片、卫星图像和点云数据等信息，并以图像识别的方式对这些信息进行处理，从而提取出 ADAS 系统所需的各项道路环境数据，为 ADAS 系统识别道路环境中的行人、障碍物和设备设施等提供支持。

一般来说，视觉传感器指的是汽车中装载的摄像头，通常可按照模块和配置分为单目摄像头、双目摄像头、多目摄像头和红外摄像头等多种类型，但车载摄像头的感知识别情况会受到视野、感知能力、照明度和天气等因素的影响，因此 ADAS 系统在使用车载摄像头来获取道路环境信息时还应综合分析各项相关因素。

从原理上来看，车载摄像头的感知原理主要包括以下几项内容：

① 图像处理。车载摄像头需要对图像中的信息进行数字化处理。

② 图像识别。车载摄像头需要借助自身采集的图像信息实现对车辆、行人和道路交通标识线等内容的有效识别。

③ 目标物分析计算。车载摄像头需要利用双目定位、运动模式解析等方法对目标物进行分析计算，明确目标物与被测车辆之间的相对位移和相对速度。

由此可见，汽车可以借助车载传感器来感知周边道路环境，并进一步实现自适应巡航控制、自动紧急刹车、车道偏离报警等各项 ADAS 功能。

除此之外，车载传感器还包括超声波雷达、毫米波雷达和激光雷达等各类雷达设备，这些雷达也具备环境感知功能，能够采集目标的位置和速度等信息。

各类摄像头和雷达设备在感知能力上存在一定的差异，具体来说，传感器感知能力对比如表 1-5 所示。

表1-5 传感器感知能力对比

传感器	环境适应性	天气良好时感知能力	天气恶劣时感知能力	最长感知距离 /m
激光雷达	中	强	弱	150
毫米波雷达	强	中	中	70
超声波雷达	中	强	弱	5
摄像头（可见光）	弱	强	弱	＞200
摄像头（远红外）	强	强	强	100～200

由表1-5可知，激光雷达具有感知距离长、分辨力高、感知精度高等诸多优势，能够利用激光对周边环境进行扫描，并获取周边环境信息，实现对目标物的三维位置识别，但同时也存在成本高、抗干扰能力较低等不足之处；毫米波雷达具有穿透力强的优势，其发出的电磁波能够穿透烟、雾和灰尘，但同时也存在反射波较弱的不足之处，难以精准高效识别周边环境中的行人；超声波雷达同样具有抵抗雨水和尘土等因素的干扰的能力，但也存在视野不足的问题，若要扩大车辆环境感知的视野，则需同时装配多个超声波雷达。

（2）车道线的识别与检测

汽车可以借助摄像头、雷达和全球定位系统（global positioning system，GPS）等传感器设备来识别和检测行车环境中的车道线。具体来说，传感器功能概述如表1-6所示。

表1-6 传感器功能概述

传感器配置	功能概述
摄像头（单目视觉）	基于车道线清晰的视觉特征，目前应用最广泛的传感配置，检测获取图像中的车道线特征
摄像头（多目视觉）	主要为三维视觉，通过检测障碍物角度等变化、路沿、道路坡度等，为车道线检测提供约束条件
激光雷达	其成本高，通过构建道路的三维信息，可提供视觉检测约束条件；若只用激光雷达，则通过提取车道线与非车道线反射率差异实现
雷达	仅能提供两种信息：障碍物信息；高速路段的边界信息。不能直接用于车道线检测
GPS、GIS	可提供车前道路车道线形状先验，在城区内的定位精度不高

车辆横向辅助控制系统需要根据车道线的识别和提取情况来进行决策。从车道线识别原理来看，车载传感器可以对自身所采集的各项环境数据进行处理，并根据数据处理结果进行道路边线拟合。当道路边界较为模糊时，ADAS系统需要利用车载传感器设备再次进行道路边缘检测，并在完成车道线提取后进一步对车道线进行拟合。具体来说，车道线识别原理示意图如图1-15所示。

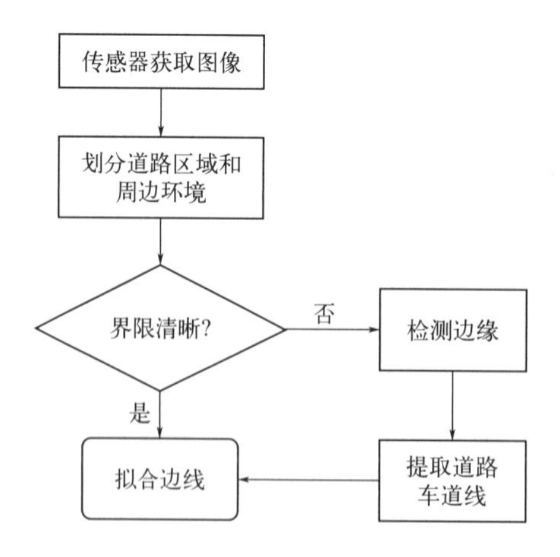

图1-15 车道线识别原理示意图

1.3.2 道路环境影响因素

雷达和摄像头等传感器设备能够感知和采集各项道路环境信息，而这些信息是车辆进行行为决策的重要依据。车辆的环境感知难度与道路环境之间存在十分紧密的联系，为了实现精准高效的环境感知，车辆还需充分发挥 ADAS 技术的作用，对交通设施、道路结构类型以及其他各项道路环境相关影响因素进行分析，以便为后续选择实车道路测试路线方案提供支持。

（1）道路结构类型

实车测试道路主要包括以下几类：

① 结构化道路。结构化道路通常指的是高速公路、城市快速路、城市主干路等易于识别的道路。一般来说，结构化道路大多具有车行道分界明显、车道线宽度一致、车道线间距一致、车道线排列整齐、车道线连续性高、道路线形规范、路面平整度高、路面材质分布均匀等特点，因此对车辆来说，结构化道路的识别检测难度较低。

② 非结构化道路。非结构化道路通常指的是城市支路、乡村道路等不易于识别的道路。一般来说，非结构化道路大多具有车道线清晰度低、车道线连续性差、路面平整度低、道路边界清晰度低等特点，且环境中影响识别检测的因素较多，因此对车辆来说，非结构化道路的识别检测难度较高。

③ 特殊区域道路。特殊区域道路通常指的是桥梁、隧道、交叉口、立交匝道和施工占道区域等不同于常规连贯行驶道路的路段。一般来说，特殊区域道路大多具有道路功能特殊、信号控制特殊、车流行驶速度低、道路环境复杂度够等特点。

（2）道路交通设施

道路交通设施能够为车辆辅助驾驶系统快速感知环境信息提供支持，让车辆能够及时根据这些信息做出相应的反应，从而在一定程度上保障行车的安全性和畅通性。具体来说，道路交通设施主要包括交通标志、交通标线、防撞设施、交通信号系统和照明设施等各类设施，其中，交通标志、交通标线和防撞设施与交通安全之间的关联性较高。

① 交通标志。交通标志中通常具有文字和图案，能够为交通参与者获取道路交通信息提供方便，让交通参与者能够根据交通标志所传达的信息来做出合理的驾驶行为决策。具体来说，交通标志中的主标志主要包含指示标志、指路标志、警告标志、禁令标志、告示标志、作业区标志和旅游区标志七类标志，除此之外，交通标志还包含一些辅助标志。

② 交通标线。交通标线可以根据功能划分成指示标线、禁止标线和警告标线三种类型，也可以根据设置方式划分成纵向标线、横向标线和其他标线三种类型，这些标线通常以文字、图案、轮廓标、立体标记等形式出现，且大多为白色或黄色，主要由实线、虚线或虚实线构成。

③ 防撞设施。防撞设施能够吸收交通事故中的碰撞能量，将事故范围控制在道路区域内，避免出现由事故车辆冲出道路造成的破坏范围扩大等问题，并降低事故车辆和人员的损伤程度。具体来说，防撞设施主要指防撞桶、防撞护栏和防撞水马等设施。

（3）其他影响因素

① 气象条件。气象条件指的是日照长度、能见度和平均风速等各项与天气情况相关的因素。具体来说，日照长度与天气状况相关，当日照时间较长时，出现不良天气状况的概率会降低，车辆的行车安全也会相应上升；能见度关系着道路交通的安全隐患，当能见度较高时，驾驶员实现受阻的可能性会大幅降低，因此驾车的安全隐患也较少；平均风速影响着交通事故的发生频率，风速与车辆的稳定性、操控难度和系统检测识别性能息息相关，且不同的车辆中所装配的传感器各不相同，这些传感器在识别能力方面也存在一定的差异。

② 光照条件。与白天相比，夜晚的物体视认性较差，交通危险程度更高。当夜间出现强光时，驾驶员的视觉神经细胞会受到刺激，导致驾驶员眼前出现眩光，视物能力下降，难以确保行车的安全。总而言之，夜间行车环境存在光线不足、视野清晰度低、视觉范围小等诸多问题，同时街灯、远近光灯、交通信号灯等各种光源也会对驾车情况造成影响，进而导致驾驶员反应速度大幅降低，并随之出现较大的交通安全风险。

③ 地形条件。地形条件可以按照车辆驾驶需求划分成平原道路和山地道路两大类。具体来说，平原道路具有视野开阔、长直线较多、弯道较少、坡道较少、道路条件优越等特点，当驾驶员长时间驾车行驶在平原道路上时，极易出现视觉疲劳等问题，更有甚者可能会出现车速不断提高直至超速的问题；山地道路具有视线条件差、临崖路段较多、长陡坡路段较多、圆曲线处的半径和横截面较小等特点，且出现落石和边坡滑塌的可能性较大，对驾驶员来说，当驾车行驶在山地道路上时，控制速度和方向的难度较大，稍有不慎就可能会出现车辆滑移、车辆倾翻等危险情况。

1.3.3 道路测试路线方案

在制定道路测试路线方案时，汽车行业应综合分析车载传感器的特征和实际行驶道路中的各项环境因素，并以道路测试的策划原则为基准，在严格遵循边界条件、传感器局限性和系统功能逻辑等相关要求的基础上，规划和制定道路测试路线方案。

从道路测试路线方案的制定流程上来看，首先，汽车行业需要明确道路测试路线所需的场景组成要素，找出并分析能够影响传感器的场景环境；其次，汽车行业需要在此基础上确定道路测试场景；最后，系统还要对各个道路测试所需场景进行整合，并进一步制定出包含这些场景的测试路线。

（1）场景要素

一般来说，与道路测试场景相关的标准主要包括由国际标准化组织（International Organization for Standardization，ISO）、美国国家公路交通安全管理局（National Highway Traffic Safety Administration，NTHSA）、美国汽车工程师学会（Society of Automotive Engineers ，SAE）、欧洲新车安全评价协会（European New Car Assessment Program，Euro NCAP）、联邦汽车安全运输管理局（Federal Motor Carrier Safety Administration，FMCSA）等机构制定的标准规范以及各项 ADAS 相关标准。在制定道路测试路线方案时，既要遵照以上各项标准规范，也要整合从各类道路交通事故中获得的信息和人为驾驶经验，广泛采集并整理各项道路测试相关场景要素，如路段、车道、天气、交通参与者、交通信号灯、道路交通标志、道路交通标线和其他设施，以便据此进一步构建自动驾驶车辆道路测试场景要素库。具体来说，路测场景要素表如表 1-7 所示。

表1-7　路测场景要素表

基本要素	要素组成
路段	双向、T 形路段、十字路口
车道	两车道、四车道、单车道
道路交通标志	警告标志、禁令标志、指示标志、指路标志、施工标志、辅助标志
道路交通标线	指示标线、禁止标线、警告标线
交通信号灯	机动车信号灯、非机动车信号灯、人行道信号灯、方向指示信号灯、车道信号灯、闪光警告信号灯
其他设施	收费站、公交车站台、减速带、停车场、充电站、加油站、锥形桶
天气	白天、黑夜、晴天、雨天、雪天、雾天
交通参与者	测试车、机动车、非机动车、行人、动物、其他障碍物、移动式交通管控设施

（2）传感器环境测试要求

就目前来看，摄像头和毫米波雷达是道路测试中应用较为广泛的两种传感器设备，具体来说，摄像头环境影响分析图和毫米波雷达环境影响分析图分别如图 1-16、图 1-17 所示。

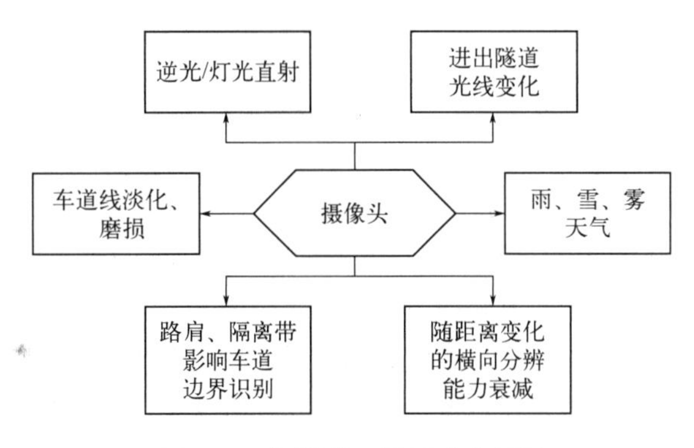

图 1-16　摄像头环境影响分析图

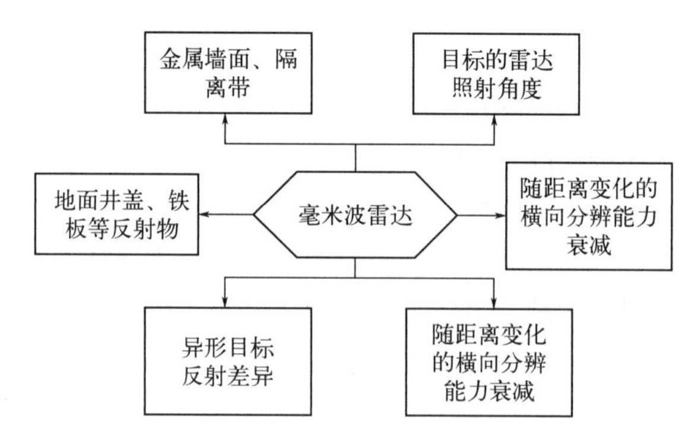

图 1-17 毫米波雷达环境影响分析图

（3）道路测试场景集

道路测试场景集种类繁多，通常可以根据被测车辆特征、道路环境测试需求、已知道路驾驶数据以及被测车辆的辅助驾驶功能的特征等情况划分成不同的类型。汽车行业需要先构建自动驾驶测试场景，再对其进行挖掘和评估，具体来说，道路测试场景如图 1-18 所示。

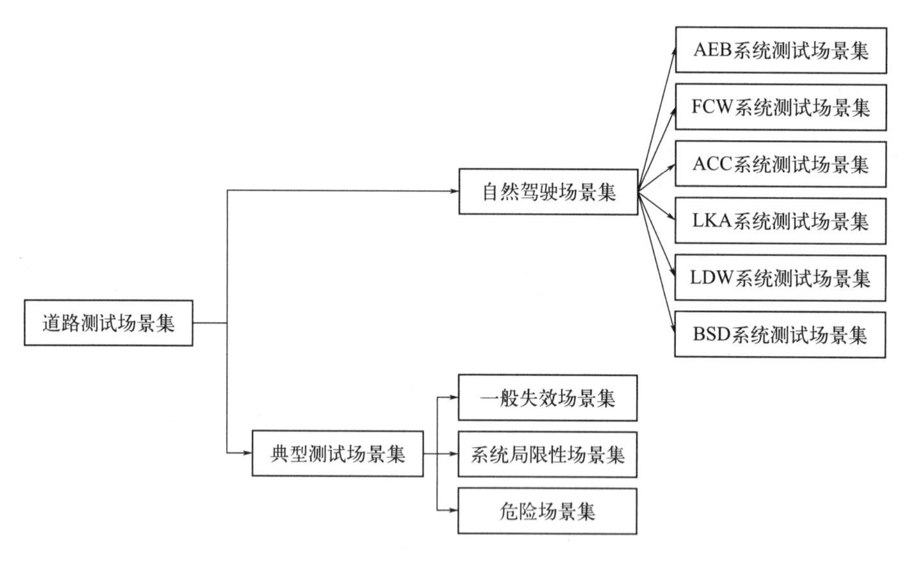

图 1-18 ADAS 系统道路测试场景

（4）道路测试路线制定原则

在制定道路测试路线的过程中，汽车行业还需完成对被测车辆所配备的各项先进辅助驾驶系统的测试，如前方碰撞预警系统、车道偏离报警系统、车道保持辅助系统、盲区监视系统、自动紧急刹车系统、自适应巡航控制系统等，同时也要掌握驾驶员在各个自然驾驶场景中的表现情况，并在不同的道路条件（如高速、国道、城市道路等）、光照条件、天气条件和交通环境下对被测车辆的 ADAS 系统进行测试。

汽车行业在进行道路测试时应全方位考虑各项因素的影响，如天气条件、光照条件、道路类型、交通状况、道路参与者等。具体来说，天气情况主要涉及晴天和阴天两种情况；光照条件主要包括白天、傍晚和阴天三种情况；道路类型主要包括高速公路、城市道路和国道 / 省道道路三大类道路；交通状况主要涉及拥堵路况和非拥堵路况两种路况；交通参与者通常包含机动车、行人、两轮车、三轮车，道路交通也可以据此划分成单一交通和混合交通两种类型，其中单一交通指的是只有机动车一种交通参与者的道路交通情况，混合交通指的是有多种交通参与者的道路交通情况。

以上各项因素既会造成交通流和道路周边基础设施方面的差异，也会影响车辆功能。在 ADAS 功能测试过程中，多样化的道路条件有助于汽车行业检测 ADAS 系统对不同道路环境的适应能力。

- 从测试道路类型来看，不同的结构化道路、非结构化道路等所占的里程需要遵循一定的比例，结构化道路的占比应该明显高于非结构化道路；
- 从测试天气情况来看，晴天、阴天以及雨雪等特殊天气需要遵循一定的比例，如 6∶2∶2；
- 从测试光照条件来看，不同光照情况的测试需要遵循一定的比例，如白天、傍晚、夜晚三者的比例为 6∶3∶1。

综上所述，汽车行业可以根据以上各项标准、原则和信息来规划道路测试路线，确保所制定的方案符合整车主动安全系统道路测试的要求。

第2章
车道偏离报警系统（LDWS）

2.1 车道偏离报警系统概述

2.1.1 LDWS 的基本概念

按照美国国家公路交通安全管理局（National Highway Traffic Safety Administration，NHTSA）对车道偏离报警系统的定义来看，其作为辅助驾驶员避免或减少车道偏离事故的系统，主要负责在车辆发生偏移时及时发出警报来提醒驾驶员，使其迅速做出应对，保证行驶安全。

车道偏离报警（lane departure warning，LDW）系统作为高级辅助系统的子系统之一，可以通过警报或振动等手段来提醒驾驶员，以防止或减少因车道偏离发生的交通事故，可以为驾驶提供有益支持。该系统功能主要借助车辆前方区域安装的视觉传感器来实现相关功能，视觉传感器可以识别出车辆所在车道的道路标线，一旦发现两侧道路标线发生变化，便可以及时发现车辆偏移，由此迅速向驾驶员发出警报。

通常情况下，如果车辆没有打转向灯却在靠近一侧道路标线时，LDWS 会在车辆越过标线前通过转向盘振动来提示驾驶员发生车道偏离。同理，车辆在非人为操作情况下发生的偏离都会得到显示器或声音的提醒，告知驾驶员车辆已经发生偏离，提醒其及时修正方向，甚至要求其校正行驶方向，以防因车道偏离发生交通事故。

车道偏离报警系统主要依靠摄像头、雷达等传感器来检测马路上的车道线，然后通过计算车身和车道线之间距离来对车辆是否偏离车道做出判定。当驾驶员无意识偏离车道时，该系统便会借助环境感知传感器来探测车身与两边车道线的距离，一旦发现车辆偏离预定车道或行驶路线，车轮碾压到线时，系统便会进行报警提示。

车道偏离报警系统的整个工作过程用时是非常短的，基本上在 0.5s 之内就可以完成所有步骤，也正是因为如此迅速的响应，才能够保证驾驶员行驶过程中的安全性。当驾驶员在未打转向灯的情况下偏离原车道时，系统会在 0.5s 之内发出听觉或视觉警告，还会以转向盘振动形式提醒驾驶员当前车辆的偏离情况。通常驾驶员在危急情况下的反应时间为 0.2 ～ 0.4s，该系统提前 0.5s 的预警提示为驾驶员赢得了更多的反应时间，为其下一步的应对提供了宝贵的操作时间。

转向盘振动式的提示实际上是系统通过给予转向盘一个反方向的力矩来对转向盘进行微调，由此达成对驾驶员提醒的效果。这样一旦驾驶员在行驶过程中出现走神或精神疏忽导致的车道偏离时，就会得到及时的提示，进而快速校正行驶方向，使车辆回到原来的车道内行驶，减少碰撞事故等危险，保证车辆行驶的安全性。

车辆偏移预警系统本身并不会主动干预车辆的行驶轨迹，只有当其开启后，车速达到 40km/h 以上时，其视觉传感器才会对车辆行驶车道的标识线进行实时采集，经过图像处理来获取汽车在当前车道中的位置参数；在车速达到 60km/h 以后，系统若检测到驾驶员无意识偏离车道，便会以转向盘振动或仪表声提示等警报信号来提示驾驶员，为驾驶员预留出反应及操作时间。如果驾驶员提前打转向灯并控制车辆进行换道，那么车道偏离报警系统则不会发出任何提示，驾驶员可以顺利地完成变道操作。使用 LDWS 可以有效纠正驾驶员不打转向灯的驾驶习惯，能够解决长时间行驶所带来的过度疲劳、精力不集中等问题。

当前市面上绝大多数车型所装配的车道偏离报警系统都是基于视觉方式进行数据采集，这种依靠摄像头获取图像的方式在遇到雨天、雪天或浓雾天气等能见度低的情况时，对路面车道标识线采集的准确度会降低。为了解决这一问题，技术工程师开发了红外线传感器，将其安装在车辆前方的保险杠两侧，利用红外线来收集信号，进而分析路面情况，这样系统便不再受天气条件限制，能够做到在任何环境中迅速地将车辆的车道偏离状态反馈给驾驶员。

2.1.2 LDWS 的安全功能

当今汽车正在向电动化、智能化和网联化转型，汽车智能化的发展前景广阔，与之相关的车道偏离报警、安全车距预警、疲劳驾驶检测、自适应巡航以及变道辅助系统等驾驶员辅助系统引起了较多关注，得到了较大发展，开始越来越多地在汽车上得到应用。随着社会的发展和经济水平的提高，人们购车时已然开始关注与考虑具有先进辅助驾驶系统功能的车型，以便提高车辆驾驶的安全性。LDWS 便是其中普及率较高的一个先进辅助驾驶系统。

随着云计算、大数据、人工智能、移动互联网技术的蓬勃发展，智能交通系统（intelligent transportation system，ITS）跃上了发展的快车道。自适应巡航作为智能交通的主要应用，重要性不言而喻，而 LDWS 在主动安全和自适应巡航中起到至关重要的作用。在汽车安全性越来越受到关注的当下，LDWS 成了继安全带与安全气囊之后的又一项车内安全装置。

近年来，科技与汽车的深度融合越来越快，汽车上的各种科技配置也愈加丰富，LDWS 作为避免车道跑偏的“防出轨神器”，开始被越来越多的汽车所采用，渐渐成了一项主流配置。不过据调查，有很多车主在实际行驶过程中会关闭这一功能。美国高速公路安全保险协会（Insurance Institute for Highway Safety，IIHS）的一项研究结果显示，LDWS 技术使相同类型伤害事故发生率降低了 21%，使所有交通事故的发生率降低了超过十个百分点。这表明若全部的乘用车皆配备 LDWS，那么类似事故的发生率将大幅度降低。

作为近些年普及率较高的高级驾驶辅助功能，车道偏离报警功能常出现在各种车型的安全配置中，并将其作为车辆安全程度的一项重要指标，其对车辆行驶安全的重要性可见一斑。

2.1.3 LDWS 的模块构成

LDWS 主要由图像采集单元、车辆状态传感器、电子控制单元、人机交互单元、图像处理单元以及系统开关组成，如图 2-1 所示。

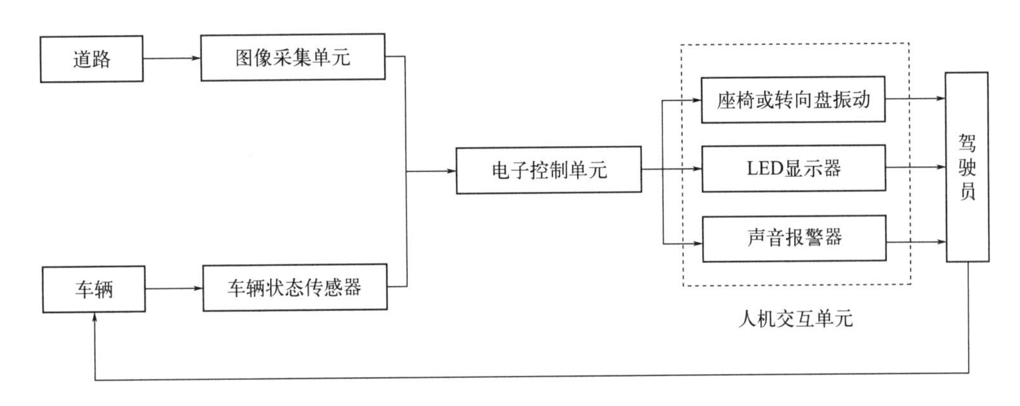

图 2-1 车道偏离报警系统的组成

因为 LDWS 是在视觉系统的基础上开发出来的，所以其前视系统和测试系统都由三个基本模块构成，即道路与车辆状态感知、车道偏离评价算法以及信号显示界面，如图 2-2 所示。

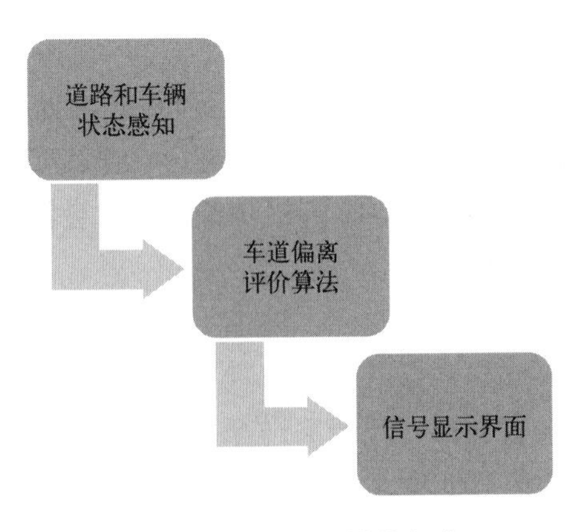

图 2-2 LDWS 的模块组成

（1）图像采集单元

图像采集单元包括工业照相机、镜头和图像采集卡等，通常装置在前挡风玻璃后，用来检测前路两边的分道线。这一部分主要负责采集车辆前方的道路图像与环境信息，然后将模拟视频信号转换成数字视频信号。

通常情况下，车载摄像头会安装在后视镜位置或车身侧面，使其斜指车道线；还有部分车载摄像头会装置在车辆前部来斜指前方车道；极个别情况会在车辆后方安装摄像头来检测后方车道标志。因为车载摄像头的安装位置对于LDWS的安全性具有决定性作用，所以其安装会考虑到多方面因素，不过总体来说，检测后方车道标志没有检测前方车道标志及时，尤其在车辆处于弯道中时，更是如此。

当下的LDWS基本上采用的都是视觉传感器，装置于前挡风玻璃下的摄像头会实时监测道路分道线，继而通过感知模块来分析车辆的动态参数与道路的几何特征，最终通过计算，完成其对车道偏离可能性的评价，若判定其偏离车道系统便会发出警报，给驾驶员以提示。

LDWS通过集成在电子控制单元上的摄像头来完成对车道的识别，一旦路面上没有清晰的道路标线或遇到雨、雪、雾天气时，摄像头就无法准确识别车道，LDWS也就不能正常工作。除此之外，LDWS还有两种无法工作的情况：一种是雨刷器高速运行时，系统默认LDWS不工作；另一种是LDWS部件或系统故障时，其会退出工作。

正如前文中所谈到的，LDWS是基于视觉系统所研发的，所以车载摄像头的诸多劣势亦在此系统中展现出来，譬如在能见度较低的雨雪或浓雾天气，抑或是路面上存在积水造成反光时，车载摄像头的工作精确度便会下降，进而造成LDWS的准确度降低。但不可否认的是LDWS是有价值的，其可以最大程度上降低因车道偏离造成交通事故的发生率，提升车辆行驶的安全性。未来LDWS的发展趋势应该是研发鲁棒性强、可以克服光照及阴影条件并适应各类天气条件的影响车道偏离的评价算法。

（2）车辆状态传感器

车辆状态传感器主要负责采集多种车辆运动参数，如车速、车辆转向状态等。LDWS会先利用状态感知模块来对车辆的动态参数和道路的几何特征进行感知，之后将其传送至行车电脑来分析数据。这一部分偶尔会涉及红外传感器或激光传感器。

（3）电子控制单元

电子控制单元可以依据车辆自身所在位置计算车道边缘和车道曲率等，并通过转向盘振动来向驾驶员发布警报。其能够进行数字图像处理、车辆状态分析和决策控制，还可以进行车道偏离可能性评价。

车道偏离报警系统的电子控制单元通常安装在驾驶室内的后视镜前或前挡风玻璃的中间位置。摄像头与处理软件会对车辆与道路标线的距离进行判定，如果车辆在没打转向灯的情况下靠近标线或发生车道偏离，那么会判定此种情况为驾驶员的无意识行为，由此进行车道偏离提示。

（4）人机交互单元

人机交互单元主要指车辆依靠驾驶室内的显示界面来把系统当前的状态提供给驾驶员，一旦发生危险，报警装置可以进行声、光、转向盘振动以及座椅转动等多种形式的提示。仪表中间会有图像显示，并安装了蜂鸣器，在关键时刻可以借助信号显示界面来向驾驶员报警。

LDWS 的开启与关闭凭借的是显示器上的一个按钮。当车辆打开点火开关后，LDWS 自动恢复至上次停车前的功能模式，其开启与关闭状态能够在显示屏或组合仪表中进行显示。当 LDWS 开启时，还会显示其是否处于准备发出警告的状态，只有在车速超过 60km/h 且传感器识别到车道边线（一条或两条）时，系统才会处于准备发出警告的状态。

（5）LDWS 开关

一般情况下，LDWS 的开关键会安装于转向盘左侧的仪表台护板处。当按下这一开关键时，LDWS 系统启动，在车速达到 40km/h 以上时，系统自动对车辆行驶的道路情况进行探测，在检测完成后会自动显示道路影像已识别；在车速达到 60km/h 以上时，系统则处于准备发出警报的状态，同时会实时监测车道，一旦发现车辆无意识偏离，LDWS 便会立即向驾驶员发出警报。

2.1.4 全球主流的 LDWS

智能网联汽车 ADAS 系统中的 LDWS 主要是用来检测车道位置的装置。LDWS 主要通过红外线传感器、机器视觉来进行工作，按照传感器安装位置的不同，可分为前视系统和俯视系统两种。

目前，应用范围较广的是前视系统，该系统能够检测到更多的道路信息，甚至可用于无道路标识的路况之中。但是该系统也存在一些问题，即在车辆横向中的图像容易受到行人与车辆的干扰。

现阶段的前视系统中，比较典型的系统有 Auto Vue 系统、AWS、DSS、STAR 系统、英菲尼迪 LDWS 等，下面对以上提到的具有代表性的系统逐一进行介绍。

（1）Auto Vue 系统

Auto Vue 系统是安装于车辆内部挡风玻璃后面的一款用来识别道路标识线的跟踪系统，它主要由一台摄像机、一个显示设备、两个音箱以及控制单元等组成。该系统最初是由德国的戴姆勒 - 克莱斯勒集团与美国艾特锐视公司联合研发的，结构紧凑，适合车载，可以借助摄像机对车道位置进行实时监测。

该系统能够快速计算车辆与车道标识线之间的实际距离，并将计算得出的数值与最初设置的报警距离进行比较，若大于报警距离，则视为安全；反之，则会触发预警。一旦系统发现车辆出现偏移，那么车辆便会发出“隆隆”的声音（犹如高速公路上的隆声带的摩擦声）来对驾驶员进行提示，便于驾驶员快速修正行驶方向。

（2）AWS

先进预警系统（advance warning system，AWS）是安装于车辆前挡风玻璃上的检测系统，它主要通过单眼图像处理器来监测车道标识线。该系统是以色列 Mobileye 公司开发的一个车道偏离报警系统，仅用单个摄像头就可以检测各类车道标识，并且可以监控车辆和道路边界之间的距离。

AWS 系统的主要特点是，能够检测实线、虚线、箱式、猫眼等各种道路标志线，即使在一些没有道路标识的乡村道路上，该系统也能够正常工作，它会将路沿、道路边缘作为道路标识线进行实时监测，适时发出偏移预警。

该系统主要通过测量车辆与车道边界的相对位置来检测车辆偏移，借助车辆侧向运动的速度来计算车辆跨过车道标识的时间，若计算出的时间小于起初设定的阈值，那么系统便会发出视觉与听觉的双重警告，便于驾驶人员及时做出反应，避免事故发生。

（3）DSS

驾驶辅助系统（driver support system，DSS）是安装于车辆后视镜上的车道偏离报警系统，主要借助加速度传感器与角度传感器来感知车辆的行驶状态，还可以与驾驶者的行为习惯相结合，更加精准地进行车道偏离报警。该系统是 1998 年由日本三菱汽车研究开发的，主要由小型 CCD 摄像机、速度传感器、视觉指示器、警报蜂鸣器等听觉警告装置组成，通过计算车道曲率半径、横摆角以及横向偏移量来对车辆进行监测。

该系统主要依靠横摆角速度传感器与控制器来计算车辆行驶中轨迹的偏差，由此得出车辆与车道边界的相对距离，通过相关数值判断车辆是否发生偏离。同时，该系统还会计算车辆越过车道边界的时间，据此判断是否触发预警功能。当车辆发生偏离且需要发出警报时，DSS 会同时发出视觉与听觉警告，在必要时会通过转向盘振动等方式来警示驾驶人员，以便其迅速修正行驶方向，防止发生严重的交通事故。

（4）STAR 系统

STAR 系统是安装于车辆驾驶室后视镜上的车道偏离报警系统，其功能主要是对车道标识线、道路曲率半径等进行有效识别，由日本丰田公司研发。

该系统主要由前转向促动器、横向角速度传感器、车道识别传感器以及控制器等组成。其中，前转向促动器主要负责按照控制器指令来操控转向机构，使转向盘产生角度变化；横向角速度传感器主要负责对车辆的横摆角速度进行检测；车道识别传感器主要由黑白摄像头和图像处理模块构成，图像处理模块主要负责对实时图像进行预处理，并将处理好的图像数据传输至控制器完成后续任务；控制器主要通过设定的算法来分析与处理相关图像数据，计算车辆行驶过程中实际轨迹与预期轨迹间的距离偏差。若差值大于预先设定的阈值，那么该系统就会向驾驶人员发出警告，还会以转向盘振动等方式来进行预警，从而保障驾驶员的行驶安全。

（5）英菲尼迪 LDWS

英菲尼迪公司研发的车道偏离报警系统，主要安装于车辆驾驶室内的后视镜上，它主要由小型的光学摄像头、速度传感器、指示器以及声音报警器等组成。该系统能够感知车辆所行驶道路上的车道标志线，可以及时获取路面信息。一旦车辆出现偏离，该系统会迅速进行声音预警，座舱内的仪表盘也会通过闪烁的指示灯来对驾驶员进行提示，以便驾驶员尽快做出应对。

在上述预警发出后，若驾驶人员未做出任何正确的应对行为，那么车辆偏离修正系统便会自动启动，对车辆的内侧车轮进行紧急制动，对车辆行驶方向进行修正，使其回归既定路线。在这一过程中，车轮转向角度大于 2°时，LDWS 便会自动停止运行，以免影响车道正常变更，从这一点来看，英菲尼迪的 LDWS 对于夜间行驶与长途行驶十分有益。

2.2 车道线检测与识别方法

2.2.1 LDWS 的工作原理

LDWS 的具体功能构成如图 2-3 所示，其中底部的抑制请求、车速测量、驾驶员优先选择与其他附加功能这四项是可以进行选择的。

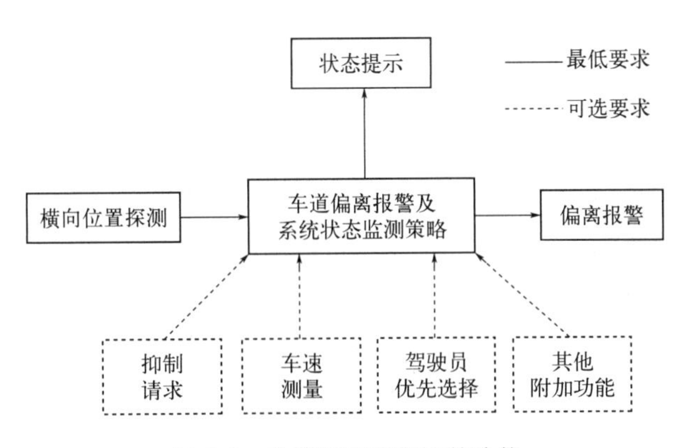

图 2-3 车道偏离报警系统功能

抑制请求主要指在 LDWS 探测到驾驶员有偏离车道的意图时，系统可以按照驾驶员的请求或系统功能对车道偏离报警系统发出警报的请求进行抑制。通常偏离警报是指在没有抑制请求的情况下，在车辆满足报警条件时，系统向驾驶员发出警示。LDWS 会对其开、关、故障、失效等当前所处的状态进行相关的状态提示。

在 LDWS 开启后，系统会通过车辆上安装的摄像头等图像采集单元来获取前方道路图像，并对道路标识线进行实时采集，抑或是监测车辆行驶的道路状况，感知前方道路两侧的车道线。LDWS 的电子控制单元则会分析处理图像，进而获得当前汽车在车道中的位置参数，车辆状态传感器会快速收集驾驶员的操作状态与车辆的运动参数，而后控制单元的决策算法会结合以上信息来判断车辆是否发生无意识的车道偏离。

当系统发现车辆靠近车道线或有可能越过车道线时，如果驾驶员没有打开转向灯，那么驾驶室内的仪表盘与蜂鸣器便会发出警报信息，用以提示驾驶员及时纠正车辆行驶方向，尽快回到之前的行驶车道上来，整个过程大概会在 0.5s 之内完成，为驾驶员预留更多的应对时间，最大程度地降低因车道偏离而造成的交通事故率。若驾驶员提前打开了转向灯，之后进行正常的换道行驶，那么 LDWS 就不会发出警报。

LDWS 的图像处理过程通常是，先由一个或多个图像传感器将道路的多帧图像传输至处理器，一般这些传感器都会与处理器的多个视频端口相连接，进入处理器的图像会实时转换为可处理的格式，再对图像进行预处理，去掉获取图像时混入的噪声，之后探测车辆相对于道路标识线的位置，将道路图像转换为一系列道路表面轮廓的线条，并在数据字段内寻找边缘，由此发现车道标志线，这样就找到了车辆行驶时应保持的边界。在车辆行驶过程中，处理器需要实时对标志线进行跟踪，以此判定行车路线正常与否。若检测出车辆无意识偏离车道，处理器会立即驱动报警电路，提示驾驶员尽快校正行驶路线。

LDWS 的报警形式通常是扬声器或蜂鸣器，也可选用语言提示，同时还会通过座椅或转向盘振动的方式来给驾驶员以警示。不过从汽车整体工作的角度来考虑，车辆的转向装置与制动装置在正常使用时会干扰 LDWS 的工作，不利于系统的顺畅运行。所以车辆在低速行驶、制动或正常转向时，LDWS 是退出工作的。

通常情况下，LDWS 会借助安装在驾驶室内后视镜区域的摄像头来获取行驶道路前方的图像，所获取到的图像信息会通过数据导线传送至控制单元。系统会从相关的影像信息中解析出道路的车道标线，若系统检测到车辆将会越过车道标线，便会提前发出警报。

在车辆行驶的过程中，驾驶员应实时注意使车辆在路面的实线与虚线间行驶。LDWS 的具体工作机制可以概括为以下三点：

① 在有清晰的车道标志线的路面上行驶，且速度达到 70km/h 以上，车辆若即将偏离车道，系统会进行警报提示。

② 转向盘或座椅会轻微振动，具体的警告时间点会随着当前的行驶状况随时变化。

③ 若车辆的转向灯提前开启，那么系统不会进行任何提示。

2.2.2 基于特征的识别方法

（1）基于仿射变换的车道线检测

基于仿射变换的车道线检测的工作原理如下：首先，通过仿射将检测区域的路面转换为俯视图；其次，基于车道线的灰度值特征，对俯视图进行二值化处理，并运用边缘检测技术提取出其中的车道线。

系统可以借助仿射变换的方式实时提取出多条车道线，但同时这种方式也存在稳定性较弱、图像损失大、车道线变形、易受环境因素影响等不足之处，无法在路况复杂度高、摄像头视野小或物体遮挡较多的环境中有效发挥作用，系统也难以利用这种方式精准提取出在仿射图中已经变形的车道线。

（2）基于拟合的车道线检测

基于拟合的车道线检测可以根据车道线和路面之间的灰度梯度差提取出车道线的边缘。具体来说，车道线上具有大量边缘点，系统可以通过边缘点拟合的方式找出同一水平位置相邻的两个边缘点，并将二者的中点看作车道线上的点，进而按照这种方式得到车道线上所有的点。一般来说，颜色变化会影响车道线和路边的灰度，因此当阈值较为单一时，系统无法获得位于车道线中间的边缘点，也无法确保各个中点均处于同一直线上，在提取车道线时，还需利用拟合函数来对某一区域内的边缘点和直线两侧的中点进行拟合。

2.2.3 基于模型的识别方法

霍夫变换是一种利用参数来检测线性目标的识别方法，能够对原始图像中给定形状的线条（直线或曲线）进行变换处理，并在参数空间中的某个点上以峰值的形式对该线条进行呈现。从本质上来看，霍夫变换通过问题转化的方式来处理问题，具体来说，原始图像中给定形状的线条的检测问题会被转化成参数空间中峰值的探寻问题，整体特性的检测问题会被转化成局部特性的检测问题。

道路中通常包含 3 ～ 4 个车道，当各个车道中行驶的车辆较多时，摄像头可能会受到遮挡，导致系统无法稳定提取所有车道线，但摄像头可以实现对车辆本身所行驶的车道中的车道线的稳定检测。在车道线检测过程中，当被检测车辆与自身处于不同的车道当中时，车辆可以分析被检测车辆的坐标与车道线之间的距离，并据此将被检测车辆划分到两侧的车道当中。

基于霍夫变换直线检测的车道线检测，可以将图像的笛卡儿坐标系统转换到极坐标霍夫空间当中，并在此基础上将点转化成曲线。

① 图像前处理。原始车载图像是具有多种颜色的 RGB 图像，而车道线在提取算法中显示为白色，一般来说，系统在检测和识别车道线的过程中应先对原始车载图像进行灰度化处理，再进行灰度均衡化处理，最后通过边缘检测的方式实现对车

道线的检测。由此可见，系统只需利用白色车道线的灰度图就能够检测和识别出道路中的车道线。

车道线检测与识别系统可以借助 sobel 算子或 canny，对车道线进行边缘检测，但二者在检测算子的模板中的权值不同，因此最终对车道线边缘的保留情况也存在一定的差异。

② 提取车道线。系统要在感兴趣区域中对车道线进行提取，大幅减少图像数据的计算量，并通过霍夫变换直线检测的方式实现对车道线的检测和识别。

③ 车道线标注和预警。与车道线的左右边缘之间的距离不超过 30cm，位置均在报警区域内，系统可以借助标定实验的方式来确定报警区域，并在车辆进入报警区域时进行报警。

车道线检测所面临的情况十分多样，因此需要具有较强的适应能力，霍夫算法具有鲁棒性强的特点，无论在白天还是黑夜，都能快速适应各类环境，十分符合车道线检测在适应能力方面的要求，但该算法无法识别曲率半径较大的车道线，因此系统在利用霍夫算法进行车道线识别时，还需综合运用深度学习和算法设计等其他技术手段。

2.2.4 基于深度学习的识别方法

基于深度学习的识别方法能够自动提取特征，且具有适应性强、鲁棒性强和实时性强等诸多优势，在车道线检测和识别领域能够发挥重要作用。具体来说，基于深度学习的识别方法主要包括以下四种。

（1）基于分割的方法

基于分割的方法可以借助语义分割、实例分割等技术手段从图像中识别出车道线，进而实现车道线检测功能。从本质上来看，基于分割的方法在进行车道线检测时会先将该问题转化成像素级分类问题，再进行处理。

具体来说，基于分割的车道线检测主要涉及以下几种检测方法：

① 语义分割方法。在车道线检测时对图像中的所有像素进行分类，如将像素分为“车道线”和“非车道线”。

② 实例分割方法。在车道线检测时，既可以对图像中的所有像素进行分类，也可以区分各个物体实例，能够在多车道的环境中实现对车道线的单独检测和识别。

③ 后处理。在完成分割工作后，系统需要利用滤波器、形态学操作、拟合技术等手段对车道线检测和识别结果进行后处理。

总而言之，基于分割的车道线检测方法具有较强的准确性和鲁棒性，同时对计算资源的需求量也更大，特别是在利用深度学习模型进行检测和识别时，需要用到大量计算资源。由于车道线检测与识别所使用的分割模型较大，因此图像和数据处理效率也较为低下，当车辆所装配的摄像头视线受阻时，系统也难以对车道线进行精准检测，无法有效发挥出车道线的先验知识的作用。

综上所述，基于分割的方法的优点主要体现在其进行车道线检测时鲁棒性好且准确性高；缺点则主要表现为对计算资源的需求量大、分割模型较大、图像和数据处理效率低下、车道线的先验知识的利用率低，以及在摄像头实现受阻时难以确保检测的准确性。

（2）基于检测的方法

基于检测的方法可以充分发挥物体检测的深度学习模型的作用，挖掘出图像中的车道线的特征，并以车道线为目标对象，实现对车道线的检测。

具体来说，基于检测的方法主要利用了以下几项物体检测算法：

① Faster R-CNN。Faster R-CNN（region-based convolutional neural network）网络兼具目标分类和位置回归两项功能，且能够同时启用这两项功能，并在物体检测方面发挥作用。同时，也可以在对某些特定数据集进行训练的基础上，实现对车道线的定位。

② YOLO。YOLO（you only look once）是一种仅需浏览一次就能够识别出图像中的物体的位置和类别的实时物体检测算法，车道线检测与识别系统可以利用YOLO算法从各类特定的场景或形状中识别出车道线，并对其进行分类。

③ SSD。SSD（single shot multibox detector）是一种用于目标检测的深度学习框架，在经过调整后能够实现对车道线的检测。

（3）基于关键点的方法

基于关键点的方法主要根据对车道线上的特定关键点的检测，来描绘出相对完整的车道线。具体来说，基于关键点的方法在车道线检测与识别方面主要涉及以下几种方法和相关概念：

① 关键点检测。基于关键点的方法可以通过关键点检测的方式来对车道线上的关键点进行定位，以便利用图像处理、深度学习等技术手段来对其进行检测。

② 曲线拟合。在完成关键点检测后，基于关键点的方法可以在掌握不少于3个位于车道线上的点的基础上，运用多项式拟合、样条拟合以及其他各类曲线拟合方法，估计出整个车道线的形状，并通过增加估计时所参考点的数量的方式，来提高车道线形状估计的精准度。

③ 迭代优化。基于关键点的方法可以借助RANSAC算法等各类迭代方法来筛选出具有可用性的关键点，并利用这些关键点来进行曲线拟合优化，进而获得更加准确的车道线检测结果。

④ 时间连续性。当系统使用基于关键点的方法在视频流中进行车道线检测时，可以根据前一帧的结果实现对当前帧的关键点所处位置的预测，并在一定程度上确保检测的高效性和准确性。

总而言之，在具有一定复杂性的场景中，车道线检测与识别系统可以利用基于关键点的方法实现对车道线的精准高效检测，同时也要综合运用其他各类检测方法，来解决车道线的遮挡、断裂、高密度等问题。

（4）基于实例分割的方法

基于实例分割的方法既能够对图像中的车道线进行识别，也能够对各个车道线进行区分，并将其单独看作一个实例。当场景中存在多个车道时，各车道可能会并列出现，基于实例分割的方法在车道线检测过程中可以将各车道独立出来，分别对其进行处理、检测和识别。

具体来说，基于实例分割的车道线检测方法主要涉及以下几项内容：

① 核心思想。基于实例分割的方法可以为图像中的所有物体实例配备一个相应的标签，且标签具有唯一性，各个独一无二的标签与图像中的各个物体实例一一对应，因此图像中的所有车道线都会被标签标记为一个独特的实例，车道线检测与识别系统可以根据标签对各车道线进行区分。

② 主要模型。Mask R-CNN 是一种用于目标检测和实例分割的深度学习算法模型，大多会在 Faster R-CNN 的架构上增加一个分支，并在此基础上对检测对象的分割掩码进行预测。一般来说，经过相关训练的 Mask R-CNN 可以对场景中的车道线进行分割、检测和识别。

③ 训练与预测。车道线检测与识别系统在使用基于实例分割的方法时，需要用到具有分割掩码的数据集，并将图像中的所有车道线分别单独标记为一个实例。在车道线检测过程中，系统可以利用具有目标检测功能的深度学习算法模型来为检测到的车道线分配掩码，并在此基础上实现道路分析和车辆导航等功能。

2.3 车道偏离报警决策算法

2.3.1 车道偏离报警决策算法概述

车道偏离报警决策算法能够利用车辆中装配的传感器等感知工具，来获取车辆运动状态和道路几何结构等信息，并通过对这些信息的分析，实现对车道偏离危险性的评估。报警时间是一项用于描述车道偏离危险性的重要参数，因此车道偏离报警系统既要确保报警的准确性和可靠性，防止出现频繁错误报警影响驾驶的情况，也要为驾驶员预留足够的反应时间，以便驾驶员根据报警信息采取合适的校正措施。

一般来说，各个驾驶员在生理情况、心理素质、驾驶风格等方面存在差异，因此不同的驾驶员对车道偏离危险性的感知特性也各不相同。同一驾驶员在不同的时间、空间或精神状态下的驾驶行为特性并不完全相同，因此对车道偏离危险的感知也存在差异。由此可见，不同类型的驾驶员通常对报警系统有不同的要求。

从驾驶经验上来看，适用于驾驶经验较少的新手驾驶员的报警系统大多报警频率较高，可能会在熟练驾驶员驾车的过程中出现干扰驾驶的情况；适用于驾驶经验丰富的熟练驾驶员的报警系统大多具有报警频率和报警强度较低的特点，对新手驾驶员来说报警作用不明显，导致驾驶员对系统的信任度不足，也难以及时发现车道偏离风险。在开发车道偏离报警系统的过程中，系统开发人员应综合考虑驾驶员的各项行为特性以及外界环境因素的影响，充分把握并满足各项驾驶需求。

总而言之，合理的报警算法应满足以下两项标准：

① 保证能够及时恰当地报警。一般来说，驾驶员在接收到报警信号后需要一定的时间来进行响应，汽车在驾驶员采取校正措施后也需要一定的时间进行响应，因此车道偏离报警系统应在特定时间内精准预测出将要发生的车道偏离风险，并迅速发出报警信号，为驾驶员提供充足的校正时间，以便及时规避车道偏离风险，防止出现交通安全事故。同时，提前过长时间进行报警也会造成难以引起驾驶员重视的问题，导致驾驶员忽视报警信息，从而难以真正起到安全保障作用。

② 误报警和遗漏的报警次数。为了保障行车安全，车道偏离报警系统应在最大限度上避免出现误报警和漏警的问题。具体来说，误报警就是系统在车辆未出现车道偏离问题时向驾驶员发送报警信号，当系统频繁出现误报警的情况时，既会对驾驶员的驾车状态造成干扰，也会导致驾驶员对系统报警的信任度大幅降低。漏警指的是系统在需要向驾驶员发送报警信号时出现遗漏正确报警信号的情况，这会导致驾驶员无法感知车道偏离风险，进而威胁车辆的行车安全。

2.3.2 基于 TLC 的报警决策算法

跨道时间（time to lane crossing，TLC）算法是一种用于车道偏离报警系统的决策算法，能够计算出车辆从当前位置到接触车道线的用时。为了实现对车辆行驶轨迹偏离的及时预测，车道偏离报警系统需要充分发挥 TLC 算法的作用，计算出车辆偏离本车道的剩余时间。

从作用原理上来看，TLC 要先对未来特定时间内的车辆动力学模型进行有效假设，再利用车辆运动模型和前方道路模型来识别车道线，最后计算出车辆接触车道线所需的时间。具体来说，TLC 算法可以按照车道偏离方向划分成以下两种类型。

（1）横向 TLC 算法

AURORA 系统采用了横向 TLC 算法，其公式如下：

$$TLC = \frac{L_P}{v_y}$$

式中，L_P 表示汽车侧向的位置，即车辆的纵轴线与道路中心线的侧向距离；V_y 表示汽车的侧向速度。这里的道路宽度是一项已知常量。横向 TLC 算法可以先计算出最后 0.5s 内车辆与汽车标志线之间的相对移动距离，再根据这一计算结果进一步计算出车辆接触车道线所需的时间。

系统在使用横向 TLC 算法对时间进行计算时，需要用到侧向位移、侧向速度和行车轨迹等信息，并确保报警的及时性，为驾驶员预留充足的时间来完成校正操作。但只有在短时间内侧向速度不变，且汽车航向角恒定的情况下，这种算法才能发挥有效作用，当转向盘转角固定时，行车轨迹呈圆弧形，车辆的侧向速度和航向角会不断变化，此时，利用横向 TLC 算法计算出的时间则不够准确，系统也难以实现有效的车道偏离报警。

（2）纵向 TLC 算法

纵向 TLC 算法是一种应用较为广泛的报警决策算法，如韩国的三星集团已经将该算法应用到车辆的车道偏离报警系统中。具体来说，纵向 TLC 算法的公式如下：

$$TLC = \frac{L}{v_x}$$

式中，v_x 表示汽车的纵向速度；L 表示从当前时刻开始到汽车前轮接触车道线为止，汽车纵轴线方向的纵向移动距离，同时 L 也是影响纵向 TLC 算法发挥作用的一项关键数值。

纵向 TLC 算法的计算方法可以按照预测行车轨迹所用的车辆模型分为以下两类：

① 当车辆偏移过程中的航向角不变时，横向速度和纵向速度也会始终恒定。如图 2-4 所示，图中 L 为汽车质心偏离本车道时的纵向距离。

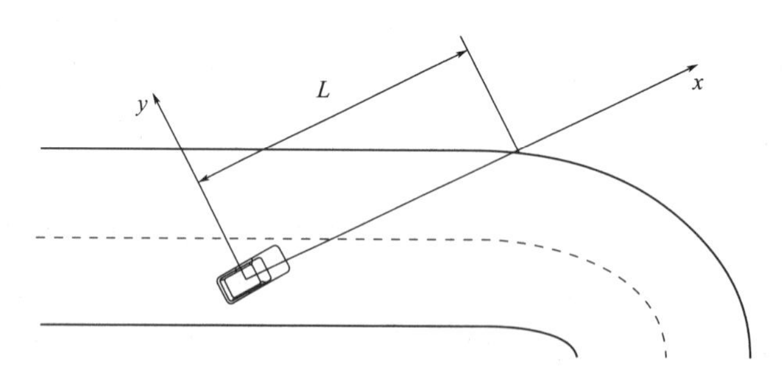

图 2-4　航向角不变时 L 的确定

② 当车辆偏离过程中转向盘转角不变时，车辆的行驶轨迹会始终与道路边界线的曲率相符，运动轨迹曲线与道路边界线也基本一致。

当路面完全水平时，车道边界线可以看作回旋曲线。具体来说，运动轨迹为回旋曲线时，L 的确定如图 2-5 所示。

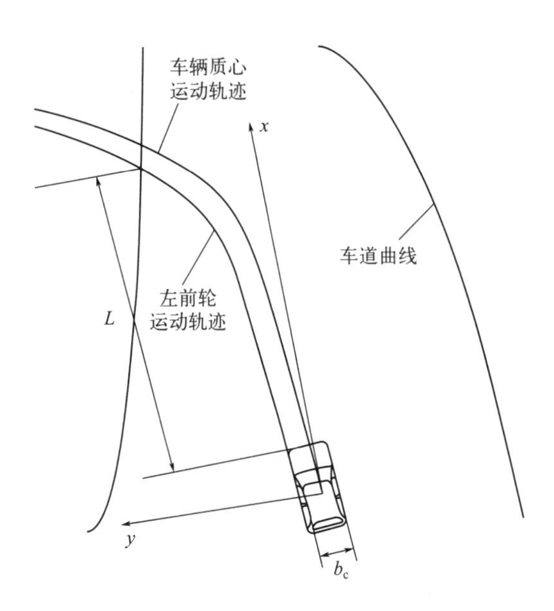

图 2-5　运动轨迹为回旋曲线时 L 的确定

2.3.3　基于 CCP 的报警决策算法

基于车辆在车道的当前位置（car’s current position，CCP）的算法可以根据车辆在车道的当前位置对车辆的偏离情况进行判断。车道检测算法可以计算出车辆在道路中的具体坐标。具体来说，y_0 表示从车道中心到车辆纵向轴线之间的距离，b_c 表示车辆的宽度，当车辆与其行驶车道互相平行时，当前汽车前轮相对于左右道路边界的位置计算公式如下所示：

$$\Delta y_l = \frac{b}{2} - \left(\frac{b_c}{2} + y_0\right)$$

$$\Delta y_r = \frac{b}{2} + \left(y_0 - \frac{b_c}{2}\right)$$

式中，b 为道路宽度，车道偏离报警系统可以利用道路识别算法计算出 b 的数值；Δy_l 和 Δy_r 分别表示汽车左右车轮到相应道路边界的距离。

具体来说，当汽车行驶于本车道中时，Δy_l 和 Δy_r 均大于 0，系统无须向驾驶员发送报警信号；当汽车存在车道偏离问题时，则会出现 Δy_l 或 Δy_r 小于 0 的情况，系统则需要及时向驾驶员发送报警信号。

2.3.4　基于预测轨迹偏离的算法

基于预测轨迹偏离的算法可以根据预测轨迹与目标行驶轨迹之间的偏差来对车

辆的车道偏离情况进行判断。具体来说，当偏差超出阈值时，该算法会判定车辆已经出现车道偏离问题，此时系统会向驾驶员发送报警信号，提醒驾驶员及时采取校正措施。具体来说，基于预测轨迹偏离的决策方法如图 2-6 所示。

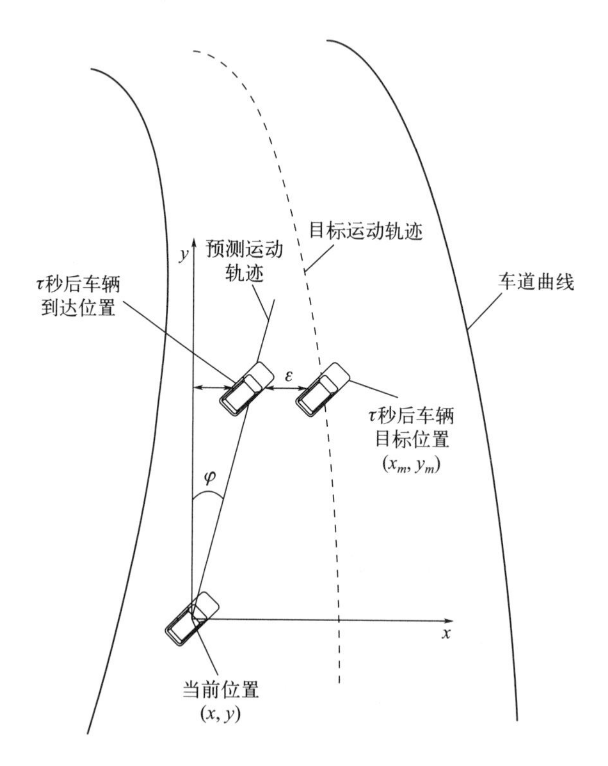

图 2-6 基于预测轨迹偏离的决策方法

预测轨迹与目标运动轨迹之间的偏差的计算公式如下所示：

$$\varepsilon = x_m - x - \tau v \varphi$$

式中，x 表示当前汽车质心的侧向位置；x_m 表示 τ(s) 后汽车质心的侧向位置；φ 表示车辆横摆角；v 表示行车速度。

系统在使用该算法对汽车的车道偏离情况进行判断时，通常假设驾驶员能够做出符合道路曲率变化的驾驶行为，因此目标运动轨迹大多与行驶道路的中心线相重合。当汽车的横摆角恒定时，系统利用该算法计算出的预测轨迹通常为一条直线。

2.3.5 基于 EDF 的报警决策算法

基于边缘分布函数（edge distribution function，EDF）的算法可以根据边缘方向角的边缘强度直方图来对车辆的车道偏离情况进行判断。在实现预警决策的过程中，该算法通常需要对行车线做出以下几项假设：车道线平滑过渡；车道线的明亮程度高于路面其他部分；左右车道线均与道路中心线平行。

由此可见，基于 EDF 的报警决策算法具有对称轴和局部最大值，如图 2-7 所示。

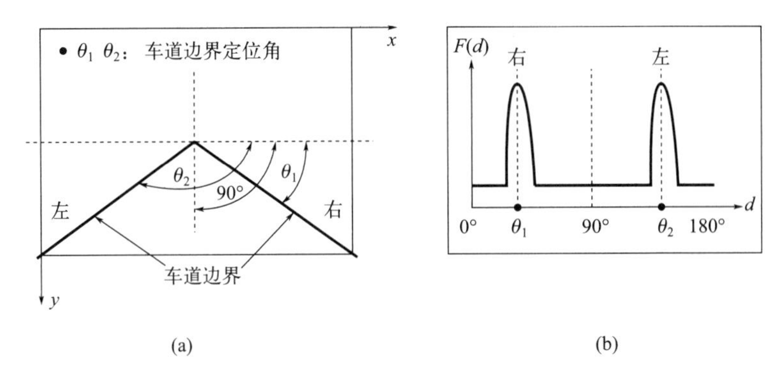

图 2-7　基于 EDF 的决策算法

具体来说，基于 EDF 的报警决策算法主要包含以下 3 个环节。

① 边缘的提取和图像的获取。用向量 $\Delta \boldsymbol{f}$ 表示与点（x,y）相对应的图像 $\boldsymbol{f}$（x,y）梯度，具体公式如下所示：

$$\Delta \boldsymbol{f} = \left[G_x, G_y\right] = \left[\frac{\partial f}{\partial x}, \frac{\partial f}{\partial y}\right]$$

方向 $\boldsymbol{a}$（x,y）和幅值 $\Delta \boldsymbol{f}$（x,y）的计算公式如下所示：

$$\boldsymbol{a}(x, y) = ac\tan\left(\frac{G_y}{G_X}\right)$$

$$\Delta \boldsymbol{f}(x, y) = \sqrt{G_x^2 + G_y^2} \approx |G_x| + |G_y|$$

② 以递归求和的方式对边缘分布函数进行估算。具体来说，边缘分布函数 EDF 的计算公式如下所示：

$$F(d) = \sum_{n(d)} \Delta \boldsymbol{f}(x, y)$$

式中，n（d）表示方向为 $\boldsymbol{a}$（x,y）的像素的数量。

由图 2-7 可见，基于 EDF 的预警决策主要有以下两项特征：

a．θ_1 和 θ_2 附近有两个极值：θ_1 处的极值与右侧的道路边界线相对应，θ_2 处的极值与左侧的道路边界线相对应。

b．具有对称轴：当道路图像的采集位置为道路中心线时，对称轴会位于 90° 处，当道路图像的采集位置偏离道路中心线时，对称轴也不会位于 90°处。

在噪声的干扰下，系统难以仅凭 F（d）的极值实现对车道线方向的准确判断，因此，还需借助求和滤波器对 EDF 给定 n 帧图像序列进行估算。具体来说，EDF 估算公式如下所示：

$$H_k(d)=\sum_{i=k-n+1}^{k} F_i(d)，k \geqslant n$$

式中，k 表示当前帧；n 的数值需要通过试验获得。其递归形式如下所示：

$$H_k(d)=H_{k-1}(d)-F_{k-n}(d)+F_i(d)，k \geqslant n+1$$

③ 搜索边缘分布函数的对称轴和局部最大值，并判断车辆的车道偏离情况。具体来说，在应用基于 EDF 的报警决策算法的基础上，系统可以采用以下两种方法来对车辆的车道偏离情况进行判断：

a. 以对称轴为判断依据：当 $\rho \geqslant \varepsilon$ 时，系统则判定车辆已出现车道偏离。ρ 表示对称轴偏移量，其计算公式如下所示：

$$\rho=|x-x_c|$$

式中，ε 表示安全阈值，具体数值需要通过试验来获得；x 表示 EDF 的对称轴位置；x_c 表示在道路中心线处所拍摄的道路图像的 EDF 对称轴位置。

b. 以极值为判断依据：当 $\xi \leqslant \eta_2$ 或 $\xi \geqslant \eta_1$ 时，系统则判定车辆已出现车道偏离。具体来说，ξ 的计算公式如下所示：

$$\xi=\frac{d_l-x_c}{x_c-d_r}$$

式中，d_l 和 d_r 分别表示 θ_1 和 θ_2 的两个极值；η_1 和 η_2 分别是大于 1 和小于 1 的常数，且具体数值均需通过试验获得。

总而言之，基于 EDF 的报警决策算法无须使用摄像机相关参数，也不用参考车道线的定位，且具有不受车辆类型、乘坐人数、前方道路状况等因素影响的优势。

2.3.6 基于 TTD 的报警决策算法

基于轨迹发散时间（time to trajectory divergence，TTD）的报警决策算法可以根据汽车轨迹与预期轨迹偏差达到期望值的用时，来判断车道偏离情况。当 TTD 时间低于给定的时间阈值 T_{th} 时，系统将会向驾驶员发送报警信号，提醒驾驶员及时规避车道偏离风险。具体来说，TTD 的计算公式如下所示：

$$TTD=\frac{\sqrt{\dfrac{D}{\dfrac{1}{r_c}-\dfrac{1}{r_v}}}}{v}<T_{th} \Rightarrow \text{报警}$$

式中，r_c 表示期望行驶轨迹的曲率半径；D 表示汽车运动轨迹与期望轨迹之间的最大偏差；r_v 表示汽车实际行驶轨迹的曲率半径；v 表示行车速度。

基于 TTD 的报警决策算法能够让车辆沿最优路径行驶。具体来说，最优路径指的是沿着道路中心线的行驶路径，当车辆行至内弯道处时，TTD 的数值较大，车道偏离的可预见性也会更高。不仅如此，该算法还具有复杂度高的特点，因此系统的精度会受到最优路径精度的影响。当汽车行驶在弯道上时，若驾驶员操控车辆进行急转弯，那么该算法可能会影响系统的判断，进而造成误报警的问题。

2.3.7 基于 FOD 的报警决策算法

基于 FOD 的报警决策算法可以根据汽车跨越车道线之前的剩余时间与阈值的对比来判断车道偏离情况。如图 2-8 所示，该算法参考了路边振动带的原理，对实际车道线进行虚拟化处理，其完成虚拟车道线设置工作后，汽车不仅可以在实际车道上行驶，还可以偏离实际车道边界行驶。具体来说，虚拟车道线指的是允许范围内的汽车转向偏离距离。

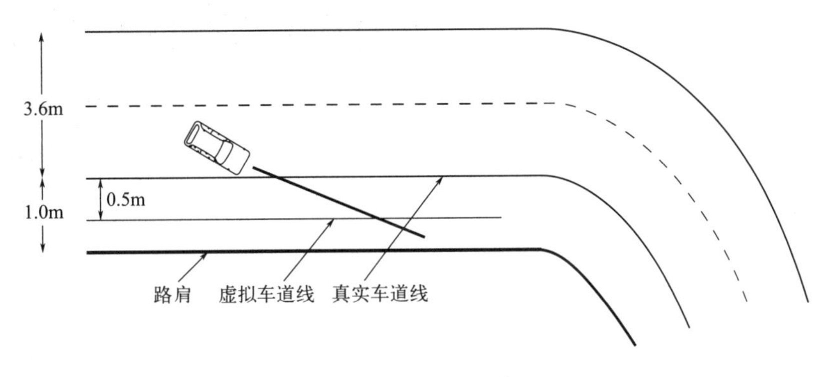

图 2-8 虚拟车道线

基于 FOD 的报警决策算法可以根据驾驶员的驾驶行为特性来设置可调节的虚拟车道线，并保留一定的偏离量，从而提高虚拟车道线对不同驾驶员的适应能力。当驾驶员驾驶车辆转向的过程中不存在偏离的习惯时，真实车道线将会与虚拟车道线完全一致。

基于 FOD 的报警决策算法中有两项重要参数：前视预瞄时间 T 和虚拟的车道线 V。

前视预瞄时间即系统预测时间与此刻之间的时间差，通常用 T 来表示，而虚拟车道线通常用 V 来表示。具体来说，当汽车在 Ts 后的预测位置未与实际车道线重合时，系统不会进行报警，但当汽车在 Ts 后的预测位置超出虚拟车道线时，系统则会迅速向驾驶员发送报警信号。

第3章

前向碰撞预警系统（FCW）

3.1 前向碰撞预警系统概述

3.1.1 FCW 系统的基本构成

在城市交通事故中，前向碰撞事故占比较高。因此，增强汽车主动安全性能，在前方出现危险状况时，提前告知驾驶员的前向碰撞预警系统成为最关键的技术保障。

前向碰撞预警（forward collision warning，FCW）系统可以预先根据测得的数据和分析的结果提示驾驶员，减小事故的发生概率。前向碰撞预警系统通过使用多个传感器，如毫米波雷达、摄像头等，对车辆前方的道路环境进行感知，获取最新的道路及前方车辆的情况。FCW 系统工作示意图如图 3-1 所示。

图 3-1 FCW 系统工作示意图

根据相关规定，营运客车的设计要求包括车辆结构的强度和刚度、防火性能、碰撞安全和侧翻安全等方面的要求。FCW 系统与 LDW 系统成为部分营运客车的基本要求，以期提示驾驶员，从而避免车辆碰撞事故发生。

交通事故通常会由道路、气象等自然现象、驾驶技术、机动车质量、驾驶员的心理或生理方面等因素引起。尽管有客观因素存在，但驾驶人的主观因素仍起到主要作用，这一点也得到了数据支撑——九成以上的事故归咎于驾驶员的主观过错。早在 20 世纪初，人们就开始关注汽车碰撞对乘员和车辆的伤害。在过去的几十年里，针对汽车碰撞的研究涉及车辆结构强度、碰撞能量吸收、座椅安全、安全气囊等方面。这些研究为汽车防碰撞系统的发展奠定了基础。

美版雅阁中，本田首次安装了自己的碰撞缓解制动系统（collision mitigation brake system，CMBS），标志着本田在主动安全技术领域的进一步发展和创新。这种系统的应用将提高车辆安全性能和乘员的保护水平，有助于减少交通事故的发生和减轻碰撞事故带来的伤害。对于提高道路交通安全性，保护乘员和减少交通事故产生的损失具有积极意义。

具体来说，前向碰撞预警系统由三个单元组成，如图 3-2 所示。

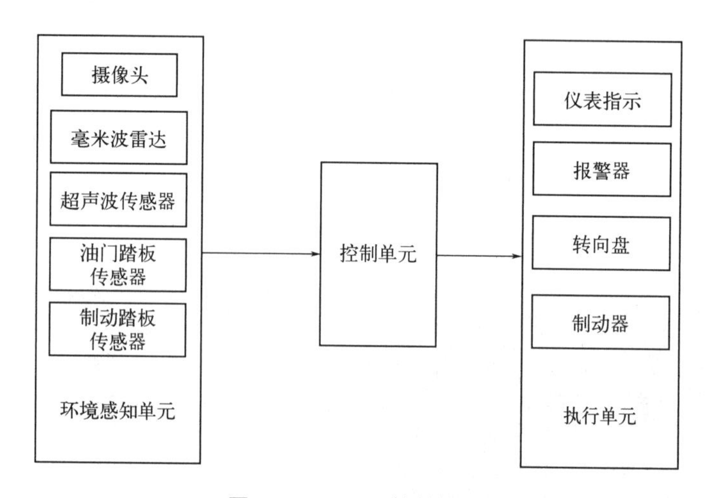

图 3-2 FCW 系统的构成

（1）环境感知单元

环境感知单元是前向碰撞预警系统中的重要组成部分，它利用传感器和相应的算法来感知和分析车辆周围的道路环境。摄像头通常安装在车辆的前部，用于捕捉前方道路的图像信息。毫米波雷达利用毫米波信号的反射来感知前方的障碍物，并获取其距离、速度和位置等相关信息。超声波传感器主要用于低速和近距离的障碍物检测，如停车辅助系统等。而油门和制动踏板传感器可以反馈危险发生时驾驶员的处理方式及状态。

（2）控制单元

控制单元在前向碰撞预警系统中起着数据分析、状态计算、碰撞风险评估和处理信息发送等关键作用。通过对环境感知数据的综合分析，它能够帮助实现对车辆当前行驶状态的判断，并根据算法处理程序的指导决策。

（3）执行单元

执行单元的作用是将控制单元发送的警示和处理信息转化为实际的行动反馈。仪表报警器通过视觉、听觉和触觉等方式警示驾驶员，使其意识到潜在的碰撞危险。而制动器则通过强制介入和控制制动系统来确保车辆在紧急情况下减速或紧急制动，以防止碰撞事故的发生或减轻其严重程度。

3.1.2 FCW 系统原理与应用

近年来，随着传感技术、雷达技术、摄像头技术和计算机技术的快速发展，汽车防碰撞系统得到了进一步的改进和创新。在过去的几十年里，欧美地区的汽车制造商如沃尔沃公司和研究机构一直致力于研发和改进碰撞缓解制动系统，以提高车辆的主动安全性能。他们探索如何将碰撞缓解制动系统与自适应巡航控制、车道保持辅助系统以及车辆通信技术等有机地结合在一起，促进 FCW 功能的普及化。

（1）前向碰撞预警系统原理

前向碰撞预警系统原理如图 3-3 所示，在车辆前方的道路环境感知基础上，通过传感器和算法等技术手段，提前警示驾驶员可能发生碰撞的危险情况。雷达可以探测到前方障碍物的距离和速度，而摄像头可以识别和跟踪前方的车辆、行人和其他障碍物。

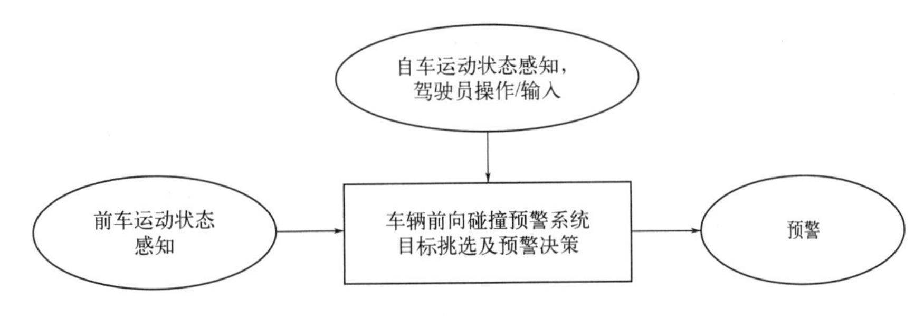

图 3-3　FCW 系统的工作原理

系统将感知到的道路环境数据发送给车载计算机进行处理和分析。计算机会对所采集到的数据进行对象检测、位置跟踪、速度计算等处理，以获取前方道路情况的状态信息。当 FCW 系统检测到可能发生碰撞的危险情况时，会通过声音、振动等方式提醒驾驶员。这样的预警可以让驾驶员有足够的时间和空间做出反应，提前警示驾驶员，并帮助提高道路安全性。

（2）前向碰撞预警系统的功能

具体来说，FCW 系统的具体功能如表 3-1 所示。

表3-1　前向碰撞预警系统功能

系统功能	具体体现
预警警示	提前检测到前方的障碍物、车辆或行人，并向驾驶员发出视觉、听觉或振动等警示，提醒驾驶员注意前方可能的碰撞危险
车距维持	根据车辆之间的距离和速度差异，通过控制加速踏板、制动踏板或自适应巡航控制系统，维持安全的车距，避免与前车发生碰撞
自动紧急制动	当系统检测到紧急情况下可能发生碰撞时，前向碰撞预警系统可以自动触发制动系统，以减缓车速或使车辆停止，避免碰撞或减轻碰撞的影响
预测碰撞	通过利用雷达、摄像头等传感器，系统可以评估前方的车辆和行人的运动轨迹，并根据这些数据预测可能发生的碰撞风险，提供更准确的警示和预警

（3）前向碰撞预警系统的优势

前向碰撞预警系统能够有效提高车辆和乘员的安全性能，预防碰撞事故的发生，并减少事故的严重程度。具体来说，FCW 系统的优势如表 3-2 所示。

表3-2 前向碰撞预警系统的优势

主要优势	具体体现
预防事故	前向碰撞预警技术使驾驶员能够在发生碰撞之前采取适当措施，如及时刹车等，预防事故的发生
减轻碰撞严重程度	在检测到碰撞风险时，可以自动进行紧急制动或自动避让，从而减轻碰撞的严重程度和对乘员的伤害
提高安全性	及时发现潜在的碰撞危险，并向驾驶员发出警示，帮助驾驶员提高对前方道路环境的认识和警觉度，从而减少碰撞事故的发生
辅助驾驶功能	FCW 系统具备车距维持、自动制动和自动避让等辅助驾驶功能，使驾驶更加舒适和安全，减轻驾驶员的负担

（4）前向碰撞预警技术应用

随着科技的不断发展和汽车制造商的不断努力，前向碰撞预警技术不断提高其功能、性能和准确性。为了更好地与驾驶员进行交互，前向碰撞预警系统的人机交互界面也在不断升级。通过改进显示方式和警示声音，使驾驶员更容易理解和接收预警信息。

如今，前向碰撞预警技术已经大规模用于汽车和交通领域，许多汽车配备了前向碰撞预警系统作为标准或可选的安全功能，如丰田、宝马等。这些系统利用各种智能的传感器和算法来提醒驾驶员可能发生碰撞的危险情况，并采取相应的措施预防碰撞事故。

总的来说，前向碰撞预警技术在汽车和交通领域的应用范围广泛，旨在提高道路交通的安全性和效率。通过及时警示驾驶员和自动化控制，有助于减小碰撞事故的风险，提高交通流畅性，保护乘员和道路使用者的人身安全。

3.1.3 FCW 系统的类型划分

为评估车辆的安全性能，欧洲新车安全评价协会对汽车前向碰撞预警系统提出了不同的应用类型，即用于城市路况、高速路况和行人保护的防碰撞辅助系统。

（1）用于城市路况的 FCW 系统

FCW 系统可以通过传感器感知到前方车辆的距离，并在距离过近时提供警示。这样，当驾驶员过于关注信号灯时，FCW 系统可以提醒驾驶员与前车保持安全距离，避免碰撞事故的发生。通过感知前方车辆的速度和运动状态，FCW 系统可以与车辆的速度进行匹配，以便提供更精准的警示。如果前车突然减速或停下，系统会发出警示以避免追尾事故。

毫米波雷达在车辆前向碰撞预警系统中起到了重要作用，可以提供可靠的障碍物探测和测距能力，为驾驶员提供及时的警示和保护，进一步提升行车安全性。当前方车辆停下或速度明显减慢时，FCW 系统可以提前发出刹车警示，提醒驾驶员及时减速或停车，如此可以避免绝大多数情况的碰撞。

通过早期的碰撞警示和紧急制动等功能，城市型前向碰撞预警系统可以帮助减少在城市车速区间内发生的大多数碰撞事故，保护驾驶员和其他道路使用者的安全。尤其在驾驶员精神不佳或视野不良的状况下，系统的作用更加显著。

（2）用于高速公路路况的 FCW 系统

在高速公路道路环境下，FCW 系统利用多种传感器（如雷达、摄像头等）来感知前方障碍物，包括其他车辆、行人、静止障碍物等。最主要的是通过中 / 远距离毫米波雷达分析前方障碍物与自车之间的距离、相对速度等相关信息，系统可以预测潜在的碰撞风险。

在警示措施方面，系统会通过预警信号来提醒驾驶员注意潜在的危险。如果驾驶员在反应时间内没有任何反应，系统会触发二次警告措施，如转向盘振动或安全带突然收紧，以进一步引起驾驶员的注意。如果驾驶员仍未做出反应，该系统将启动紧急制动措施。紧急制动能够使车辆迅速减速以避免碰撞，为驾驶员提供紧急情况下的辅助制动支持。

（3）用于行人保护的 FCW 系统

用于行人保护的前向防碰撞警示系统是专为保护行人而设计的辅助系统，它使用摄像头、雷达或激光雷达等传感器来感知前方行人的存在。这些传感器可以识别行人的位置、运动方向和速度等信息。它通过传感器和算法感知行人的存在，当驾驶员可能与行人发生碰撞的危险时做出提示，以提高行人的安全性。

预测行人行为需要在实时环境中进行，需要快速准确地对当前行人的动作进行判断和预测，以便做出适时的反应。研究人员和工程师们一直在不断努力改进和发展算法和方法。然而，在实际应用中，根据不同环境和场景的复杂性，预测行人行为仍然面临许多挑战和限制。

3.1.4　FCW 系统的应用场景

下面以凯酷汽车的 FCW 系统为例。该系统针对不同工况进行了设计和优化，可以适应车对车、人、自行车，以及在交叉路口不同的工况，如图 3-4 所示。这些工况代表了不同场景下可能发生碰撞的情况，通过识别车辆、行人、自行车等各种交通参与者，并采取相应的预警和警示措施，前向防撞辅助系统有助于提高行驶安全性、降低事故风险，并为驾驶员提供及时且有用的警示信息。

凯酷汽车采用的前向碰撞预警系统方案通常是利用摄像头和毫米波雷达进行集成判断，这两种传感器的组合可以提供更全面准确的环境感知和障碍物检测。

通过摄像头和毫米波雷达的集成判断方案，凯酷汽车的前向碰撞预警系统能够更全面地感知前方的道路环境，识别并预测潜在的碰撞危险，并及时发出警示。这有助于提高驾驶员的安全意识，并在行驶过程中提供辅助保护，降低碰撞事故的风险。

(a) 车对车工况

(b) 车对人工况

(c) 车对自行车工况

(d) 交叉口路工况

图 3-4 汽车行驶的常见工况

交叉路口是驾驶过程中潜在的危险点之一，因此在这种情况下，前向碰撞预警系统需要更加敏锐和高效地感知和识别交叉路口的交通情况。当驾驶员接近交叉路口时，系统可能通过视觉和声音警示，以及刹车辅助功能，帮助驾驶员及时减速或停车，避免与交叉路口的车流发生碰撞事故。

随着科技的不断发展和创新，通过不断地研究和技术创新，防碰撞辅助系统将不断优化和发展，提供更高级更智能的功能，为驾驶员和道路使用者提供更全面的主动安全保护。这将有助于减少交通事故的发生，提高行车安全性。

3.1.5 FCW 系统的测试标准

前向碰撞预警系统的测试标准也因国家和地区的不同而有所不同。在中国，《智能运输系统车辆前向碰撞预警系统性能要求与测试规程》规定了关于车辆前向碰撞预警系统的性能要求和测试规程。系统通过感知和监测前方车辆的距离、相对速度和运动状态等信息，以预测自车与前车之间是否存在潜在的碰撞风险。当系统判断到存在碰撞风险时，会发出警示信号，提醒驾驶员注意前方的危险。通过视觉和声音等警示方式准确及时地向驾驶员传达碰撞风险的警示信息。

前方碰撞预警系统旨在检测自车前方是否存在其他车辆，准确判断并探测到前方车辆与自车之间的距离、双方车速和运动趋向，并在需要时向驾驶员发出及时提示，以提醒驾驶员注意潜在的碰撞危险。不同的工作状态下系统的功能如下：

（1）系统关闭

当驾驶员将车辆的点火开关置于OFF挡位时，车辆前向碰撞预警系统同时会自动切换到系统关闭状态。这意味着在关闭状态下，系统将不会进行任何前方碰撞预警的功能。如果系统故障检测单元检测到前向碰撞预警系统无法正常工作，系统将进入故障模式。在故障模式下，为了确保驾驶安全，系统会自动切换到关闭状态，以防止无效的警报或误操作。

（2）系统待机

在关闭状态下，系统会监测自车的车速和挡位状态。如果在待机状态下，系统未处于主动工作状态，则不会进行报警。系统需要在具备启动条件的情况下，才能开始运行，并提供前向碰撞预警功能。这样的设计可以防止系统在不必要的情况下发出警报，同时确保在特定条件下启动系统，以提供有效的警示和保护。如果自车的车速在系统工作的车速范围内，并且挡位选在前进挡（不包括倒挡和驻车挡），系统将从待机状态切换到启动状态。

（3）系统启动

为了确保系统的有效运行，车辆前向碰撞预警系统需要满足特定的工作条件，包括挡位处于前进挡，且车速在系统的工作范围内。一旦系统进入启动状态，并满足报警条件，例如检测到与前方车辆距离过近或速度差过大等潜在碰撞风险，系统会发出相应的报警命令。

为了实现报警功能，车辆前向碰撞预警系统会利用障碍探测装置，如光学雷达、无线电波雷达和摄像头等来检测前方障碍车辆的相关信息。对于运动的障碍车辆，车辆前向碰撞预警系统应能够提供适时的报警，以提醒驾驶员注意潜在的碰撞危险。对于静止的障碍车辆，系统是否提供报警功能可以根据设计选择进行设置，这样的设计考虑到静止的障碍车辆在一些情况下可能并不构成紧急碰撞风险，因此允许在系统设计中对其报警功能进行选择性设置。

车辆可以根据情况自主选择预先的报警或直接的碰撞报警。预先报警通常是在距离碰撞时间较远时发出，旨在为驾驶员提供提前警示，以引起驾驶员的注意，并鼓励采取适当的行动来防止碰撞。而直接的碰撞报警则是在距离碰撞时间较近且存在较高碰撞风险时发出，主要是为了引起驾驶员的紧急反应，以最大程度地减小碰撞的严重程度。

当自车逐渐接近障碍车辆时，报警的距离应基于特定参数的阈值来决定，例如距离碰撞时间（time to collision，TTC）。TTC是根据自车和障碍车辆之间的相对速度、车间距离以及自车车速等因素计算得出的，用来预估碰撞可能发生的时间。最终通过综合使用多种感官的报警方式，车辆前向碰撞预警系统可以以驾驶员容易感知的形式提供警示，以最大限度地增强驾驶员对潜在碰撞风险的感知和应对能力，增强驾驶安全性。报警方式可以采用视觉警示（例如闪烁的图标或文字显示）、声音警报以及振动等方式，以便尽快提醒驾驶员注意潜在碰撞风险。

在车辆前向碰撞预警系统的性能测试方法中，通常会规定以下几个方面：报警触发条件、报警精确性、警示效果评估、误报率、系统鲁棒性等。

3.2 FCW系统的算法原理

3.2.1 前方车辆识别算法

以车辆识别为前提，在传感器的采用上有单目视觉、立体视觉、毫米波雷达以及多传感器融合等选项。目前，相关的研究最广泛，所用到算法较多的，是以单目视觉灰度图像为基础的车辆识别。车辆形状、车高与车宽的比例等车辆特征信息是车辆检测的依据，将这些信息用作约束条件来检测车辆的边缘，含有车辆信息的水平和垂直边缘能够在图像经过边缘增强处理后被获取到，由此就可以开展对车辆的检测。前方车辆识别算法流程如图3-5所示。

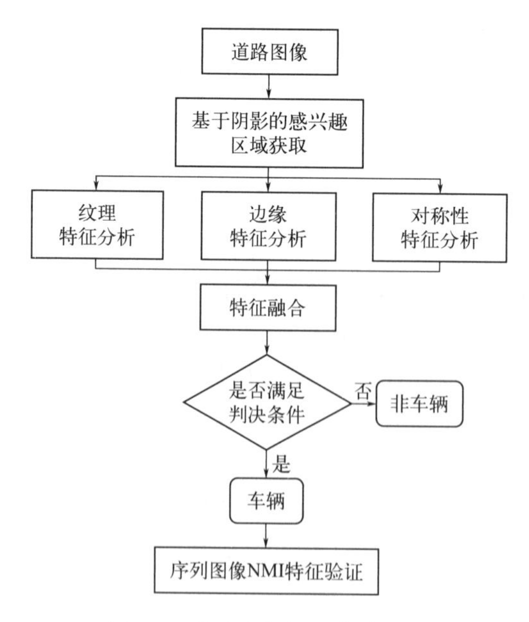

图3-5 前方车辆识别算法流程

使用单目摄像头的算法有着简单、计算实时性强的优点，但是单目视觉方案易受到外界环境因素的影响，如光照、阴影等都会降低它的可靠性。作为近年来出现的新兴路径，立体视觉直接模拟人类视觉对景物的处理方式，对于同一事物从多个视点进行观察，由此获得在不同视角下的感知图像。目前立体视觉的技术成熟度还不够，在研究热度上与单目视觉有着不小差距。

此外，当前的研究主流是采用多传感器信息融合技术，这是为了在单一传感器的局限性之下取得突破，视觉与激光传感器的融合、视觉与毫米波雷达传感器的融合都是常见的融合方案。多传感器目前面临着一些困难，包括成本高昂，以及由计算复杂导致的实时性差。

相比于传统的车辆识别技术，L4 级别车辆识别在准确性和可靠性方面被提出了更高的要求，因而它需要使用更先进的算法，配备精度更高的传感器。同时，结合其他传感器和数据源做出交叉验证和综合分析，是一项很重要的工作，这可以防止误判和漏判的发生，使车辆识别的准确度和鲁棒性得到提高，实现安全可靠的自动驾驶。

（1）雷达与摄像头融合技术

① 目标跟踪算法。识别并跟踪目标，从而监测各类车辆、行人等道路交通参与者，并发出预警。基于卡尔曼滤波的多目标跟踪算法、基于神经网络的目标检测和跟踪算法等是目前使用较多的目标跟踪算法。

② 特征匹配算法。根据摄像头和雷达传感器获得数据，该算法将进行特征提取与匹配，从而以较高的精度对车辆和行人等目标做出识别。基于 SIFT、SURF、ORB 等特征点的匹配算法是常用的特征匹配算法。

③ 多传感器数据融合算法。该算法负责集成多种传感器收集到的数据，再参照物体运动模型，将多源信息进行融合并做出分析，由此建立起准确度更高的目标模型。卡尔曼滤波、粒子滤波等是常用的多传感器数据融合算法。

④ 深度学习算法。深度学习的兴起使得出现了这样一些算法，如目标检测算法、多目标跟踪算法，它们可以在雷达与摄像头融合技术中得到应用。

（2）目标检测算法

① 区域卷积神经网络（region-based convolutional neural network，R-CNN）。这种目标检测算法目前在深度学习中应用范围最广。首先，对于图像中可能包含目标的区域，它通过 Selective Search 等方法进行提取，之后用卷积神经网络处理这些区域，完成对目标的检测。

② Fast R-CNN。Fast R-CNN 这种算法的诞生来自在 R-CNN 基础上做出的优化。在 R-CNN 中，提取区域和卷积神经网络处理过程是两个步骤，而在 Fast R-CNN 中，它们被合并为一个步骤，借此可以更快地完成对目标的检测。

③ Faster R-CNN。以 Fast R-CNN 为基础进一步优化，又得到了 Faster R-CNN 这种算法。对于可能包含目标的区域，它省去了 R-CNN 用 Selective Search 进行提

取的步骤，而是通过一种名为 RPN 的网络结构自动大量生成，这加快了检测速度。

④ YOLO。基于卷积神经网络的 you only look once（你只需要看一次）是一种实时目标检测算法，它把图像分为以 $S×S$ 为规格的网格，每个网格对目标的类别、置信度和位置信息做出预测，这样目标的检测和分类得以同时进行。

⑤ 单次检测多盒子（single shot multibox detector，SSD）。SSD 是一种快速目标检测算法，同样是基于卷积神经网络。通过利用多种大小与比例不同的卷积层，它实现了对较高精度和更快检测速度的兼顾。

3.2.2 车辆跟踪与车距检测

（1）车辆跟踪与车距检测方案

作为 FCW 系统的重要组成部分，车辆跟踪和车距测量有超声波、毫米波、激光雷达、视觉摄像头等多种实现方式。超声波测距有原理简单、成本最低等优势，但室外温度会在很大程度上影响它的测距精准性，这使得它目前只适合短距离的测距，主要应用对象是倒车雷达。毫米波雷达和视觉方案在实际应用中较为常用。

视觉测距所需要的算法相比于毫米波雷达来说复杂，一般包括单目视觉和双目视觉两种。在估算车距时，单目视觉采用的是摄像机的焦距和预先确定的参数，双目视觉利用的则是视差的原理，用计算机对两幅图像做出分析和处理，得到确定的物体三维坐标，计算距离时可以运用公垂线中点法。

视觉技术可以采集到丰富的信息量。当前的图像处理技术也取得了巨大的进步，拥有很强的计算能力，可以保证图像处理的实时性要求得到满足，因此最佳选择是价格低廉的视觉方案。如图 3-6 所示，在跟踪前方车辆并进行测距时，采用的都是动态的方式，在前车突然间变道超车的情况下，FCW 必须立即转换跟踪目标。

图 3-6 车辆跟踪与车距检测

（2）多目标跟踪算法

① Kalman 滤波器。常用单目标跟踪算法，对于目标的位置、速度和加速度等状态变量，可以做出实时估计。

② Camshift 算法。自适应目标跟踪算法，基于颜色直方图，可在目标形变和旋转等因素的影响下做出适应。

③ Meanshift 算法。一种迭代最优化算法，在跟踪目标时，可通过自适应的方式在颜色直方图中搜索最大峰值。

④ Particle Filter 算法。基于贝叶斯滤波的算法，可估计和跟踪目标状态。

⑤ IOU Tracker 算法。一种目标跟踪算法，基于重叠率（intersection over union，IOU），可针对目标交叉、缺失和复现等情况做出适应。

⑥ Deep SORT 算法。一种目标跟踪算法，结合了卷积神经网络和 Kalman 滤波器，可以实现达到高精度和高速度状态的多目标跟踪。

作为一种基于深度学习的多目标跟踪算法，Deep SORT 能够借助多帧目标检测结果连续跟踪目标轨迹。以简单的在线实时跟踪（simple online real-time tracking，SORT）算法为基础，Deep SORT 加入了深度学习技术，针对多目标跟踪中出现的遮挡和目标外观变化等问题，可以给出更准确的解决方案。

在学习目标的外观特征时，Deep SORT 运用的是卷积神经网络（CNN），学习得到的特征会在对象再识别（object re-identification）任务中得到使用。Deep SORT 要维护每个目标轨迹的两个模型：运动模型和外观特征模型。在新的帧里，以两个模型为依据将目标轨迹匹配到检测到的目标上，同时依照检测框的位置和尺寸进行滤波处理，最终完成对多个目标轨迹的输出。与传统的多目标跟踪算法相比，Deep SORT 能更准确地识别目标和预测轨迹，具有处理更复杂场景和遮挡情况的能力，广泛应用于自动驾驶、安防监控等领域。

⑦ MOTDT 算法。以检测和跟踪的框架为基础，可以实时检测和跟踪多个目标，也可以长时间跟踪目标。

3.2.3　安全车距预警模型

车辆前向碰撞预警系统的安全距离模型一般分为三个阶段：安全行驶距离、提醒报警距离及紧急制动距离，如图 3-7 所示。当车辆进入报警距离后，报警模块会主动提醒驾驶员注意，待驾驶员采取相应措施、恢复到安全车距后，报警自动解除。

如果驾驶员未及时采取行动或遭遇突发情况，车辆进入紧急制动距离后，系统会触发自动紧急刹车，实现自动报警、自动减速、自动刹车，从而将碰撞风险降到最低，实现主动避碰。

前向碰撞预警系统除检测道路车辆外，还能探测行人及障碍物，极大提升了行车安全性。FCW 系统与其他高级驾驶辅助系统一起配合使用，共同为安全保驾护航。

图 3-7 安全距离模型的三个阶段

在模型设计上，马自达模型、本田模型以及伯克利模型是比较经典的安全车距模型，后续的很多模型都是在这些模型的基础上进行改良。以上三种模型及优缺点比较如表 3-3 所示。

表3-3 安全车距模型及优缺点比较

模型介绍	优点	缺点
马自达模型：主要考虑到了人类驾驶者的反应时间、视觉感知和决策。当发现前车减速时，开始向安全车距警报系统发送信息，当前后车辆距离低于跟随车的制动距离时，系统向制动器发出指令，跟随车开始减速，最后与前车速度减到一致，此时两车之间的距离为 5m，该模型的本质是实时计算最小安全距离，从而对车速进行控制	考虑到了人类驾驶者的个体差异，并提供了一种基于行为科学的模型，可以模拟驾驶者在各种情况下的行为	模型过于复杂，需要大量数据和计算资源，可能无法考虑到一些特定情况下的驾驶行为
本田模型：主要关注驾驶员的姿态和肢体运动，特别是头部运动。该公司研制的汽车防碰系统采用的是两次报警模型，第一次为提醒报警，第二次为制动报警。该模型报警的前提是先对驾驶员进行多次试验得到大量数据，然后通过对大数据的处理得到最佳安全距离	对驾驶者的行为变化敏感，可以准确地模拟驾驶员的视觉、行为等情况	无法对不同驾驶者的行为差异进行很好的分析，需要更多的数据来完善模型
伯克利模型：将注意力集中在驾驶者如何感知和处理环境信息上。该模型也是采取两次报警方式，沿用马自达模型进行报警的距离计算，不同的是将汽车的制动减速设定为相等的值，制动报警距离的计算采用的是非保守的方法，为了不影响驾驶人的正常操作。该模型综合考虑了上面两种方法的优点，实用性有了较大提高	提供了一种基于经验的建模方法，可以自适应地调整模型参数，以适应变化的道路状况和驾驶者的驾驶习惯	无法区分不同驾驶者的行为差异，也无法考虑个体差异和特殊状况下的驾驶行为

3.3 FCW 系统的报警策略

3.3.1 FCW 感知传感器选择

汽车感知周围环境需要以传感器作为硬件基础，传感器除了负责判断与识别目标的运行状态之外，还要向数据处理系统发送探测得到的信息。摄像头、毫米波雷达、激光雷达是目前三大主流目标传感器，它们在不同方面表现出自身的优劣，对比分析如表 3-4。

表3-4 传感器性能对比

性能（优 / 劣）	摄像头	毫米波雷达	激光雷达
最远探测距离	50 ～ 150m	250m	200m
精度	一般	较高	极高
优势	成本低、可识别目标类型	天气因素影响低，探测距离远、精度高	精度极高，实时扫描周边环境并建立三维模型
劣势	依赖光线，天气因素影响大，难以精准测距	成本较高，难以分辨目标类型	受恶劣天气影响，成本高昂

在探测区域内，前向碰撞预警系统的传感器需要达到一个足够高的水平，以实现对所有目标的探测，这些目标包括小汽车、摩托车、自行车、行人、树木和电线杆等，同时传感器应当有能力完成对目标的速度和距离的测量，而且多目标情况时常会出现在真实的城市道路应用中，相应地，系统需要满足更多的要求：

- 大范围内的良好识别力；
- 传感器储存小，且装配难度低；
- 在不同的气候环境中的适应力以及抗污染能力强；
- 量产成本较低。

通过分析三大传感器性能方面的优势与劣势，将摄像头或者毫米波雷达定为前向碰撞预警系统感知传感器的可用选项。

3.3.2 FCW 系统的报警时机

（1）报警逻辑和形式

将两车间的碰撞时间与安全时间阈值做出比较，以此确定车辆的安全状态，这是安全时间逻辑算法的工作，算法中经常要用到跟车时距（time headway，THW）和碰撞时间（time to collision，TTC）两个特性参数，它们的定义是基于车辆的相对运动状态的。预警的时机和逻辑由碰撞算法决定，介入时刻的确定是其中的核心问题。

THW 定义为：

$$THW=D/V_f$$

式中，D 表示本车与目标车之间在行驶方向上的距离；V_f 表示本车的速度；THW 参数的量纲为 s。

在某一时刻，本车与目标车之间发生碰撞之前的剩余时间就是碰撞时间 TTC，在评价交通安全的微观指标中，碰撞时间 TTC 是最常用的，其计算式为：

$$TTC=D/(V_f-V_1)=D/\Delta V$$

式中，D 表示本车与目标车之间在行驶方向上的距离；V_f 和 V_1 分别表示本车的速度和目标车的速度；$\Delta V(\Delta V=V_f-V_1)$ 为本车与目标车速度的差值。

向驾驶员发出警告不仅要在极端紧急时，也要在存在危险但情况并不紧急时，后一种情况下的警告是提示性的。

当驾驶员跟车车距过小时，需要由安全距离报警来给出提示，报警阈值是基于跟车时距 THW 模型算法设计的。在情况尚不紧急时，安全距离报警会对驾驶员做出提醒，然而，状况的危险程度可能会因为前车的突然减速而迅速升级。该报警相当于一个提示信息，保持当前状况则无事故发生。当驾驶行为处于潜在危险状态，同时跟车时距低于给定阈值时，将触发安全距离报警。

当出现紧急情况时，比如驾驶员为了防止碰撞或减轻事故伤害必须改变他的驾驶行为，系统将通过两种方式对驾驶员做出提醒，两种方式的不同之处在于参数和报警方式，其中参数影响的是报警时间的早晚。

前向碰撞预警分为两个阶段，当危险情况出现，也即情况危险程度达到等级 1 时，将首先触发预报警功能；如果情况并未好转而是持续恶化，情况危险程度会达到等级 2，这时将会进行紧急报警。如果有前方车辆突然切入或者是强力制动等紧急情况出现，存在两种报警同时被触发的可能，这种情况留给驾驶员的反应时间会很短。

理想状况下，为了给驾驶员留出一定的反应时间，从而使其得以凭借紧急制动逐渐地降低危险程度，FCW 的报警时间应该尽可能早。然而由于存在“报警难题（warning dilemma）”，这种简单的算法会带来频率极高的误触发。

“报警难题”指一方面应在足够早的时间对驾驶员发出警告，为其留足时间以采取相应措施回避危险，另一方面，过早的警告会对驾驶员的正常驾驶造成干扰，影响驾驶的舒适性，用户对产品的接受度会因此而降低。

如图 3-8 场景所示，报警触发的时候，如果驾驶员注意力集中，那就应该已经开始执行制动减速，假若此时驾驶员依然没有做出减速动作，那么为了确保驾驶员会对报警做出反应，避免发生事故，报警就是必要的而且可以尽早，这时误触发的风险是比较低的。

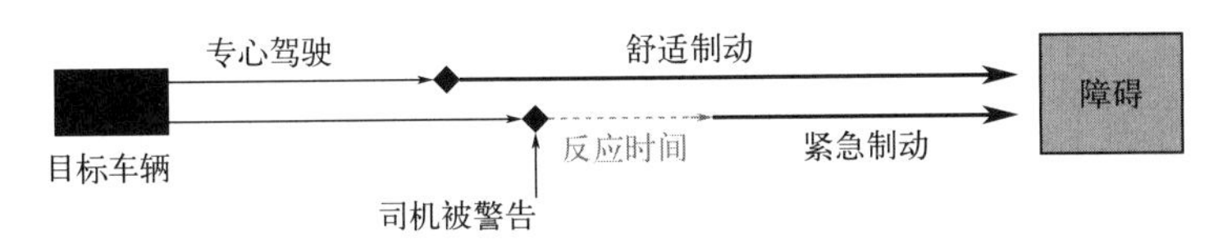

图 3-8 典型的高相对速度接近目标场景

图 3-9 是一个低相对速度靠近目标的场景，处于注意力集中状态的驾驶员不会在理想报警点到达时立即开始制动，这时触发报警会干扰到驾驶员，造成误触发；但如果驾驶员注意力不集中，那么不触发报警会使其无法获得最佳辅助。

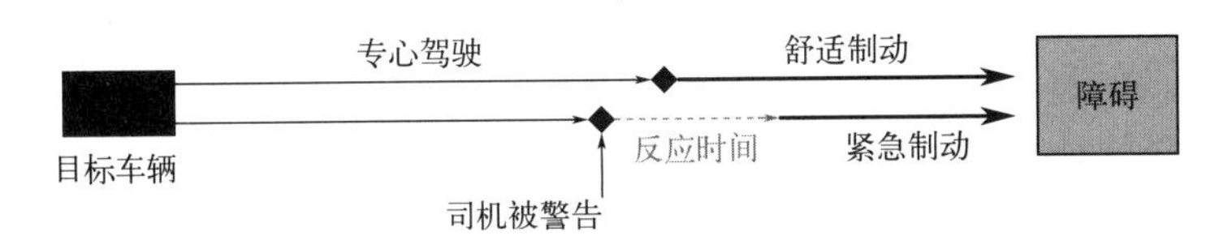

图 3-9 典型的低相对速度靠近目标场景

要想减少“报警难题”导致的误触发问题，需要根据场景的不同，使用不同的驾驶员模式和应对策略。绝对和相对速度、目标的分类（移动或静止）、驾驶员状态估算（注意力集中或不集中）都会影响到这一决策。根据车辆行驶速度的不同，设定出每个速度相应的安全防撞时间，将安全防撞时间与车辆发生碰撞所需时间进行比较，并由此做出危险预警。预警有三种形式：安全距离报警、预报警、紧急报警。

（2）报警时机

驾驶过程中存在驾驶员 - 车辆 - 道路 - 环境系统的相互作用，驾驶员受到诸多因素直接或间接的影响，如其本人的驾龄、性格、身体素质，所驾驶汽车的性能和保养情况，当前的路况和气候等，而驾驶员的驾驶行为更是对驾驶安全有着直接影响。

从接受来自报警提示的感官刺激，到实施踩制动踏板的动作，驾驶员需要一定的反应时间，这段时间不长，但对高速行车安全有着重大的影响。这段反应时间主要指的是制动反应时间，包括大脑反应时间、脚移动到制动踏板所需时间等，动作复杂度、驾驶熟练度、对反应的准备程度都会对反应时间产生影响。

要设定合理的 FCW 系统的报警时间，需在时机设定时充分考虑驾驶员的反应时间，以及车辆在驾驶员介入后的制动减速度。合理的报警时间要保证驾驶员能在报警发出之后有充足的时间做出反应，从而介入车辆，避免发生碰撞事故。

（3）最低报警车速

城市道路交通的特点决定了车辆会经常制动和起步，处于车速较低的怠速状态，此时事故的发生概率较小。频率过高的预警反而会使驾驶员在判断当前行车状态时受到影响，因此需有一个限定阈值，在自车速度未达到此阈值时应抑制预警。根据报警形式的不同，这一阈值应设置不同的最低触发车速。预报警的触发要尽早，这样一来驾驶员可针对即将到来的事故实施制动或转向，触发这一功能的最低速度值不可低于 25km/h。对于紧急报警的要求是误触发最少的同时，效果最大化，所以为了避免出现误报警的情况，该功能的触发将尽可能晚。虽然如此，报警触发时驾驶员仍然有做出制动或转向的时间，在危险程度和等级更高的情景下避免事故的发生。因此该报警为大多数驾驶员所接受，它也可以帮助驾驶员避免碰撞，提高行车安全性。报警难题的存在使得该功能触发的最低速度值应达到 30km/h 或更高。

（4）不同驾驶风格报警需求分析

驾驶员在道路交通系统中处于核心地位，他要完成对各种信息的处理，决定车辆的行驶状态。不同驾驶员的不同操作行为会对驾驶安全产生不同的影响，不同驾驶风格的驾驶员对前向碰撞预警系统有着各自不同的使用需求，为了满足这些不同的需求，要在设计系统时做出考虑，设定不同的报警阈值时机，这样一来驾驶员可以按照自身的需求做出选择。如果想提升用户的接受度，可以针对报警时机提供早、中、晚等不同的选项，并将选项放到用户进行系统设置的交互界面处供其选择。

3.3.3 HMI 预警方式的设计

“人 - 车 - 路 - 环境”一体化是驾驶过程的一个背景，驾驶员的主动操控作用会从始至终参与驾驶行为的整个过程，行车安全需要驾驶员的驾驶能力来作为保证和前提，行车过程驾驶操控信息流程如图 3-10 所示。

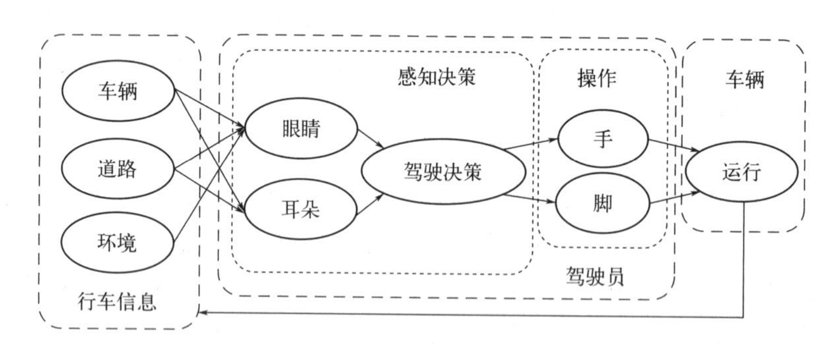

图 3-10 驾驶操控信息流程图

通过清晰的人机交互界面（human machine interface，HMI），前向碰撞预警系统应将及时、准确、简明的信息传递给驾驶员，帮助驾驶员实现安全行驶，识别存在于交通环境中的危险，同时驾驶员的认知负荷并不会随之增加。HMI 对于提高前向碰撞预警系统的有效性和用户接受度来说非常重要，在前向碰撞预警系统开发中，HMI设计是关键的一部分。

视、听、触三种感受器在人们感知客观事物的实践活动中发挥着重要作用。反应动作的快速性、判断的正确性、动作的及时性，这是反应能力的三种表现，分别对应视觉、听觉、触觉。前向碰撞预警系统中的预警信号有三种不同的模式，它们的差别表现在有效性和用户接受度上。

缩短驾驶员反应时间是三种预警信号都具备的作用，驾驶员的反应时间将按照触觉信号、听觉信号、视觉信号的次序依次递增。视觉这种感受器使用范围最广，注意力倾向性占据了主要的位置，视觉感受器的某些特殊功能是触觉和听觉不能达到的，它与思维活动有着密切的联系，能察觉对方的意图，了解准备活动的过程，能做出正确及时的反应判断，并提前做好准备。

人类对不同的报警方式的反应时间和接受程度不同，而不同的报警功能本身也各有特性，因此为了保证报警的有效性以及用户的可接受度，应根据报警功能的不同选用合理的报警方式。

- 安全距离报警方式：安全距离报警所提供信息的特性决定了需采用视觉这种方式，以尽可能避免分散驾驶员的注意。该报警在安全距离报警的过程中将持续不断地显示。
- 预报警方式：较为柔和的视觉和声音的报警方式对于预报警来说比较适用，这是因为预报警的触发点比较早，不可能杜绝误触发的情况。
- 紧急报警方式：适合该报警的是较为强烈的触觉报警，比如用短促制动的方式提醒驾驶员，因为紧急报警跟预报警相比触发时间更晚，误触发率也小，触发时间晚就需要驾驶员在更短的时间内做出反应。

Intelligent Connected Vehicle

第4章 自动紧急制动系统（AEB）

4.1　自动紧急制动系统概述

4.1.1　AEB 系统的基本概念

为了保障汽车的安全，推动汽车技术快速发展，我国不断加强对汽车安全系统的研究，并取得了一定的研究成果。就目前来看，汽车安全系统可分为以下两种类型：

① 主动安全系统。主要包括各种传统的汽车安全系统，如防抱死制动系统、紧急刹车辅助系统等，这类系统的应用能够有效提高汽车行驶的稳定性，缩短汽车制动距离，降低汽车碰撞风险，但同时这类系统也存在不足之处，当车辆未处于人工控制状态时，该系统则无法实现对行驶风险的预测，也难以帮助车辆规避交通事故。

② 被动安全系统。主要包括一些能够帮助车辆内外的人员减轻事故带来的伤害，并降低事故造成的损失的安全系统，如安全气囊、儿童安全座椅、安全带等，但这类系统并不具备规避交通事故的作用。

近年来，汽车的被动安全技术日渐成熟，应用也越来越广，但主动安全技术还具有较大的发展空间，相关研究人员需要进一步加大对主动安全技术的研究力度，大力开发具有自动报警与辅助制动功能的主动安全系统，补齐现有安全系统的短板，进而实现对交通安全事故的有效预防，充分保障人们的人身安全和财产安全。

汽车安全技术的快速发展为汽车自动紧急制动系统（autonomous emergency braking，AEB）的应用提供了支持，同时政府、保险行业和汽车安全组织也积极推动 AEB 系统在汽车领域的应用。就目前来看，AEB 系统已经被广泛应用在多种汽车中，并逐渐成为各类车型的标配，各个汽车厂家也将 AEB 系统作为汽车的一大卖点。未来，自动驾驶技术的发展和应用可能会驱动 AEB 系统升级，进一步丰富和强化 AEB 系统的性能。

具体来说，AEB 系统是一个基于汽车主动安全技术的电子系统，具有辅助刹车功能，能够在车辆处于非自适应巡航状态时，协助车辆驾驶员进行紧急刹车，即便不一定能够让车辆停止移动，也能够在一定程度上化解由突发危险或安全距离不足等问题造成的碰撞危险，从而达到保障行车安全的效果。

从工作原理来看，AEB 系统中形成了“感知 - 决策 - 执行”的闭环，能够利用视觉摄像头、毫米波雷达等环境感知传感器来获取前方道路信息，衡量车辆与前方的车辆、行人或障碍物之间的碰撞风险，并自动开启电子稳定程序（electronic stability program，ESP）对车辆进行制动，以便达到规避碰撞或减轻碰撞事故造成的伤害的目的。

从汽车工程学的角度来看，AEB 系统可以综合运用车内传感器的监测功能、系统控制器的控制功能以及相关运行软件和算法，以协助驾驶员刹车，来提高行车的安全性。

AEB是一项具有风险预防作用的主动性安全技术，能够自动感知车辆前方的障碍物，并进行碰撞风险分析，同时还可以在发现碰撞风险后发出报警信号，并自动对车辆进行制动处理，从而在最大限度上防范碰撞风险，保障车辆、驾乘人员、行人以及其他交通参与者的安全。AEB技术在汽车领域的应用大幅提高了车辆紧急制动的主动性和自动化程度，从根源上化解了车辆碰撞风险，有效增强了车辆行驶的安全性，助力车辆实现了主动安全。

基于AEB技术的行人保护系统可以利用传感器设备对周边环境中的行人进行识别和跟踪，采集行人运动信息，并计算出行人与车辆之间的相对运动轨迹，同时据此分析和衡量碰撞风险，并在发现碰撞危险时采取自动刹车和向驾驶员发送警告信息的措施。当车辆遇到突发性的碰撞危险时，如出现驾驶员走神或“鬼探头”等情况时，AEB系统可以在最大限度上进行紧急刹车，保障车辆和行人的安全。

AEB系统包含了碰撞预警和碰撞缓和两部分，其中，碰撞预警系统能够提前发现可能出现的碰撞危险，并向驾驶员发送警告信息，但无法直接操控车辆进行刹车或避让；碰撞缓和系统能够在驾驶员未采取制动措施来规避碰撞风险的情况下自动刹车，进而达到避免碰撞或降低碰撞的严重性的效果。

在汽车运行过程中，车辆的实际制动效果受到很多因素的影响。从AEB系统特性方面来看，系统整体配置的协调性、系统的运算速度、传感器的工作频率等均会导致系统的反应时间具有差异。而从车辆紧急制动执行方面来看，车辆运行的速度、车辆的重量、轮胎的摩擦因数等也会影响车辆的制动效果。由此可见，各类自动紧急制动系统的运行速度均与车型和车辆版本密切相关，且这类系统均能在汽车的防碰撞方面发挥重要作用，有效保障车辆的行车安全。

4.1.2 AEB系统的模块构成

AEB系统主要包含行车环境信息采集单元、电子控制单元（electronic control unit，ECU）和执行单元三部分，如图4-1所示。其中，行车环境信息采集单元主要由传感器构成，ECU指的是中央处理器，执行单元主要涉及各项执行机构。

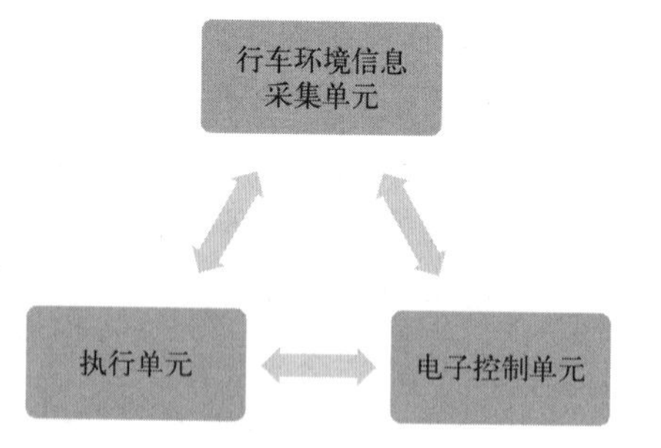

图4-1 AEB系统的模块构成

（1）行车环境信息采集单元

行车环境信息采集单元主要由测距传感器、车速传感器、油门传感器、制动传感器、转向传感器等传感器设备和路面选择按钮构成，能够在车辆行驶过程中利用各类传感器实时监测周边环境，采集行车信息。

测距模块能够借助测距传感器实现感知功能，通常也被称为“感知模块”，是AEB系统中的重要组成部分。在防撞车方面，感知系统可以实时采集各项外部环境相关数据信息，如前方道路的图像和路况、前方障碍物距离、前方车距等。

现阶段，大多数汽车防撞探测系统中都应用了激光、雷达、摄像头、红外线、超声波等技术手段，能够以不同的形式实现测量功能。具体来说，实现形式主要包括激光雷达、单摄像头、立体摄像头、中距离雷达＋前方摄像头以及毫米波雷达＋激光雷达＋摄像头等。

（2）电子控制单元

电子控制单元可以接收来源于行车环境信息采集单元的检测信号，并利用算法在数据分析模块中对这些信号和其他相关数据信息进行分析处理，以便根据分析结果来判断车辆的行驶状况，同时也可以在此基础上生成相应的控制指令，并借助指令来实现对执行单元的控制。

数据分析模块通常也被叫作“算法模块”，能够利用算法分析来源于测距模块的各项实时数据信息，对实际测量距离与报警距离和安全距离进行比较，并在实际测量距离比报警距离小时向驾驶员发送报警信息，在实际测量距离比安全距离小且驾驶员未采取有效的制动措施时向执行机构传递指令信息，控制车辆实现自动制动或减速。

AEB 系统中的传感器融合主要涉及两种方式：

① 不同位置的传感器与单独的 ECU 相连接，这种方式具有降低不同传感器之间的延迟的作用，在 AEB 系统中的应用较为广泛，但同时也存在前风挡摄像头散热空间不足的问题，一般来说，采用这一传感器融合方式的 AEB 系统通常将前风挡摄像头和位于前格栅或保险杠处的激光雷达作为采集信息的传感设备。

② 传感器和 ECU 均位于特定位置的单个模块中，这种传感器融合方式能够在一定程度上缓解前风挡摄像头散热空间不足的问题，但同时也存在雷达设备受前风挡摄像头影响的问题，导致雷达设备性能降低，且这种方式的实现难度也更高。

就目前来看，部分供应商正在研究这种同时包含传感器和 ECU 的模块，且已经开发出了一些产品，但这些产品大多性能较弱，难以满足实际应用需求。

具体来说，安波福电气系统有限公司开发出了 RaCAM 模块，并将其应用到了沃尔沃汽车中；日本电产株式会社开发出了集成摄像头和雷达的 ISF 模块；恩智浦半导体也在大力推动摄像头数据与雷达模块 ECU 相融合；赛灵思将基于现场可编程门阵列（field programmable gate array，FPGA）的器件作为传感器融合的硬件加速器，并大力推动数据与雷达模块 ECU 融合。

一般来说，不同车型的车辆所装配的主动刹车系统通常采用不同的监测方式，且功能实现情况也各不相同。装配单个雷达或单目摄像头的车辆无法实现远距离探测，探测范围较小；装配有主动刹车系统的车辆同时拥有雷达和单目摄像头两项设备，能够实现对周边环境中车辆和行人的识别；装配有双目摄像头的车辆，如捷豹、路虎等高端车型，能够精准测量出车辆与前方的车辆、行人或障碍物之间的距离，并采取相应的防撞措施，进而有效防止追尾等碰撞事故。

（3）执行单元

执行单元可以接收来源于电子控制单元的指令信息，并根据指令要求完成车辆操控任务。AEB 系统执行单元的构成如图 4-2 所示。

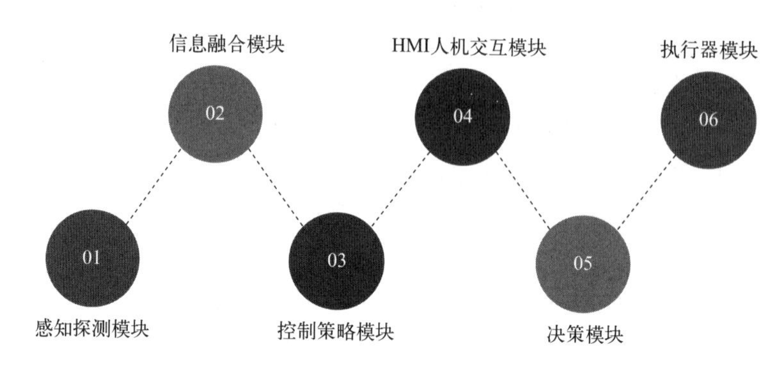

图 4-2 AEB 系统执行单元的构成

① 感知探测模块。感知探测模块可以利用信息采集设备（如车辆雷达传感器、多功能摄像头等）获取周边环境信息（如本车与前车之间的距离和相对速度等），并将这些信息传输到控制策略模块中。以上汽大众 ID 系列为例，该车型装配有多功能摄像头和中距毫米波雷达，能够采集和处理图像信息，并利用人工智能技术和算法工具来识别图像中的内容，如车辆、行人、车道线、道路标志等，对各项相关数据进行计算，如本车与识别目标之间的距离、角度和距离变化率等，进而充分满足整车系统在感知探测方面的各项需求。

② 信息融合模块。信息融合模块可以综合运用雷达和摄像头两类设备，充分发挥雷达和摄像头的感知作用，采集目标物体的信息，并通过将这些信息与特性融合的方式来提高信息的精准度，进而提高目标物体识别精度。

③ 控制策略模块。控制策略模块可以利用预警信息提醒驾驶员采取相应的措施来保证行车安全，当本车与前车之间的距离低于安全距离时，该模块既可以通过向驾驶员发送预警信息的方式来提醒驾驶员降低行车速度，也可以自动控制车辆减速，从而达到防止车辆碰撞或减少碰撞造成的损失的目的。具体来说，该模块在车辆紧急制动方面采取了分级预警的方式，当本车与前车之间的距离较近时，该模块通常借助声音和仪表来提醒驾驶员降低行车速度；当车辆面临碰撞风险时，该模块则会针对车辆的实际状态来进行主动制动。

④ HMI 人机交互模块。HMI 人机交互模块可以支持驾驶员利用中控屏幕或转向盘按键来对车辆进行自动紧急制动相关参数设置，如激活相关功能所需达到的车距等。

⑤ 决策模块。决策模块可以对车辆状态信息、道路交通信息和各项融合信息进行分析，并根据分析结果在前方道路上找出目标车辆或行人。

⑥ 执行器模块。执行器模块主要由动力系统和制动系统两部分组成，二者之间可以协同配合，共同控制车辆进行紧急制动。

4.1.3 AEB 系统的工作原理

概括而言，AEB 系统的工作原理如图 4-3 所示。AEB 系统由雷达和摄像头组成的传感器完成感知，在内置于传感器的 ECU 或者独立的 ECU 完成决策之后，执行器会通过总线收到制动请求，对车辆进行制动的一般是 ESP，除此之外，也可以是线控制动系统或独立的高压蓄能器控制器等其他装置。

图 4-3　AEB 系统的工作原理

（1）感知：通过多种传感器的协同配合提高识别能力

AEB 系统感知示意图如图 4-4 所示。目前存在三种常见的感知方案：视觉摄像头、毫米波雷达，以及“视觉摄像头 + 雷达”的融合方案。

图 4-4　AEB 系统感知示意图

① 视觉摄像头。摄像头的作用相当于人眼，可以跟踪行人和障碍物并做出识别，最多可以感知到与自身相距约 120m 的物体，但它不能对自身与物体的相对距离做出精确计算。此外由于不良天气的原因，很少有 AEB 系统会单独采用摄像头方案。

② 毫米波雷达。毫米波雷达的感知距离大约能达到 150m 以上，不过受限于天线和尺寸的特性，雷达的角度分辨率不会太高，识别行人等障碍物比较困难。另外，雷达的二次反射问题很容易导致误识别，因此也很少有 AEB 方案会选择单独采用雷达。

视觉摄像头与毫米波雷达系统的比较如表 4-1 所示。

表4-1 视觉摄像头与毫米波雷达系统对比

方案比较	视觉摄像头	毫米波雷达
作用距离	100 ～ 120m	150 ～ 250m
测距精度	近距 0.1m，远距 1m	0.3m（远近一致）
光线与天气影响	显著	很小
物体高度与宽度测量	精度高	精度低
车道线与标志识别	有	无
行人识别准确度	高	低
成本	一般	一般

③ “视觉摄像头 + 雷达”融合方案。单独使用视觉摄像头或毫米波雷达都有明显缺陷，因此大部分车厂选择将两者结合起来，实现优势互补，以此做出更为可靠的 AEB 方案。在这样的融合方案中，视觉摄像头负责识别目标类型，同时发挥在角度、分辨率、感知距离上的优势，获取到与障碍物之间的距离这一信息，经过两方确认后，误判的概率会大大降低。“视觉摄像头 + 雷达”融合的工作原理如图 4-5 所示。

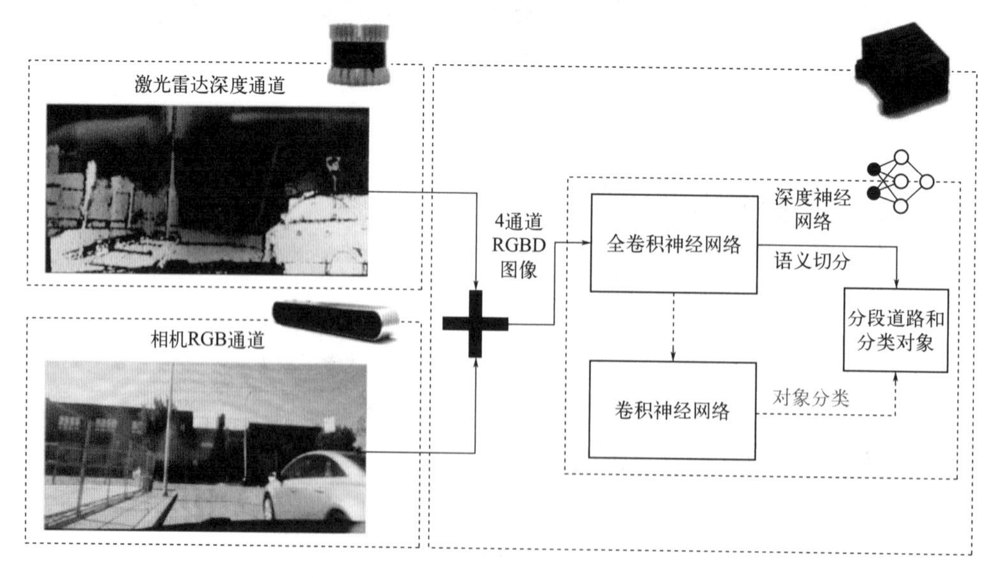

图 4-5 “视觉摄像头 + 雷达”融合的工作原理

“视觉摄像头＋雷达”融合方案的优势主要体现在如表4-2所示的几个方面。

表4-2 “视觉摄像头+雷达”融合方案的优势

优势	主要体现
可靠性	目标真实，可信度高
互补性	全天候应用与远距离提前预警
高精度	大视角、全距离条件下的高性能定位
识别能力	复杂对象的分类处理
成本	高性价比与选择灵活性

（2）决策：智能算法优化制动策略

控制器和算法组成了AEB系统的决策部分，根据感知部分提供的数据，它们针对车辆是否处于危险状态，以及采用何种制动策略等问题做出判断。驾驶员能否及时得到提醒和干预，制动的时机和力度如何，都与AEB系统的决策能力直接相关。AEB系统的决策过程通常包括如图4-6所示的几个阶段。

图4-6 AEB系统的决策过程

① 提醒阶段。借助声音和灯光等方式，AEB系统对驾驶员发出提醒，提示其注意前方的障碍物或行人。同时，为了减少制动延迟，对制动系统进行提前减压。在这个阶段，驾驶员依然可以进行加速或转向，以此来避免碰撞。

② 预制动阶段。AEB系统做出短促制动以唤醒驾驶员，与此同时，车辆也会预先收紧安全带。此时，制动系统开始将制动力施加于刹车盘之上，但一般只会发挥全部制动能力的30%。此阶段以驾驶员的干涉来完全避免碰撞依然是可行的。

③ 部分制动阶段。AEB系统开始将制动力提升至50%，以此来使车辆减速，同时，为了帮驾驶员规避在潜在的碰撞中被抛出窗外的风险，车辆会主动关闭自动车窗和天窗。此阶段，驾驶员的干涉已经不能保证完全避免碰撞，但仍然可以降低碰撞的严重程度。

④ 全力制动阶段。AEB 系统的制动行为将不再依靠驾驶员的参与，而是通过执行器实施刹车力度达到 100% 的制动。同时车辆也会得到信号，通过收紧安全带等方式，做好准备应对接下来可能出现的碰撞风险。在此阶段，驾驶员的干涉已经不能使碰撞的结果发生改变，车辆的被动安全系统成为保护乘员的唯一倚仗。

通常情况下，AEB 系统会随着危险等级的递增依次进入上述四个阶段。但行驶过程中会遇到某些特殊情况，例如有行人突然出现，或者前方障碍物与当前车辆的距离急剧缩短，这时 AEB 就会跳过其中一个或多个阶段。控制器的性能和算法的优化决定了 AEB 决策能力的高低，不同的车企和供应商会根据自身需要选用自己的解决方案和标准。

（3）执行：制动系统的响应速度和制动力

AEB 系统主要由制动系统和执行器来执行。接到决策部分的指令后，它们据此进行相应的车辆制动操作，使车辆减速或停止。制动系统的响应速度和制动力，以及执行器的精确控制，是决定 AEB 系统执行能力的关键因素。

● 响应速度指从接收到制动指令到最终实现制动效果的间隔，它是车辆的制动距离和安全性的直接影响因素。

● 制动系统能够对车轮施加的最大制动力矩被称为制动力，对于车辆的制动效果和稳定性有着直接影响。

● 作为制动系统的核心部件，执行器能够依照制动指令精确地控制制动系统，完成对制动力的分配与调节。

机械制动和电子制动是目前市场上两种主要的制动系统类型。

① 机械制动系统是两种制动系统中传统的那一种，它用液压或气压的方式使制动器接收到来自制动踏板的力，之后通过制动器对车轮进行制动。简单的结构、低廉的成本、较高的可靠性是机械制动系统的优点，但它也存在响应速度慢、制动力受限、控制精度低、维护复杂等缺点。

② 电子制动系统是一种新型的制动系统，它借助电子信号将制动指令传递给执行器，通过后者对车轮实施制动。电子制动系统拥有响应速度快、制动力强、控制精度高、维护简单等优点，但其结构复杂、成本高、可靠性尚需提高的缺点也同样存在。

电子制动系统又进一步分为电液制动和电气制动，以机械制动为参照，两者做出了不同程度的技术变革。电液制动在机械制动的基础上增添了电子控制单元，电气制动则将液压或气压的介质完全摒弃，直接将电机或电磁铁作为完成制动的工具。

出于提高制动效率和灵敏度的考虑，AEB 系统通常采用电子制动系统作为执行部分。目前，国内外主流车企和供应商都将电子制动系统，尤其是电气制动系统，作为自己的研发项目和推广对象，这是为适应汽车智能化和电气化趋势而采取的必要举措。

4.1.4　AEB 的工作范围及优劣

（1）工作范围：车辆识别和行人识别

就目前来说，大部分汽车制造商采用的方案是视觉融合毫米波雷达，能够识别车辆和行人。AEB 的工作范围表 4-3 所示。

表4-3　AEB的工作范围

主要功能	工作范围
车辆识别	车速在 40km/h 以内，可以做到避免与静止车辆碰撞 在与前方运动车辆的速度差小于 40km/h 时，可以做到避免碰撞 如果车速与前车车速差大于 40km/h 时，降低事故损伤程度
行人识别	车速在 30km/h 以内时，避免与行人发生碰撞 车速在 30 ～ 90km/h 之间，有可能会撞上，但是可以降低损伤事故 车速超过 90km/h 时，行人识别功能关闭

另外，AEB 在车速过低（小于 5km/h）或过高（大于 150km/h）时都不工作，目前不能做到在任意车速下完成刹车。除了车速上的限制条件之外，一般车型上配备的 AEB 只能对行人和车辆做出识别，一部分 AEB 具备骑行识别功能，不过识别率非常低。

（2）优势：提高行车安全，降低碰撞风险

可以很容易地体会到 AEB 系统的优势所在，当驾驶员来不及反应或疏忽大意时，它可以自动启用制动，减少或者避免碰撞，从而使行车过程变得更加安全。国际汽车工程师协会（SAE）的研究显示，AEB 系统能够让追尾事故和人员死亡的数量分别减少 38% 和 24%。欧洲新车安全评价计划（Euro NCAP）发布的数据显示，借助 AEB 系统可以实现减少 27% 的车辆碰撞和 15% 的人员伤亡。美国高速公路安全保险协会（IIHS）给出报告，称 AEB 系统可以减少前向碰撞和财产损失，减少的幅度分别为 50% 和 56%。因此，人们认为 AEB 系统这样一项主动安全技术具有重大意义，它可以大幅提升汽车的安全性能，创造出更多的社会效益。

（3）局限：无法替代驾驶员，受环境影响

AEB 系统尚存在不可忽视的局限，它还不能真正成为驾驶员主动驾驶的替代品，因为传感器性能受复杂的道路环境和天气条件的影响，会出现感知不准确或不完善的情况。例如，当遇到雨雪、雾霾、强光时，摄像头的视野会被遮挡或受到干扰，雷达的信号会出现衰减和反射的状况，噪声或异常值会让激光雷达的点云受到影响。这些情况出现时，AEB 系统就无法对前方的障碍物或行人做出正确识别，也会对车辆的相对速度和距离做出错误判断，这样一来就不能完全保证决策和执行的准确与及时。因此，驾驶员的警惕和干预对 AEB 系统来说仍是必要的，要想使行车安全得到有效保障，需要严格遵守交通规则，努力提高驾驶技术。

（4）未来：智能化、电气化、标准化

智能化、电气化、标准化是 AEB 系统未来的发展方向，所谓智能化，就是以人工智能、大数据、云计算等作为技术基础，使 AEB 系统的感知、决策和执行能力得到提升，帮助 AEB 系统针对更多的场景和目标做出适应和优化，这样一来，AEB 系统的智能水平将会更高，用户体验将会更好。

电气化要用到电子制动、电气执行等技术，旨在实现 AEB 系统响应速度和制动力的提升，使 AEB 系统可以应对和控制更高的速度及更紧急的情况，AEB 系统在电气化的作用下将拥有更高的效率和灵敏度。标准化要求制定更严格的测试和评价标准，并使其得到执行，这对 AEB 系统的性能提出了更高的要求，同时也将提高其安全保障，如此 AEB 系统将在更多的车型和市场中得到普及和推广，其可靠性和社会效益将会增加。

4.2 AEB 系统的作用与类型划分

4.2.1 AEB 系统的主要作用

具体来说，AEB 系统的作用与功能主要体现在以下几个方面：

① 检测障碍物与车辆之间距离的功能。毫米波或激光探测雷达向 AEB 系统发出反馈，收到反馈信息的 AEB 系统及时检测出汽车和障碍物之间的距离。除此之外，AEB 系统还可以监测车距并发出预警，系统持续对自车与前方车辆之间的距离做出监测，依据接近程度的不同分别发出三种级别的车距检测警报。

② 预碰撞安全功能。对于启动安全气囊、安全带预紧器以及其他被动安全系统相关的功能，AEB 使用的传感器也可以派上用场。当碰撞不可避免时，这些系统可以减轻碰撞的伤害，甚至可以将乘客从生命危险中拯救出来。预碰撞安全系统如图 4-7 所示。

图 4-7 预碰撞安全系统

③ 屏蔽功能。当自车加速超车时，自动制动功能会以转向灯的开启为信号暂时屏蔽，以保证驾驶员的正常驾驶。

④ 道路防偏离功能。这一功能由两个方面组成：一是汽车越线预警，如果转向灯未打开，系统会在车辆穿过各种车道线前大约 0.5s 发出越线警报，提醒其不要越线；二是前车道偏离报警，车道偏离报警系统会在车速大于 30km/h 时启用，对前方车道线做出实时扫描，如果车轮在转向灯未开启的情况下超出车线，报警器会发出警示音。

⑤ 预警制动数据分析提醒及制动记录功能。每当驾驶人出现危险驾驶的情况，系统做出预警或制动时，会将预警时间、启动紧急制动时间、终止碰撞预警时间以及终止紧急制动时间等记录下来。

⑥ 溜车与低速碰撞预警。当车辆行驶在交通拥堵的城市环境中，存在与前车发生低速碰撞的可能性时，车辆图标会变红并发出警示音。

⑦ 前车启动提醒。在排队等候时，自车驾驶员有时会因走神而察觉不到前车已驶离，这种情况下报警器会发出警示音。

⑧ 移动端控制功能。驾驶员可以根据自己的驾驶习惯，通过手机移动端对此系统的制动力度和制动距离做出调节。

⑨ 系统自检功能。在自车启动时，系统会完成对全部主要系统传感器和组件的自检，将当前的工作状态用信号灯或显示屏明确地显示出来。

⑩ 倒车防碰撞预警功能。当处于倒车状态的车辆与障碍物之间的距离小于 1.5m 时，驾驶员会收到此装置从报警器发来的提示危险的警示音。

⑪ 倒车限速功能。为了更加有效地保障人车安全，在车辆挂上倒挡之后，控制倒车速度最多不超过 10km/h。

⑫ 倒车辅助刹车功能。主控制器、副控制器、感应器、执行机构和显示器组成了倒车自动紧急防撞系统，这一系统在车辆挂倒挡时自动启用，通过测距信号实时输出车辆后面的情况，将其显示在车载显示器上，声音提示也会一并传达。为了避免倒车时发生碰撞，系统会在车辆进入预先设定的危险距离时自动发起紧急制动刹车。

倒车时必须清楚车辆与车尾障碍物之间的距离，AEB 系统先通过超声波雷达测量出这段距离，接着启用数据分析模块，将测出距离与警报距离以及安全距离做出比较。如果测出的距离小于警报距离，系统会做出警报提示；而当此距离小于安全距离时，倒车 AEB 系统会在驾驶员来不及踩制动踏板的情况下自动启动，使汽车完成刹车。

4.2.2 根据功能名称划分

目前，世界范围内的系统主机厂商和零部件一级供应商对 AEB 采用了不同的命名。比如，博世的预测性紧急制动系统（predictive emergency braking system）包括 FCW、EBA，以及 AEB 等 3 个子功能，它们分别被用来应对三种不同的工况：驾驶员注意力不集中、驾驶员制动力不足、驾驶员无制动反应。接下来，简要分析一下沃尔沃的城市安全系统、奥迪的预防式整体安全系统，以及宝马的碰撞警告系统。

（1）沃尔沃城市安全系统

城市安全（city safety）系统是沃尔沃汽车全系车型的标配，这一系统包含了 AEB 以及行人监测功能，如图 4-8 所示。置于前风挡上的光学雷达会在车速达 30km/h 时监视交通状况，如果前车刹车、停车，或是前方出现其他障碍物，系统会自动施力于刹车系统，在驾驶员做出动作之前帮助其缩短刹车距离；如果与障碍物之间的距离已经很短，那么系统就会启动紧急刹车。

图 4-8 沃尔沃城市安全系统

而且，系统会测出车辆与前车或障碍物之间的距离，并将其与警报距离、安全距离进行比较，测量和比较分别要用到雷达和数据分析模块。当测出的距离小于警报距离时，系统会发出警报提示，而如果距离小于安全距离，系统会在驾驶员来不及踩制动踏板的情况下启动，通过提供辅助制动来使车辆刹停。刹车和系统反应的灵敏度有三挡供车主调节。

（2）奥迪预防式整体安全系统

预防式整体安全（Audi pre sense）系统是奥迪对类似安全辅助系统的称呼，用户可根据需要选装此系统的不同版本：pre sense basic、前部 pre sense、后部 pre sense 和 pre sense plus。前部 pre sense 主要用来监视车辆前方，评估潜在碰撞事故的发生概率。根据与前车的距离，制动辅助系统可以在驾驶员开始制动时提供最精确的制动力，最大的制动加速度为 $3m/s^2$，可以在启用 3 阶制动时获得。如果碰撞事故已不可避免，pre sense 系统能做到让碰撞车速小于 40km/h，最大程度减轻事故造成的伤害。

此外，有的车型配备了进一步升级的夜视辅助系统，如新奥迪 A6L。在新的系统中，夜间识别行人和野生动物的功能得到了升级，探测距离增加到了15～130m，经过处理后的行人或移动物体的热信号会显示为黄色标识。当行人在车辆行驶方向上做出横穿的动作时，系统会快速做出判断，用红色将行人突出标记出来，并发出声音警告。为了缩短制动距离，更好地保障驾驶员夜间行驶的安全，系统还可以借助制动准备以及制动辅助。

奥迪预防式整体安全系统如图4-9所示。

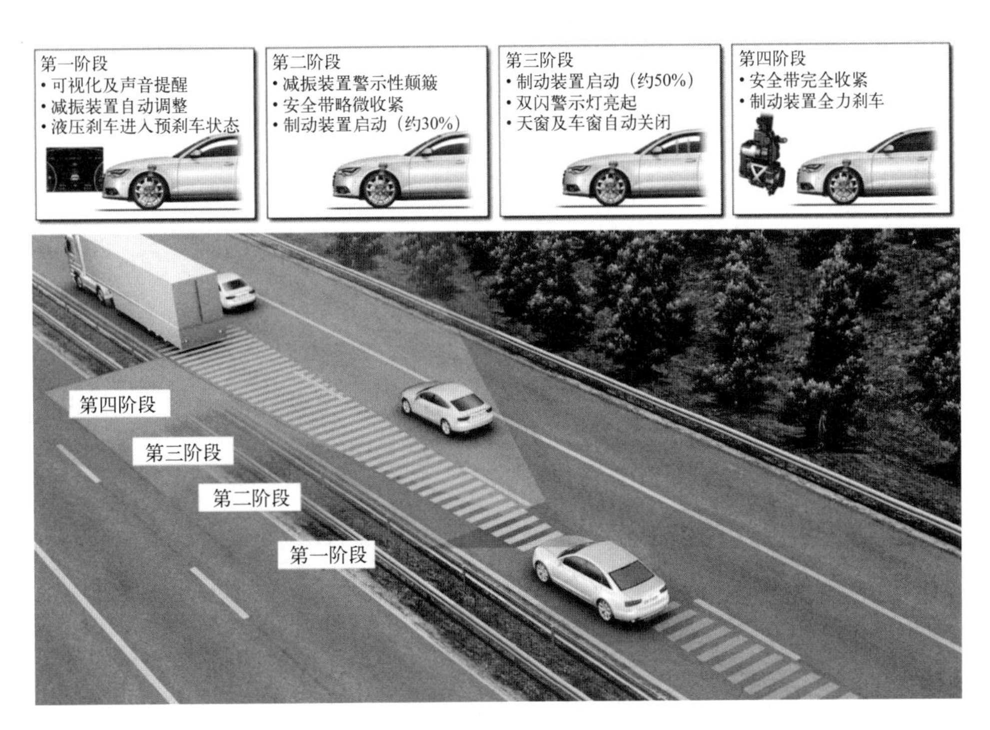

图4-9　奥迪预防式整体安全系统演示

（3）宝马碰撞警告系统

宝马的自增强型辅助驾驶为其带来了较强的预碰撞安全辅助系统，碰撞警告系统拥有驾驶辅助系统的城市制动功能，它包括：带城市制动功能的碰撞警告系统、带制动功能的碰撞警告系统和带城市制动功能的行人警告系统等。

在约10km/h到不超过60km/h的车速范围内，带城市制动功能的行人警告系统通过摄像头监测前方的行人，系统按照不同的紧急情况发出警告，提示驾驶员存在与行人相撞的危险，如图4-10所示。

当发出严重警告时，系统会以一定的减速度实行自动刹车，使车辆的速度降下来，在距碰撞发生1.2s时，向驾驶者发出提示，并且提前0.9s发起制动，制动干预耗时约1.5s，自动刹车产生作用之后，车速最多可以降低20km/h。不过系统的工作时间仅限于白天。

图 4-10　宝马碰撞警告系统

4.2.3　根据行驶速度划分

针对 AEB 系统，欧洲新车安全评价协会制定了一个评价标准，评价项目中有 6 项与主动安全系统相关，自动紧急制动系统（AEB）占据了其中的 3 项，以汽车行驶速度为划分标准，AEB 系统可分为以下三类。

（1）低速防撞系统

主要应用场景是市区，检验在低速状态下车辆的 AEB 是否具备主动侦测前方碰撞风险的能力，并通过协助驾驶者或直接介入的方式进行刹车，如图 4-11 所示。

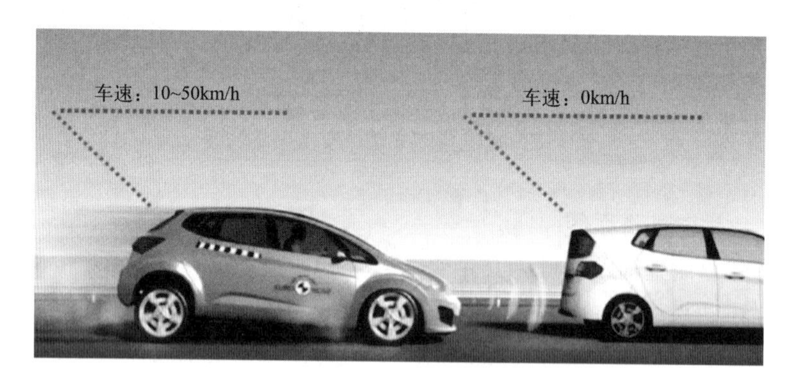

图 4-11　低速防撞

（2）高速防撞系统

主要应用场景是中高行车速度的郊区，对于可能因驾驶员的分心导致的严重意外事故，AEB 须在与前车相距更远时预先发出提醒，使驾驶员降低车速，防止碰撞的发生。在驾驶员未能主动降低车速时，同样可以由 AEB 自动介入执行紧急刹车，如图 4-12 所示。

图 4-12　高速防撞

（3）行人防撞系统

与用于避免车辆间碰撞的防撞系统不同，行人防撞系统是针对行驶中突然冲出的行人设计的。AEB 实时对车辆与行人间的相对速度和距离做出侦测，当相关数值达到系统预设的警示值时，就提醒驾驶员降低行驶速度，如果碰撞即将发生，AEB 会主动介入启用紧急刹车，确保行人免于危险。行人防撞系统如图 4-13 所示。

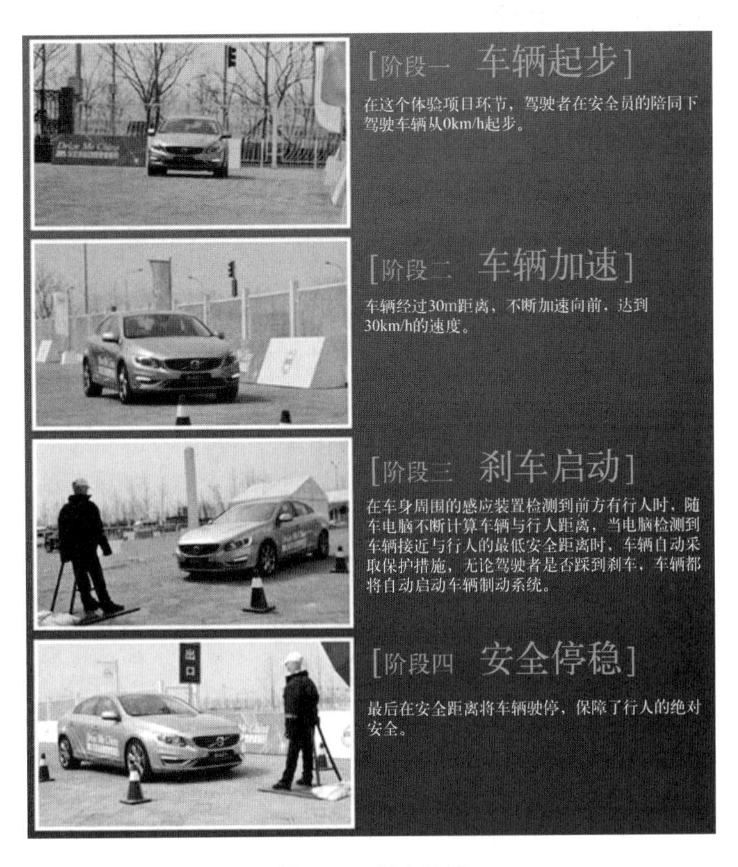

图 4-13　行人防撞

4.2.4 根据技术路径划分

目前市面上所搭载的AEB技术方案主要分为四种，如表4-4所示。

表4-4 AEB系统的主流技术方案

序号	主流技术方案
1	仅依靠77GHz毫米波雷达，这是最基础的一种技术方案
2	仅依靠视觉方案，这种方案大部分只能有效识别行人或者车辆
3	视觉（包括单双目和多目）+毫米波雷达，这种方案在有效识别行人和车辆的同时，也可以识别一些障碍物，但极易触发导致频繁紧急停车
4	多传感器融合方案，包括近距离24GHz毫米波雷达、超声波雷达、环视摄像头等

沃尔沃早期车型上配备的城市安全系统主要依靠大陆的激光传感器实现，除此之外，大多数AEB功能的实现形式是以毫米波雷达（以博世、大陆等为主的阵营）、单目视觉摄像头（以Mobileye等为主的阵营）、双目视觉摄像头（以博世、大陆和日立等为主的阵营），以及多传感器数据融合（以博世、大陆、安波福和维宁尔等为主的阵营）来实现的。

4.2.5 根据不同路况划分

自动紧急制动系统AEB系统可以根据路况的不同分为三类：

（1）用于城市路况的AEB系统

在城市路况中，交通事故多发生于交通拥堵的时段，尤其是在路口等候通行时，驾驶员会把过多的目光放在交通指示灯上，从而没能注意到与前车的距离；驾驶员也可能急切地盼望前方车辆前行甚至加速行驶，而实际上前车并没有做出他所期望的举动。城市驾驶的车速一般较低，但在这种情况下容易发生轻度的碰撞，全部的碰撞事故中有26%都是这些小的碰撞事故。针对前方路况和车辆移动的情况，低速AEB系统可以做出监测，有效监测距离通常为6～8m。

安装于前风挡位置的激光雷达是这类AEB系统依靠的核心装备，它会在探测到潜在风险后采取预制动措施，由此车辆的响应将会更加迅捷。如果驾驶者未能在反应时间内将指令传达给系统，那么系统会进行自动制动，或者采用其他可用的方式来防止事故的发生。而任何时间点内驾驶者的紧急制动或猛打转向等动作都会使系统中断。

根据欧洲NCAP的定义，当车速不超过20km/h时，城市型AEB系统可以发挥作用，80%左右的城市事故都发生在这个速度段，而且这套系统会在恶劣天气下取得更好的效果。

（2）用于高速公路路况的AEB系统

发生于高速公路上的事故与发生于城市内的事故特点明显不同。长时间在城市快速路上驾驶可能会使驾驶员分心，而由于过快的车速，等驾驶员察觉到危险时可能为时已晚。因此，用于高速公路路况的AEB系统出现了，它能够适应上述行驶情况的需要。

这套装备的核心设备是远距离雷达，它会用预警信号向驾驶者传递信息，提醒其注意潜在的危险。如果驾驶者没有在反应时间内做出反应，系统将会通过比如突然制动或突然收紧安全带的方式启动第二次警示系统，制动器将在此时调节至预制动状态。如果这时驾驶者仍然没有反应，系统会自动进行猛烈制动。安全带预紧功能也包含在这套系统中。

这类 AEB 系统的作用场景主要是车速介于 50 ～ 80km/h 之间时，针对的主要是城市间行驶的情况，在低速情况下可能只会对驾驶者发出提醒。同样地，这种雷达系统在恶劣天气条件下拥有更好的表现。

（3）用于保护行人的 AEB 系统

这类 AEB 系统不仅能够监测道路上的车辆，也可以探测行人等障碍物，因此它是一种行人保护系统。

摄像头包括红外装置等是这套系统采用的核心装备，它能够对行人的图形与特征做出辨别。系统会在探测到潜在危险时向驾驶者发出警告。

相比较而言，预测行人的行为难度是比较大的，用到的算法极其复杂。更加有效的响应是这套系统所需要的，不过假如只是有行人从车的侧方平行走过，制动系统将不会启用。雷达或者控制器也是这套系统的一部分，系统的技术还有进一步优化的空间，这会随着红外技术的发展而得到落实。

4.2.6　根据辅助方式划分

自动紧急制动系统是一种安全系统，其功能会在每个点火周期默认开启。系统在做出有危险发生的判断时会为驾驶员提供辅助。辅助方式如表 4-5 所示。

表4-5　AEB系统的辅助方式

辅助方式	具体功能
预测性碰撞报警	车速达到或超过 30km/h 时，系统会做出存在潜在碰撞风险的认定，将通过报警声音和仪表界面报警图片等方式将风险信息传递给驾驶员
紧急制动辅助	车速达到或超过 40km/h 时，如果发生危险情况，而驾驶员当前的制动力过小，系统会辅助驾驶员提升制动力，以此来避免碰撞或减轻碰撞的程度
自动紧急制动	系统会在驾驶员没有对危险情况做出有效反应时及时介入，实施自动紧急制动，借此避免或减轻碰撞。自动紧急制动的最大降速幅度是 50km/h

4.3　自动紧急制动系统避撞策略

4.3.1　基于安全距离的避撞策略

当前市面上大多数汽车厂商对于 AEB 避撞策略的研究都有两个侧重点：一是

建立不同行车间距下的质点模型，并得出所需的最小纵向安全距离；二是研究自车当前运动状态到与前车发生碰撞所剩余的碰撞发生时间（TTC），并与制动阈值时间相比较。通过两个方向的研究，完善避撞策略，最终提高 AEB 系统的性能。

安全距离避撞策略具体是明确在不同的行车条件下避免与前车碰撞所需的行车间距，将其与自车和前车的实时间距相比较，以判断当前的行车条件是否危险。如果当前行车间距在危险区间内，再与控制策略中的预警安全距离以及紧急制动安全距离相比较，判断 AEB 系统是否发出预警信号或采取紧急制动以避免碰撞。预警安全距离与紧急制动安全距离是由多重参数确定的实时指标，影响的因素包括实时车速、与前车的相对速度、两车的最大制动减速度、系统延迟时间与驾驶员的反应时间、车辆停止后需要保持的车间距等。

20 世纪 90 年代，以美国高速公路安全管理局、日本汽车制造商本田和马自达等为代表的机构和企业均推出了安全距离避撞策略，为 AEB 系统的研发奠定了基础。

较早的防碰撞预警系统一般都是根据安全距离模型研发的，Mazda 模型在其中较为典型，具体以式（4-1）计算制动安全车间距：

$$d_{\mathrm{br}}=f\left(v,v_{\mathrm{rel}}\right)=\frac{1}{2}\left[\frac{v^2}{a_1}-\frac{\left(v-v_{\mathrm{rel}}\right)^2}{a_2}\right]+vt_1+v_{\mathrm{rel}}t_2+d_0 \tag{4-1}$$

式中，d_{br} 为制动安全车的间距；v、v_{rel} 分别代表自车车速和相对车速；a_1、a_2 分别代表自车最大制动减速度和目标车最大制动减速度；t_1、t_2 分别为系统延迟时间和驾驶员反应时间；d_0 为车辆停止后需要保持的车间距。

本田公司提出的 Honda 模型的主要创新在于主动避撞系统，在 Mazda 模型的基础上分别计算预警和制动的临界距离作为指标并完成制动，该方法由于能够有效地降低预警率，在当时的应用比较广泛。Honda 安全距离避撞策略计算方法如式（4-2）和式（4-3）所示，预警安全车间距 d_{w} 和制动安全车间距 d_{br} 分别表示为：

$$d_{\mathrm{w}}=t_{\mathrm{Honda}}v_{\mathrm{rel}}+d_{\mathrm{Honda}} \tag{4-2}$$

式中，t_{Honda} 为策略中的时间系数，取值 2.2s；d_{Honda} 为策略中的距离系数，取值 6.2m。

$$d_{\mathrm{br}}=\begin{cases} t_2v_{\mathrm{rel}}+t_1t_2a_1-0.5a_1t_1^2, & \dfrac{v_2}{a_2}\geqslant t_2 \\ t_2v-0.5a_1\left(t_2-t_1\right)^2-\dfrac{v_2^2}{2a_2}, & \dfrac{v_2}{a_2}<t_2 \end{cases} \tag{4-3}$$

式中，v_2 为目标车速。

美国高速公路安全管理局提出的避撞模型将碰撞情况分为三种，在三种情况下分别计算预警安全距离与紧急制动安全距离。该策略只有当连续两次检测到行车间距小于预警安全距离时才会发出预警信号，能够提高系统预警的鲁棒性，被应用于通用汽车的避撞系统中。

NHTSA 的安全距离避撞策略计算方法如式（4-4）和式（4-5）所示。

$$
\begin{aligned}
D_{\text{miss}} = & S_{\text{real}} + 0.5(a_{\text{H}} - a_{\text{H}\max})t_{\text{R}}^2 - 0.5a_{\text{L}}t_{\text{LS}}^2 - \\
& (a_{\text{H}} - a_{\text{H}\max})t_{\text{R}}t_{\text{HS}} + S_{\text{rel}}t_{\text{LS}} + a_{\text{L}}t_{\text{LS}}t_{\text{HS}} - \\
& 0.5a_{\text{H}\max}t_{\text{HS}}^2,\quad t_{\text{LS}} \geqslant t_{\text{R}}
\end{aligned} \tag{4-4}
$$

$$
\begin{aligned}
D_{\text{miss}} = & S_{\text{real}} + S_{\text{rel}}t_{\text{M}} + 0.5(a_{\text{L}} - a_{\text{H}\max})t_{\text{M}}^2 - (a_{\text{H}} - \\
& a_{\text{H}\max})t_{\text{R}}t_{\text{M}} + 0.5(a_{\text{H}} - a_{\text{H}\max})t_{\text{R}}^2,\quad t_{\text{LS}} < t_{\text{R}}
\end{aligned} \tag{4-5}
$$

式中，D_{miss}、S_{real}、S_{rel} 分别为制动安全车间距、雷达探测到的实际车间距、相对速度；a_{H}、$a_{\text{H}\max}$、a_{L} 分别为自车制动减速度、自车最大制动减速度、目标车制动减速度；t_{R}、t_{LS}、t_{HS}、t_{M} 分别为驾驶员反应时间与系统延迟时间总和、目标车减速时间、自车减速时间、相对速度降为零的时间。

在上述三种具有代表性的避撞策略的研究中，部分参数如实时车速、与前车的相对速度、行车间距可以通过仪器测量得出，但其他一些参数如两车的最大制动减速度和驾驶员的反应时间等由于当时的技术限制而难以获得，因此汽车厂商和研究机构对避撞模型进行了简化，得出了安全行车间距与实时车速和两车相对速度相关的函数，如式（4-6）所示。

$$
d_{\text{br}} = f\left(v, v_{\text{rel}}, \dot{v}, \dot{v}_{\text{rel}}\right) \tag{4-6}
$$

不过，以上三种安全距离避撞策略的执行也有一些问题，比如：车辆的最大制动减速度受真实路面的附着条件等影响，但这三种避撞模型主要靠车载雷达测量前车数据，基本会忽略路面附着条件，也就是说在冰面等附着系数较小的路面上，车辆发出预警、采取制动的阈值与在沥青等附着系数高的路面上是基本相同的，即避撞策略忽视了真实路面的附着系数对制动距离的影响，在实际应用中会发生预料之外的碰撞。

为了解决这个问题，加利福尼亚大学伯克利分校和首尔大学的研究团队分别提出了基于路面识别算法的 Berkeley 和 SeungwukMoon 模型。

Berkeley 模型与其他模型不同的是能够实时监测路面附着系数，调整目标函数 $f(\mu)$ 以适应天气以及路面的变化，解决安全距离过大带来的误警率高和安全距离过小带来的预警不及时的问题。Berkeley 安全距离避撞策略，如式（4-7）、式（4-8）和式（4-9）所示，预警安全车间距 d_{w}、制动安全车间距 d_{br}、路面附着系数标定函数 $f(\mu)$ 为：

$$d_{\mathrm{w}}=\frac{1}{2}\left[\frac{v^2}{a}-\frac{\left(v-v_{\mathrm{rel}}\right)^2}{a}\right]+vt+d \tag{4-7}$$

$$d_{\mathrm{br}}=v_{\mathrm{rel}}\left(t_1+t_2\right)+0.5a_2\left(t_1+t_2\right)^2 \tag{4-8}$$

$$f(\mu)=\begin{cases}f\left(\mu_{\min}\right), & \mu\leqslant\mu_{\min}\\ f\left(\mu_{\min}\right)+\dfrac{f\left(\mu_{\mathrm{norm}}\right)-f\left(\mu_{\min}\right)}{\mu_{\mathrm{norm}}-\mu_{\min}}\left(\mu-\mu_{\min}\right), & \mu_{\min}<\mu<\mu_{\mathrm{norm}}\\ f\left(\mu_{\mathrm{norm}}\right), & \mu_{\mathrm{norm}}\leqslant\mu\end{cases} \tag{4-9}$$

式中，a 为两车相比后的较大的制动减速度；t 为减速时间；d_0 为车辆停止后需要保持的车间距；μ、$\mu_{\min}$、μ_{norm} 分别为路面附着因数估计值、需要考虑的最小路面附着因数、正常路面附着因数。

韩国首尔大学提出 SeungwukMoon 安全距离避撞策略。预警安全车间距 d_{w}、制动安全车间距 d_{br}、路面附着系数标定函数 $f(\mu)$ 为：

$$d_{\mathrm{br}}=v_{\mathrm{rel}}t_1+f(\mu)\frac{\left(2v-v_{\mathrm{rel}}\right)v_{\mathrm{rel}}}{2a}$$

$$d_{\mathrm{w}}=v_{\mathrm{rel}}t_1+f(\mu)\frac{\left(2v-v_{\mathrm{rel}}\right)v_{\mathrm{rel}}}{2a}+vt_2$$

$$f(\mu)=\begin{cases}f\left(\mu_{\min}\right), & \mu\leqslant\mu_{\min}\\ f\left(\mu_{\min}\right)+\dfrac{f\left(\mu_{\mathrm{nom}}\right)-f\left(\mu_{\min}\right)}{\mu_{\mathrm{nom}}-\mu_{\min}}\left(\mu-\mu_{\min}\right) & ,\mu_{\min}<\mu<\mu_{\mathrm{nom}}\\ f\left(\mu_{\mathrm{nom}}\right), & \mu_{\mathrm{nom}}\leqslant\mu\end{cases}$$

4.3.2 基于碰撞发生时间的避撞策略

基于碰撞发生时间的避撞策略，是指在符合驾驶员避撞特性的前提下，从时间尺度上衡量行车状态的危险程度。通过车载雷达、红外设备、摄像头获得行车间距与相对速度，根据行车间距与相对速度计算出剩余碰撞时间（TTC），并与预警时间阈值和紧急制动时间阈值相比较，判断 AEB 系统是否发出预警信号或采取紧急制动。国内外的汽车厂商和研究机构已经就碰撞发生时间避撞策略进行了大量研究，得到了丰富的成果，并在 AEB 系统中完成应用。

美国宾州运输和交通安全中心最早提出了驾驶员的危险认知行为模型，依据是驾驶员虽然不能明确前方车辆的具体运动状态，但是根据经验可得知车辆是否处于或即将处于危险状态中。该模型首次引入了剩余碰撞时间的概念。

爱丁堡大学的研究团队认为在紧急行驶状况中，驾驶员更容易对剩余碰撞时间，而非行车间距、速度和加速度等信息有直观的判断，因此该团队将剩余碰撞时间（TTC）作为开始制动的依据。一般来说，基于 TTC 的碰撞预警模型与驾驶员对危险行车状态的判断有更直接的关系，更能体现驾驶员的避撞特性。

密歇根大学对 Mazda、Honda、NHTSA 等安全距离避撞策略和基于 TTC 的避撞策略分别进行了评估。结果证明，基于 TTC 的避撞策略比安全距离避撞策略更不易影响行车的安全性和舒适性。

4.3.3 制动转向协同的避撞策略

制动转向协同避撞策略在纵向制动的 AEB 系统之外还应用了横向的主动转向系统，两种系统协同工作以保证完全避撞，可用于高车速、低车距等危险行车状态下，AEB 系统无法通过单纯的纵向制动实现完全避撞的情况。例如行驶中突然有行人横穿马路，TTC 瞬间波动至紧急制动时间阈值以下，这时 AEB 已无法通过自主刹车来避免碰撞，实际相当于碰撞已经发生，为实现避撞就需要主动转向系统发挥作用。AEB 系统不但要控制纵向的紧急制动，还需要辅助转向过程中的制动，这要求 AEB 系统的控制策略更加合理。

2011 年、2015 年分别有研究表明，驾驶员采用转向规避碰撞的比例会随剩余碰撞时间的减少而提升：当 TTC 在 2.5s 左右、碰撞时间相对较长时，驾驶员更多是通过单纯的纵向制动来避撞；当 TTC 在 1.5s 左右、碰撞时间相对较短时，驾驶员则更可能会在制动的同时转向来避免碰撞。对于协同避撞，国内汽车厂商和相关机构的研究起步较晚，但也对 AEB 系统进行了优化升级，提出了几种新的策略：基于最小转向安全距离、考虑舒适性的 AEB 控制策略、结合制动和转向控制的自动紧急控制（AEC）策略、基于功能分配与多目标模糊决策的转向与制动协同避撞控制策略，切实提高了 AEB 系统的防撞性能。

避撞策略的作用原理不同，侧重点也就各有不同，现有的技术条件无法兼顾各个方面的体验。总结国内外现有的研究成果，大致可以从安全性、舒适性、智能性三个方面综合评判 AEB 避撞策略的性能：

- 安全性体现在同等条件下 AEB 避撞策略能够起作用，而避免碰撞的车速范围；
- 舒适性体现在 AEB 避撞策略对驾驶员驾驶行为的干涉程度；
- 智能性体现在避撞策略对多车道、多目标、高车速等复杂工况的应对能力上。

在 AEB 系统的起步时期，汽车厂商为了追求高相对车速下的完全避撞，注重提高避撞策略的安全性，因此广泛采用风险较低的安全距离避撞策略，安全性虽然能得到一定的保证，但由于技术水平不足、策略过于保守，往往会在正常制动操作之前就已经开始主动制动，影响正常行驶。

安全距离避撞策略会干涉驾驶员对于制动时机的判断，一定程度上牺牲了驾驶体验，因此，汽车厂商开始注重改善避撞策略的舒适性。驾驶员对剩余碰撞时间会有更直观的判断，因此基于 TTC 的避撞策略得到了广泛应用。得益于技术的提升和策略的改进，这种避撞策略开始主动制动的时机一般在驾驶员正常制动之后，不会对驾驶员的驾驶体验造成影响。

将 AEB 系统的响应时间限制在一个水平，避撞策略的安全性和舒适性会有一定的冲突，因此，目前 AEB 系统只能保证低车速环境下的完全避撞。汽车厂商为了在高车速范围实现完全避撞，将制动转向协同避撞策略作为未来的研究方向，以适应单纯的纵向制动所不能应对的环境。

目前的 AEB 防撞策略注重安全性与舒适性，发挥作用的场景比较简单，在智能性上还有着相当的欠缺。随着一些前沿技术的应用，如毫米波雷达、激光雷达、单目 / 双目摄像头等，AEB 系统将能够获取更丰富的交通信息，充分捕获交通场景中的细节，避撞策略也应该有所变革以适应复杂的应用场景。

为此，汽车厂商要将复杂行车环境作为参考，提出更完善的避撞策略。现有的纵向制动避撞策略的智能性较低，因此汽车厂商在研究新的避撞策略时，要充分考虑到预警、制动、转向、加速等环节的各自条件和前后关联，将其融合在一起，这是未来 AEB 避撞策略一个重要的研究方向。

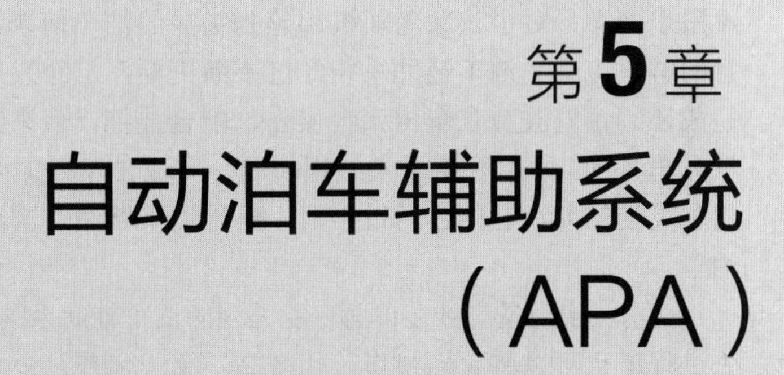

第5章 自动泊车辅助系统（APA）

5.1 自动泊车技术的演进路线

5.1.1 自动泊车辅助（APA）

伴随着汽车智能化这一趋势，车载传感器正在迅速发展迭代，能看到越来越多搭载着先进传感器的汽车进入消费市场。以几个熟知的品牌为例，看看传感器赋予了汽车哪些新的功能：凯迪拉克 CT6 可以在高速公路上实现单车道巡航，奥迪 A8 做到了将驾驶员从难熬的交通拥堵的时间中解救出来，还有特斯拉 Model 系列实现了在高速公路自动驾驶、上下匝道。

“自动驾驶”，简单理解便是“车自己开”，应用场景则主要是高速、环路，这是公众对于自动驾驶较为直观和普遍的认识。实际上，自动驾驶的“业务范围”不限于开车，对于让新老司机都感到头痛的泊车问题，它同样能提供一个令人满意的解决方案。泊车辅助系统经过不断更新，已经发展到了第三代，最早泊车的完成还须由驾驶员在车内亲自操作，配合挂挡，后来随着技术的推进，驾驶员可以在车外 5m 处用智能手机远程控制，完成泊车，如今的自动泊车已经不再需要驾驶员的辅助，它能够通过学习，熟悉泊车路线，实现在固定停车位或自家车库泊车。

当前已实现量产且在市面上能见到的泊车辅助系统主要分为三类，按照技术的先进程度也可以将它们视作三代产品。第一代普及最早，也最为常见，叫作 APA 自动泊车；出现稍晚的第二代叫作 RPA 远程遥控泊车，它的特点是将手机运用于泊车；最晚出现也是技术上最先进的第三代被称为学习泊车。技术的发展从来不会止步，大约在未来的一到两年内，更为先进的 AVP 代客泊车就将会出现，这将是第四代泊车辅助系统。

下面先介绍一下第一代泊车辅助系统，即 APA 自动泊车。

自动泊车辅助（auto parking assist，APA）系统，所用到的一个重要工具即是前文中提到过的车载传感器，这些车载传感器不仅分布在车辆的不同部位，也存在于周边的环境中，它们用来测量车辆与周围物体之间的相对距离、速度和角度。泊车雷达发挥自动识别的功能，找出合适的可用的停车位，另外对于车位及其周边环境，要通过有效的感知和识别获取足够的信息，这个过程要用到 360°全景摄像头和超声波雷达传感器，这些可以看作是关于泊车的前瞻性工作，接下来，需要由车载处理器、车载计算平台或云计算平台计算出泊车的具体操作流程，依照之前识别和采集到的信息，控制器计算得出合适的泊车路线，并控制执行机构借助车辆的转向和加减速实施泊车动作，正确地完成将车自动泊入车位这一流程，这个过程中，自动泊入、泊出及部分行驶功能得到实现，驾驶者得到了安全、平顺泊车的预期效果。自动泊车辅助系统示意图如图 5-1 所示。

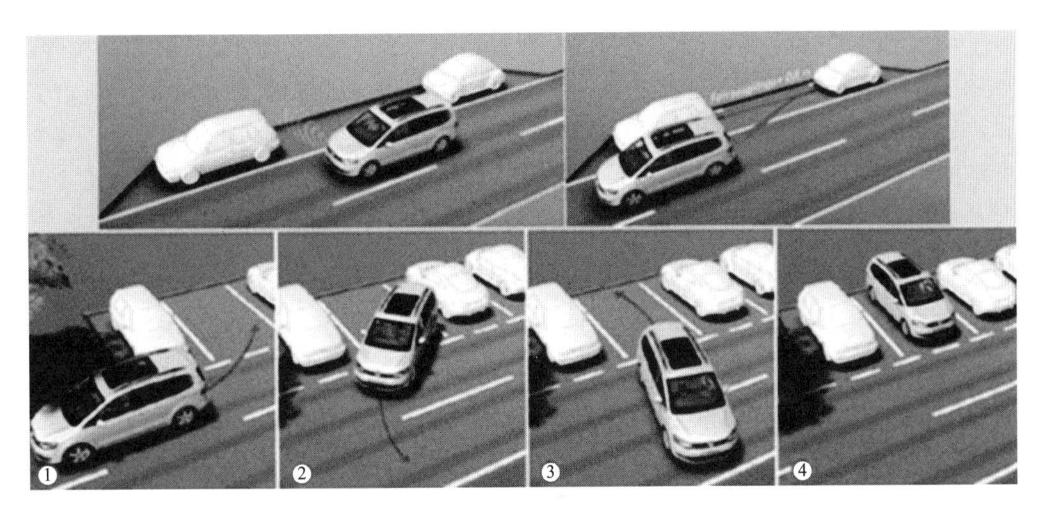

图 5-1　自动泊车辅助系统示意图

有了自动泊车功能，借助车载传感器、处理器和控制系统，汽车可以获取有关周边环境的信息，准确知悉障碍物的位置，从而自动识别和找到停车位，并安全地完成自动泊车，顺利进入选定的停车位，这个过程可以不依靠人工参与和操作。

在 APA 自动泊车中扮演重要角色的传感器，其构成并不复杂，包括 8 个 UPA 超声波雷达和 4 个 APA 超声波雷达，前者通常也被人们称为“倒车雷达”，安装于汽车的前后部，后者位于汽车两侧。图 5-2 所示为两种雷达的感知范围。

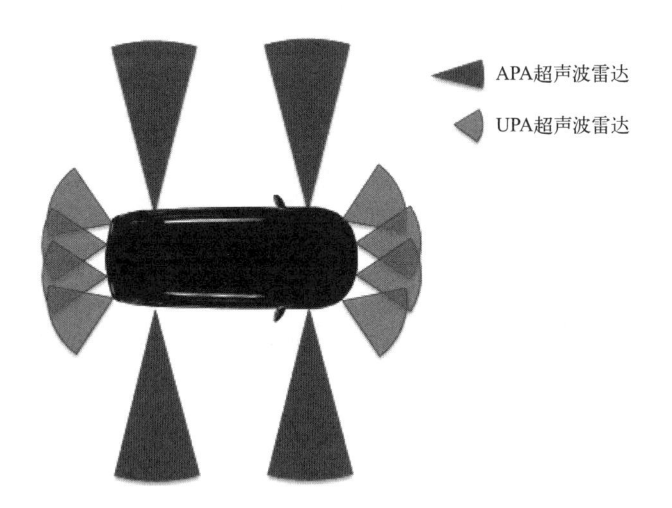

图 5-2　超声波雷达感知示意图

两种雷达的探测范围不同，对应的分工也有差异。相比较而言，APA 超声波雷达的探测范围更远更窄，UPA 超声波雷达的探测范围则更近更宽，常见 APA 的最远探测距离为 5m，常见 UPA 的这一数据则为 3m。

APA超声波雷达要做的，是在汽车低速巡航状态下，找到空库位并完成校验。如图5-3所示，当汽车低速经过空库位的时候，前侧方的APA超声波雷达开始工作，它的探测距离会经历一个波状变动，先是变小，接着变大，随后又变小。这个变动的过程会被汽车控制器探测到，它结合车速等参数，可以获得库位宽度几何以及是否为空位等信息。后侧方的APA也发挥同样的功能，在汽车低速巡航时为汽车控制器提供类似的信息，使后者得以对空库位做出校验，避免出现误检的情况。

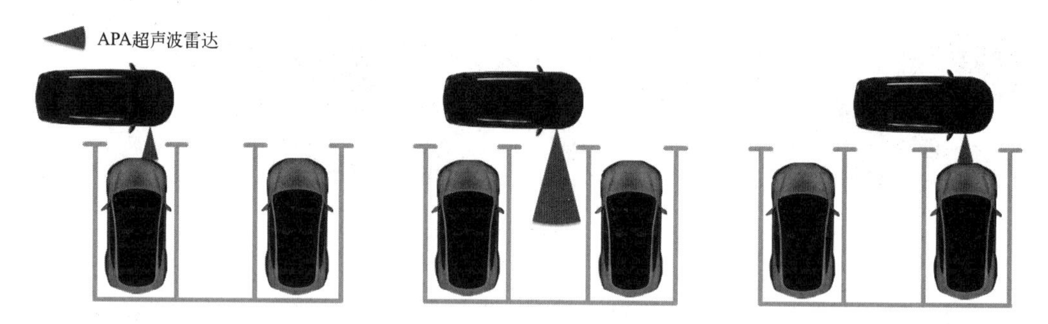

图5-3 APA超声波雷达检测库位原理图

APA超声波雷达会找到可用的空库位，接着要做的是确定合理的泊车轨迹，这需要汽车控制器对车辆的尺寸和库位的大小做出评估。这些准备工作完成之后，就可以进行自动泊车。自动泊车操作要由受控制器控制的转向盘、变速箱和油门踏板等部件来完成。泊车过程中安装于车前后部的8个UPA将派上用场，它们实时感知和监测环境信息，以便根据实时状况修正泊车的轨迹，确保不会发生碰撞。

为了自动泊车能够不出意外地顺利完成，APA自动泊车辅助需要驾驶员留在车内实时监控，这种自动驾驶技术属于SAE Level 2级别。现在通过图5-4对第一代泊车辅助系统做一个简单直观的技术总结。

5.1.2 远程遥控泊车（RPA）

下面我们再来看远程遥控泊车辅助（remote parking asist，RPA）系统，它的出现是建立在APA自动泊车技术的基础之上，有着与一代类似的车载传感器配置方案。人们经常遇到这样一个令人哭笑不得的场面，那就是选定车位停好了车之后，因为两边车位都停着车，或者因为停车的空间本身过于狭窄，车门在这时就打不开了。RPA远程遥控泊车辅助系统的诞生让这一场景不再发生，目前一些高端车型配备了RPA系统，如特斯拉、宝马7系、奥迪A8等。

汽车在低速巡航状态下找到空的车位，这时驾驶员挂停车挡后就可以下车，之后在驾驶员离开汽车的情况下，用手机发出泊车的指令，汽车会遵照控制指令完成泊车。遥控泊车的前提是要在汽车和手机之间建立通信联系，就目前而言，蓝牙是两者之间使用最广也是最为稳定的通信方式，4G 的传输距离虽然比蓝牙更远，但它的缺点是稳定性不够，不能随时随地都实现稳定的通信。

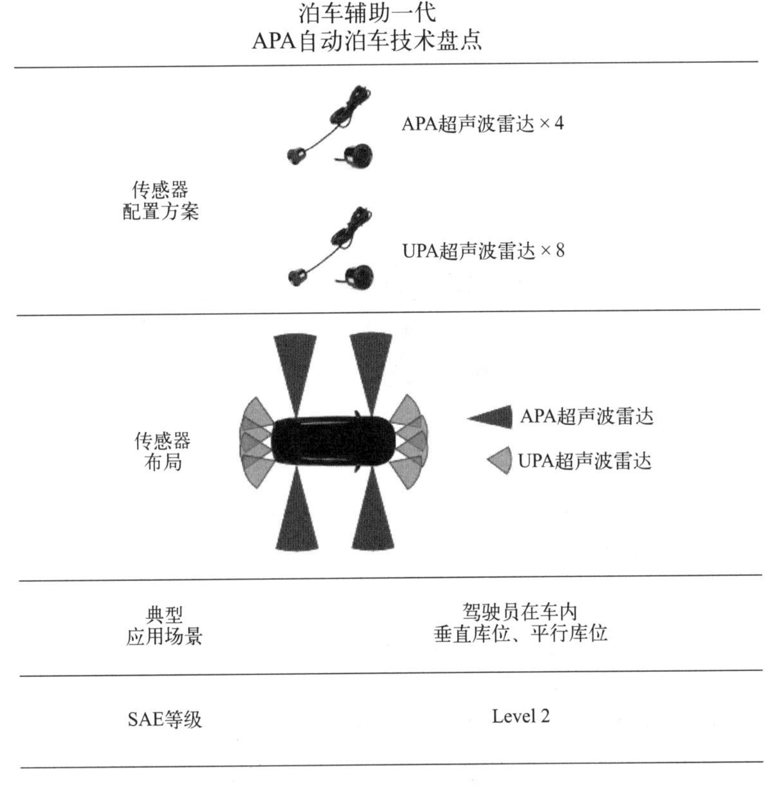

图 5-4 泊车辅助一代技术盘点

与第一代相比，RPA 远程遥控泊车辅助系统引入了车载蓝牙模块，由此驾驶员可以实现与汽车的通信，可以在车外而不必在车内对泊车过程实行观察监控。关于泊车辅助二代的技术盘点如图 5-5 所示。

5.1.3 自主学习泊车（HAVP）

汽车在智能化的道路上越走越远，也拔高了驾驶员对它的期望。没有人愿意在大雨天下班时冒雨去取车，如果这时能用手机发出指令，让汽车自主从车位开到人们面前，那么人们将会感到十分满意。

为了使这个场景变成现实，给驾乘人员带来便利，工程师们让鱼眼相机成了汽车的一个部件。鱼眼相机，顾名思义，其镜头正如鱼眼一般，180°范围内的事物都可以被它捕捉到。要想 360°全方位地实现对外部环境的感知，只需要在汽车的四周各安装一个鱼眼相机，把各个相机收集来的图像进行畸变校正，再拼接整合到一起。

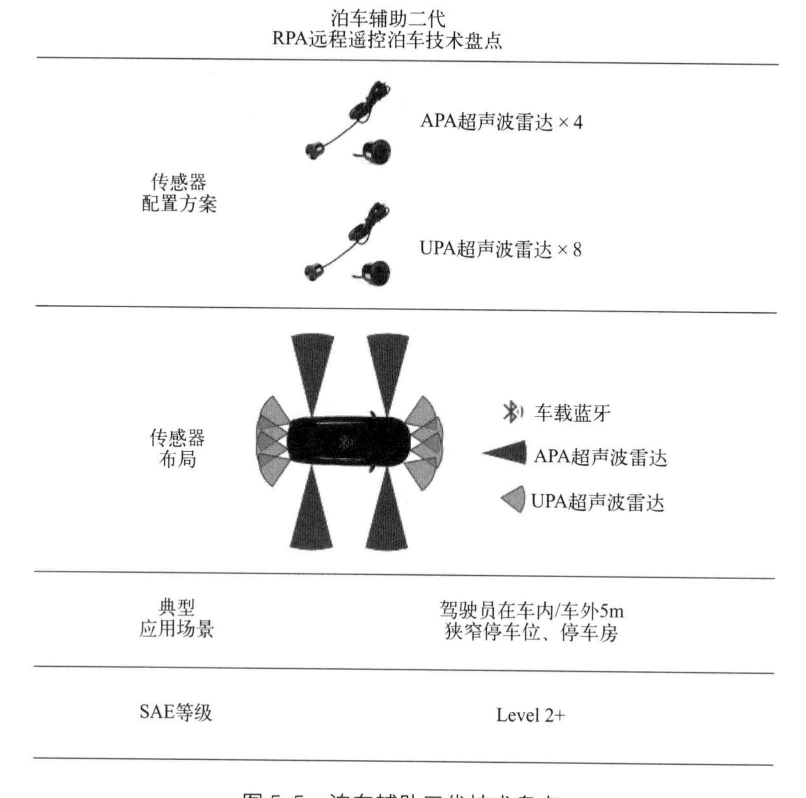

图 5-5　泊车辅助二代技术盘点

借助以上原理形成的“鸟瞰图”，就是360°全景影像功能的基础，目前许多高端车型都配备了这一功能。以鸟瞰图为基座，工程师增添了更多的构造，推出了堪比“上帝视角”的“真•360°高清全景影像系统”，而车上的大屏幕则提供了硬件保障，为这一强大的功能锦上添花，所有这一切都是为了将更好的泊车体验给到驾驶员。

自主学习泊车功能（home automated valet parking，HAVP）的技术基础是基于视觉的即时定位与地图构建（visual simultaneous localization and mapping，VSLAM），主要原理如下：在某些固定的区域之内，自主学习泊车系统借助鱼眼相机这一部件，建立起关于周边环境的地图，对周边环境做出定位，随后根据这些信息形成关于用户的驾车与泊车操作的记忆，用户下次再来到同样的地方，系统就会按照已经保存的地图信息实行定位，“回放”之前做出过的泊车操作。

以下是自主学习泊车的具体功能描述：

（1）自主学习泊入

用户驾驶汽车到达有固定车位的停车场，在汽车的人机界面上启用“创建地图”的功能，随后以低速到达目标车位，这时系统就会创建此泊车地点的地图，并将泊车行驶路径保存下来。之后用户再驾车来到同一地点，系统就会识别出当前的定位，提示用户激活自主学习泊入功能，这一功能被激活后，系统就会启用“回放”模式，实现对之前泊车操作的“重演”，车辆在系统的控制下行驶，进入固定的目标停车位，如图 5-6 所示。

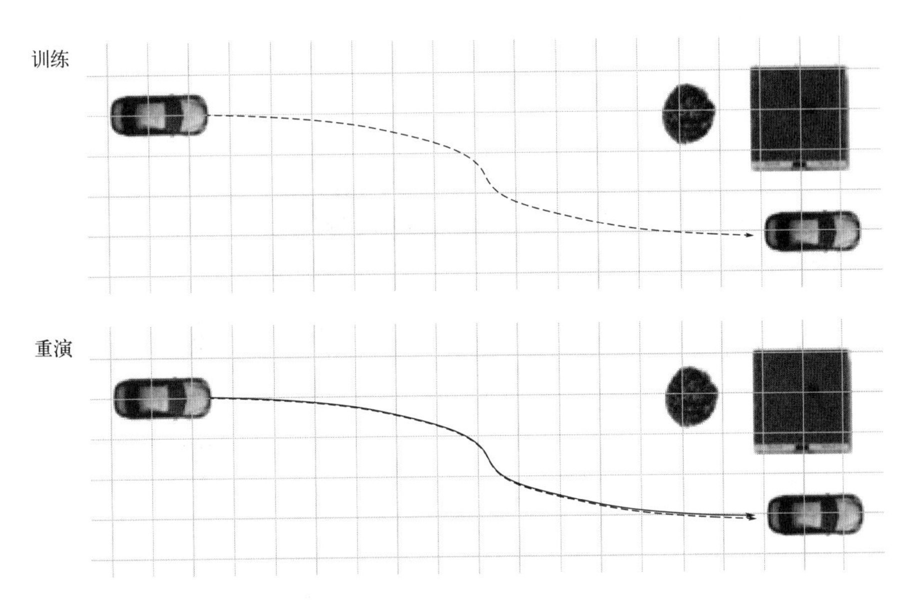

图 5-6 自主学习泊入示意图

（2）自主学习泊出

当车辆位于系统已保存地图的固定车位时，车外的用户如果想让车辆到达自己所在位置，可以启动系统并启用“回放”模式，这一操作借助手机 APP 或者遥控钥匙都能够完成，随后车辆就会在系统的控制下抵达目标位置，如图 5-7 所示。

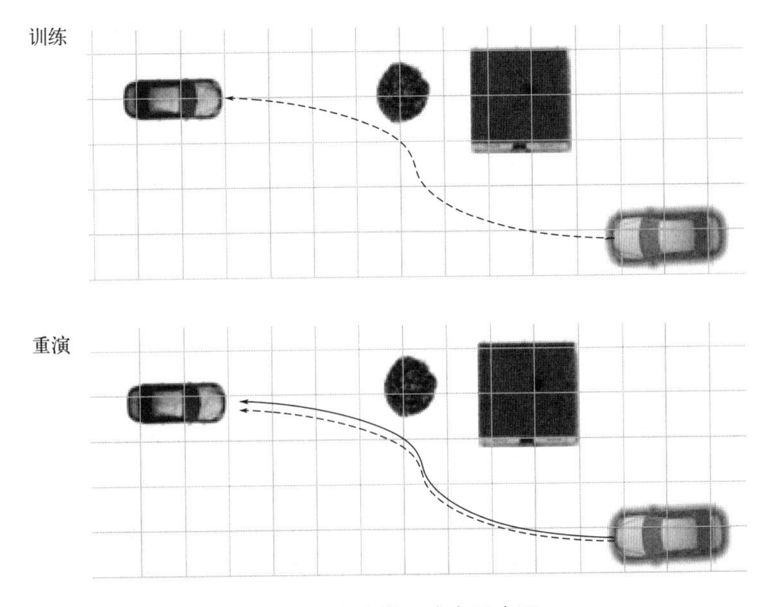

图 5-7 自主学习泊出示意图

（3）多路径自主学习泊车

有的停车场有多个可用车位可供保存，那么系统也可以学习并保存分别对应不同车位的多条泊车路径，如果用户需要用到这一功能，可以在人机界面处选择自己的目标车位，如图 5-8 所示。

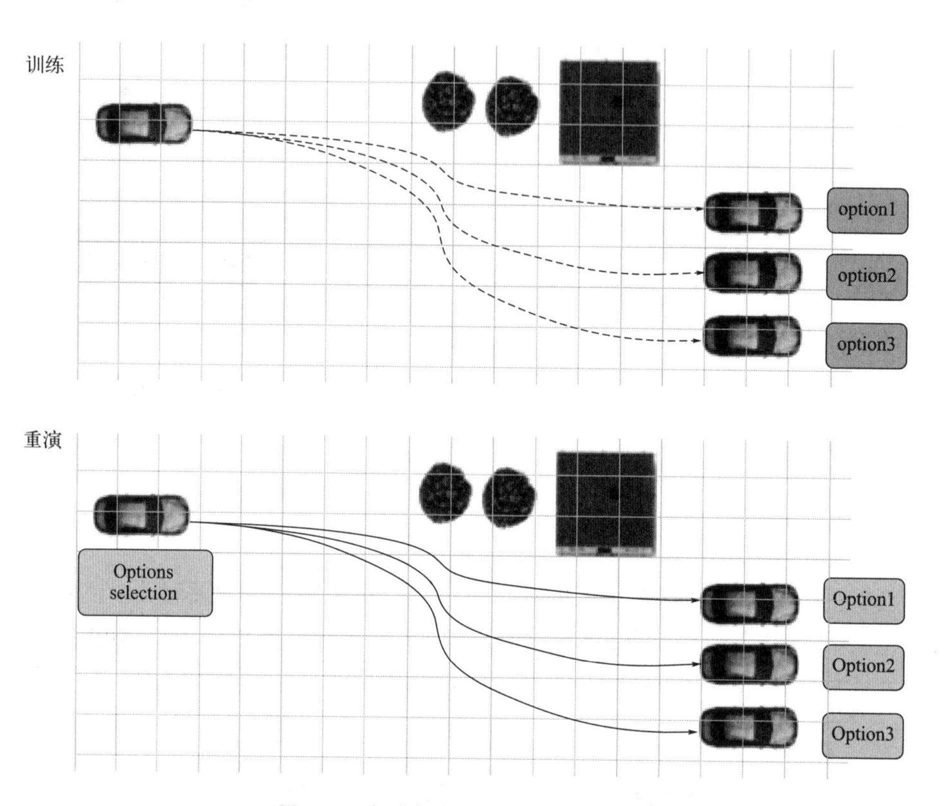

图 5-8 多路径自主学习泊车示意图

相较于前两代，自主学习泊车辅助系统用到了一个新部件——鱼眼相机，其泊车的控制距离也从 5m 内大幅提升到 50m 内。自主学习泊车辅助系统的技术盘点如图 5-9 所示。

5.1.4 自动代客泊车（AVP）

不妨想象一个最理想的泊车辅助场景：我们驾车来到办公楼前，汽车会自己帮我们完成找车位和停车的工作，停好之后发出信息让驾驶员获悉停车位置，下班时只需一条信息，汽车就会从停车位启动，来到驾驶员选定的接驳点，供其驾驶。

自动代客泊车（automated valet parking，AVP）即是针对停车难的问题研发的，人们在日常工作和生活中经常受此问题困扰，在办公楼、大型商场的地上和地下停车场，停车难的现象更为普遍，这也是 AVP 的主要应用地点。

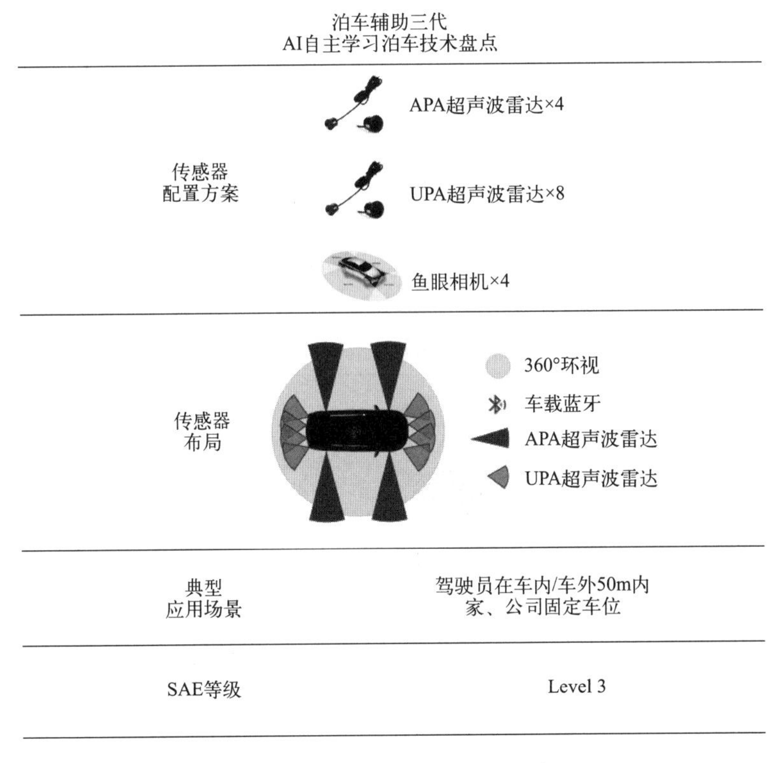

图 5-9　泊车辅助三代技术盘点

前三代泊车辅助产品已较为成熟，要想使 AVP 得到实际应用，不仅要保障基本的泊入车库功能的实现，还需解决另一个关键问题，那就是要让车辆从驾驶员下车点以低速（小于 20km/h）行驶到库位旁。汽车远距离感知能力的提升对于车辆的安全到库来说是必不可少的，着眼于此，前视摄像头成了传感器方案中的最优解。与开放道路不同，地上 / 地下停车场的场景并不复杂，相对来说显得比较单一，在这里很少出现高速运动的汽车，这对保持低速运动的自车来说比较友好，会降低突发状况的发生概率。

常用的激光雷达和毫米波雷达没有被选用，这是由它们自身的某些缺陷决定的。激光雷达的高成本成为量产的阻碍，除非成本降下来，否则大多数车企不会将其纳入考虑范围；毫米波雷达限于感知原理，在低速下不能拿出令人满意的表现，另外在地库这一使用场景中，它的信噪比不够高，这些缺陷使它同样难以得到车企的垂青。

综合以上几点，AVP 辅助系统的技术盘点如图 5-10 所示。

上面提到的传感器只是实现 AVP 的其中一个要件，此外与 SLAM 或视觉匹配定位方法相配合的停车场高精度地图也是必要的，这样一来汽车才能知道它当前所处的位置，才能知道要到什么地方去寻找停车位。

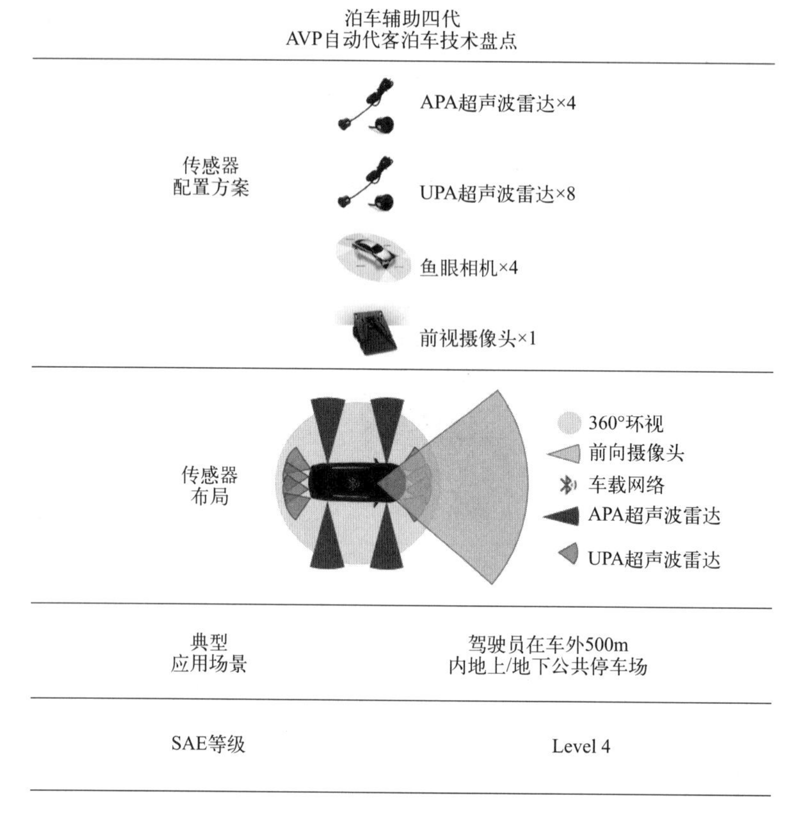

图 5-10 泊车辅助四代技术盘点

拥有 AVP 功能的汽车不仅能够自行去寻找停车位，还可以在智能停车场的配合下更好地实现代客泊车的功能。智能停车场要发挥作用离不开停车场内的摄像头、地锁这些基础设施。许多信息都由这些传感器提供，包括停车位是不是空位、停车场的道路上有没有车等。汽车会收到完成建模之后的信息，据此做出规划，选定一条更为合理的泊车路径，顺利进入空车位完成泊车。

当前 AVP 技术已进入相对成熟的阶段，许多汽车制造商与博世、安波福等 Tier1，或者百度、欧菲、纵目等互联网公司展开合作，产出了概念验证项目。图 5-11 为梅赛德斯奔驰与博世共同研发的 AVP 产品。

泊车辅助系统发展到今天靠的是不断地积累和逐步地推进，并非一步到位、一蹴而就。简单的超声波雷达的应用是一个起点，随后手机和车载蓝牙以及 SLAM 技术的先后引入，使泊车功能实现了更新和强化，最后车载传感器的融合与通信技术的应用意味着泊车辅助系统的研发又取得了新的进展。科技的发展离不开协作，泊车辅助系统的功能迭代需要多个板块的共同作用，其中就包括车载传感器技术、基础设施建设、算法以及成熟的通信技术。可以预见，随着 5G 和传感器技术的日益进步，以及基础设施的不断完善，汽车智能化将有一个光明的可以期待的未来。

图 5-11 梅赛德斯奔驰 & 博世 AVP 产品

5.2 自动泊车系统原理与设计

5.2.1 自动泊车类型与方案原理

在智能网联汽车的运行过程中，各种传感器密集地分布在不同的地方，包括车辆自身以及周边环境。当车辆需要进行泊车操作时，相关传感器可以实时采集车辆行驶速度、与其他物体之间的距离等信息，车载计算平台接收到这些信息后，便能高效地计算出对应的泊车流程，指挥车辆的后续运行，以智能化的方式完成车辆泊入、泊出操作。

（1）自动泊车的类型

① 按照泊车方式划分。以泊车方式为划分依据，自动泊车的三种模式为平行式泊车、垂直式泊车、斜列式泊车三种模式，如图 5-12 所示。

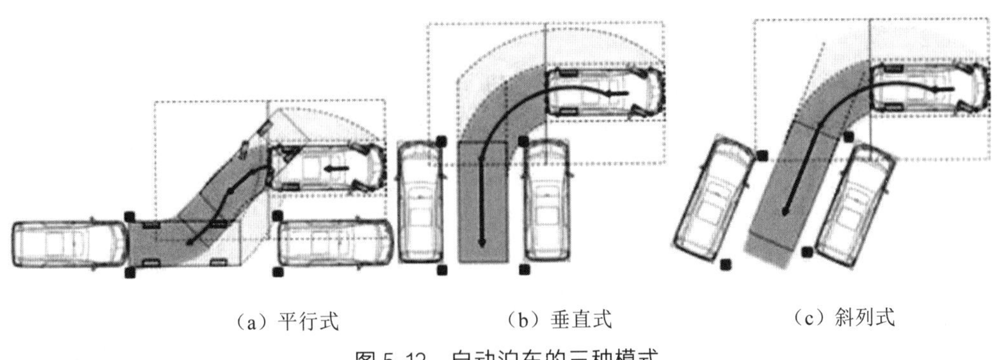

图 5-12 自动泊车的三种模式

② 按照自动化程度等级划分。根据自动化的程度，自动泊车可大致分为以下两类：

- 半自动泊车（semi-automatic parking assist，S-APA）：当车辆进行泊车操作时，驾驶员需要控制车速、挡位，并进行实时监督，因此操作流程较为复杂，属于SAE自动驾驶等级的L1级；
- 全自动泊车（full-automatic parking assist，F-APA）：与半自动泊车相比，其智能化程度更高，泊车系统能够对车辆进行控制，因此对驾驶员的要求不高，属于SAE自动驾驶等级的L2级。

③ 按照所采用传感器的种类划分。以所使用传感器的种类为划分依据，可得到两种半自动/全自动泊车的方案：一种是超声波自动泊车，另一种是基于超声波与摄像头的融合式自动泊车。表5-1为两种传感器的对比。

表5-1　两种传感器方案比较

传感器	探测范围	优点	缺点	泊车原理概述	现状
摄像头	＞5m	能够识别色彩、形状等更多的环境信息	受光照、烟雾影响较大，距离信息不精确	1. 多个摄像头获取环境信息，利用图像拼接技术再现车辆360°全息场景； 2. 通过图像处理方法，提取车位信息，定位车辆位置； 3. 进行路径规划； 4. 泊车时实时跟随车辆位置进行必要校正	多用于泊车辅助、全景显示
超声波传感器	≤5m	不受光照、烟雾等影响，成本低	只能测量距离，不能确定物体确切方位	1. 利用多个超声波传感器测距功能，探测车周围障碍物距离； 2. 根据车行驶距离、超声波传感器位置和距离变化，推测出车位形状与位置； 3. 路径规划与泊车	目前量产车型中配置的自动泊车系统基本都是基于超声波传感器实现

（2）原理方案

可以将整个自动泊车过程大致归结为以下五个环节：环境感知、停车位检测与识别、泊车路径规划、泊车路径跟随控制，以及模拟显示。

① 环境感知。12个超声波雷达组成了超声波自动泊车系统的环境感知方案，如图5-13所示。

在这一方案中，汽车前后和汽车两侧分别装有8个UPA超声波雷达和4个APA超声波雷达。UPA超声波雷达负责在泊车开始前探测车位，并在泊车的过程中收集关于侧向障碍物的信息并提供给驾驶员。在泊车过程中，车身周边可能存在障碍物，这会带来剐蹭的风险，APA超声波雷达负责对这些障碍物做出检测，以此来避免剐蹭的发生。

② 停车位检测与识别。超声测距模块位于车身侧面，是自动泊车超声波车位

探测系统的主要构成部分，这一系统借助超声波传感器探测车辆侧面的障碍物，由此完成对车位的探测，确定车位的具体位置。

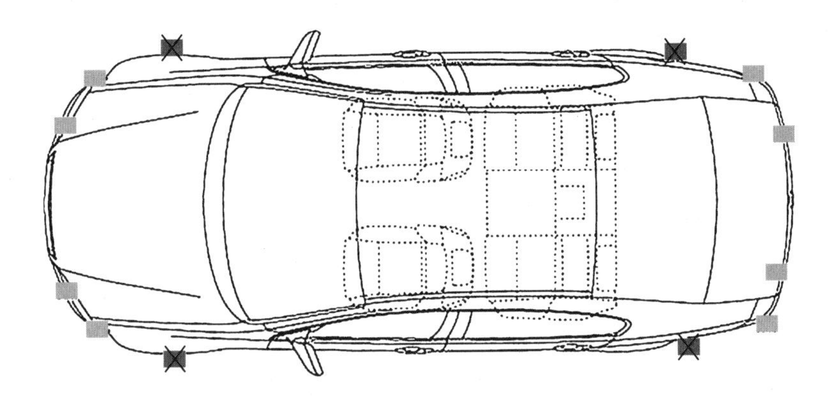

图 5-13 超声波雷达布置

图 5-14 所示为超声波车位探测的过程，在对车位进行探测时，车辆平行地向泊车位行驶，行驶过程中保持恒定车速 v：

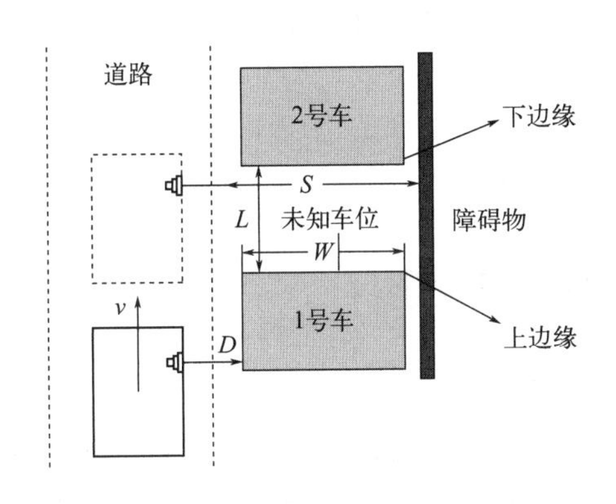

图 5-14 超声波车位探测示意图

- 当从 1 号车停放的位置驶过时，车辆与 1 号车之间将会产生一个横向距离 D，车身侧面安装的超声波传感器将会对 D 进行测量。
- 当车辆行驶通过 1 号车上边缘的时候，为了将当前的时刻记录下来，超声波传感器测量的数值将会出现跳变。
- 车辆继续匀速向前行驶，来到 1 号车与 2 号车之间，这时车位的平均宽度 W 这一数值可由处理器求得。
- 当车辆行驶经过 2 号车下边缘的时候，超声波传感器测量的数值再次跳变，处理器把当前时刻记录下来，根据两次跳变记录下的时刻，最终的车位长度 L 可通过计算求得。

- 通过分析车位长度 L 和宽度 W 这两个数值，处理器针对与车位相关的问题做出判断：车位属于哪种类型，能否符合泊车的基本要求。

③ 泊车路径规划。从自动泊车的实现原理出发，一般情况下，这样一些要求是泊车路径规划应当尽力满足的：

- 必须用尽可能少的动作完成泊车路径。每个动作会有一定的精度误差，误差会被下一个动作接收，这样一来，动作的精度会随着数量的增多而下降。
- 在实施每一个动作时，车辆需保持转向轮角度的一致，其中绝大部分转向轮为前轮。作为系统实现方式的嵌入式系统性能有限，因此要想减轻系统的压力，就要让运动轨迹的计算作为一个相对简单的几何问题而存在，这需要保持转向轮角度的一致，如果做不到这一点，运动轨迹的计算就将是复杂性极高的积分问题，在处理这类问题时嵌入式系统的性能会面临很大的挑战。

④ 泊车路径跟随控制。该过程借助车载传感器持续对环境做出探测，根据获取到的环境信息对车辆进行实时定位，以理想路径为标尺，监测实际运行路径，如果实际路径偏离过多，就需要做出局部校正。

⑤ 模拟显示。通过传感器反馈建立起拥有提示与交互作用的泊车模拟环境，将处理器的意图传达给用户，使用户在收到提示后得以做出必要的操作。此外，当路径规划的工作已完成，需要开始进行泊车时，出于获悉处理器定位和计算路径运行情况的目的，需将这些处理器信息发送给用户，使用户得到及时的反馈。在获取环境信息或是处理过程中，如果处理器出现了非常严重的错误，用户能够及时准确地了解到相关情况并中止操作。

5.2.2 自动泊车系统的硬件组件

（1）ECU 系统和电子设备接口

摄像头系统一般有两种，独立的摄像头是其中的一种，配备有一个小型嵌入式系统，系统紧密集成在摄像头外壳中，这样的配置足以胜任某些小型应用，如后视摄像头。不过，如果应用的复杂程度很高，摄像头一般需要附加的接口电子设备的帮助，以此来实现与强大的外部 SOC（系统芯片）建立连接。图 5-15 所展示的是一个典型的环视系统，有 4 个摄像头输入，对它而言，空间分离的摄像头与中央 ECU 之间建立连接是一项必要的工作。

视频的数据带宽提出的要求比其他系统更高，在这样的前提下，SOC 面临着诸多挑战，受到了种种限制。通常情况下，传感器输出 10 位或 12 位的原始数字，然而这里的问题是，SOC 的视频输入端口可能不支持这两个位数，而是只支持 8 位，这一问题对外部 ISP 提出了要求，后者需将深度压缩到 8 位。系统的要求在分辨率和帧率等其他简单因素的影响下可能会变为原来的两倍，通过双绞线或同轴电缆连接，是 SOC 和相机之间连接的常用途径。

图 5-15 环视图摄像头网络的示例图像

（2）相机

传感器、光学系统和可选的 ISP HW 光学系统，这三者通常来说是相机组件的组成部分，其中光学系统又是由镜头、光圈和快门组成的。焦距（*f*）、孔径（*d*）、视场（FOV）和光学传递函数（OTF）这些分量被捕获在相机矩阵中。

① 动态范围。任何一个范围都必定有最高值和最低值，图像传感器可捕获的亮度范围也存在这样的上限和下限，传感器的动态范围描述的就是两者之间的比例。在亮度下限以下和亮度上限以上，图像传感器都会捕获到一些场景，它会对处于两个不同区间内的场景分别做出不同的处理，将下限以下的场景裁剪为黑色或低于传感器的噪声基底，把上限以上的场景饱和为白色。没有特定阈值的传感器变为高动态范围（HDR），一般说来，此术语的应用对象是一种图像传感器类型，它的动态范围比常规传感器更高，这是通过特定机制来实现的。

② 灵敏度。像素在单位时间内会对照度产生响应，这项信息的测量由像素的

灵敏度来完成。像素的灵敏度受硅纯度、像素架构设计、微透镜设计等多种因素影响，但在上述因素之外，像素的物理尺寸是对灵敏度影响最大的因素之一。像素的面积与可收集到的光子数量成正比关系，对于较低的照度，较大面积的像素之所以能有更大的响应，就是因为它收集到的光子更多。不过，如果为提高灵敏度采用了增加像素大小的方式，会造成空间分辨率降低。

③ 信噪比。从一个有信号处理背景的工程师的视角来看，作为信号强度（或电平）与成像仪中噪声源这两者的比值，信噪比这一特性在直观性上可能是无可比拟的。主要问题在于，图像传感器制造商并没有采用标准化的方法进行噪声的测量，这样一来，想要在SNR的基础上比较不同图像传感器类型，就是一件难度很大的事情。另外，所通告的SNR与所接收的图像的实际SNR之间存在差别，前者是基于固定场景的，后者将由实际场景决定，同时受到许多因素的影响，包括用于信号的像素曝光时间和增益因子，以及另外一些因素。

④ ISP。传感器采集的信息传输至应用程序后，需要先转化为可用格式，这一过程即图像信号处理（image signal processing，ISP），其具体流程包括黑电平补偿、镜头校正、Bayer噪声去除等。根据系统设置的不同，ISP操作完成的位置有所不同，通常情况下，ISP在传感器或硬件中即能够完成。

（3）SOC

性能（MIPS[1]、利用率、带宽）、成本、功耗、散热、高低端可扩展性和可编程性，在嵌入式系统SOC选择的设计约束中，是较为典型的。不同于手持设备，为它供电的是汽车电池，因此功耗并非主要标准。散热的重要性受到阈值的限定，只需达到阈值即可，而且使用更好的散热器可能意味着要承担更高的成本。OpenCL等软件框架使可编程性变得抽象化，可编程性将不被认为是成本的主要因素之一，经过了以上的排除，于ADAS而言，成本和性能被归结为主要因素。处理器具有多样性的特点，因此做出这一决定往往很艰难。对于利用率来说，算法的性质是一个很大的决定因素，所以一般说来，以MIPS为依据进行处理器之间的比较是一项没有意义的活动。因此，在选择合适SOC的问题上，有一点非常重要，那就是以供应商库和估计的给定应用程序列表为基础进行基准分析。以摊销风险为目的，或许可以将混合架构视为一个很好的选项，所谓的混合架构，是指它结合了完全可编程、半可编程和硬编码处理器。德州仪器TDA2x、英伟达Tegra X1、瑞萨R-car H3等都是商用汽车级SOC的范例。

5.2.3 自动泊车系统的软件功能

自动泊车辅助系统（auto parking assist，APA）基于云计算、人工智能等先进

[1] MIPS（million instructions per second，单字长定点指令平均执行速度），即每秒处理的百万级的机器语言指令数。

技术以及传感器等设备，能够极大提升泊车操作的自动化、智能化水平。如图 5-16 所示，当驾驶员需要车辆实现自动泊车操作时，可以点击操作界面上的对应选项，也可以激活相关泊车辅助按钮。

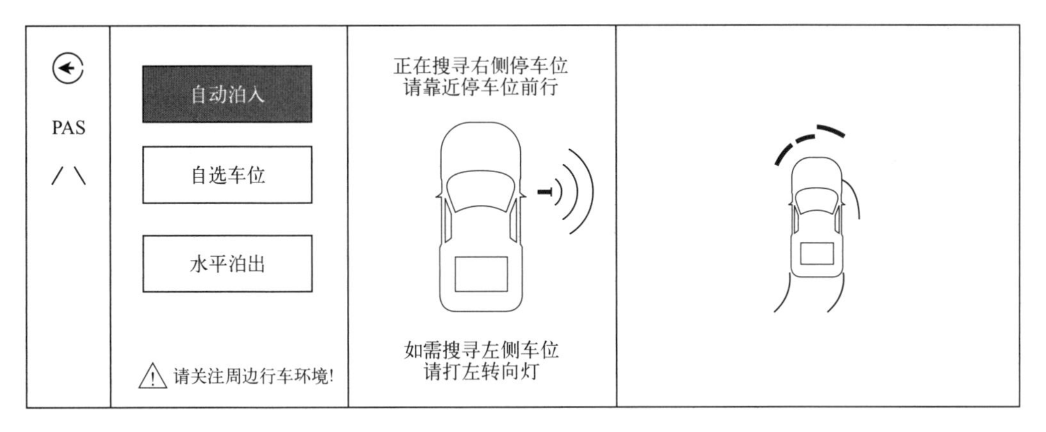

图 5-16　泊车辅助功能界面

（1）车位搜索

车身全景环视系统（around view monitor，AVM）和长距离超声波雷达（long-distance ultrasonic radar，LRU）传感器，这是系统在对车位进行探测和搜索时用到的两个工具。初始状态下，搜索右侧停车位是系统默认的，用户也可根据实际需要，通过打左转向灯来搜索左侧停车位，进行车位识别时会将 AVM 和 LRU 融合到一起作为识别方式，详情见表 5-2。

表5-2　车位搜索

<table>
<tr><th>AVM 车位搜索</th><th colspan="3">LRU 车位搜索</th><th>融合结果</th></tr>
<tr><td rowspan="4">搜索到车位</td><td colspan="3">未搜索到车位</td><td>AVM 车位</td></tr>
<tr><td rowspan="4">搜索到车位</td><td rowspan="2">在 AVM 识别范围内</td><td>与 AVM 车位重叠</td><td>AVM 车位</td></tr>
<tr><td>不与 AVM 车位重叠</td><td>LRU 车位</td></tr>
<tr><td colspan="2" rowspan="2">不在 AVM 识别范围内</td><td>AVM 车位</td></tr>
<tr><td>未搜索到车位</td><td>LRU 车位</td></tr>
</table>

（2）自动泊入

当安装于车辆上的传感器识别到可用车位后，系统便会提醒用户点击对应选项或激活操作按钮，从而自动执行泊车操作，并通过驾驶员对车辆的持续监控和有效接管，保证泊车操作的安全。

将平行泊入作为一个示例来说明，APA 在车辆的平行方向上完成对车位的搜索后，会建立起一张电子地图，如图 5-17 所示。

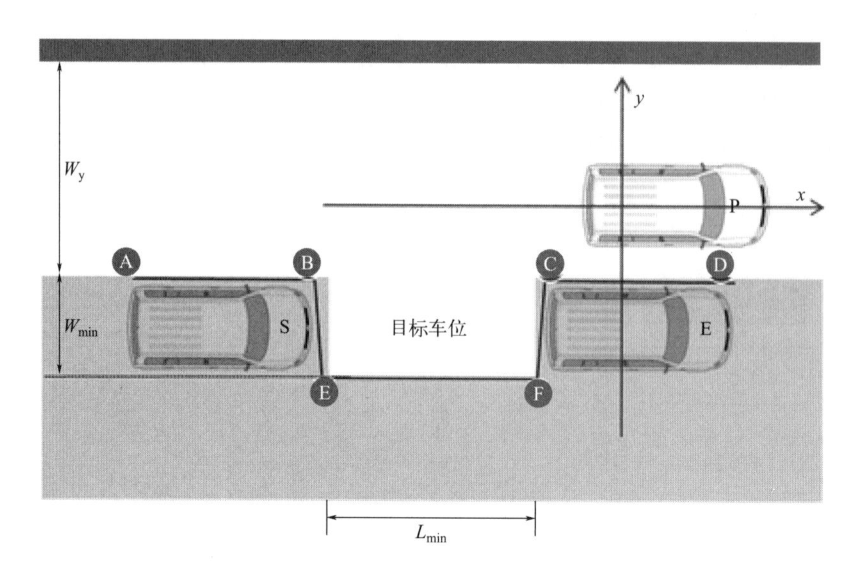

图 5-17 平行泊车电子地图

APA 的路径规划以电子地图为依托，从事物最本质的层面入手，可以将路径规划问题归结为对一条路径曲线的寻求。同时，由于受到实际环境的影响，这条曲线需要满足多个约束条件，如图 5-18 所示。

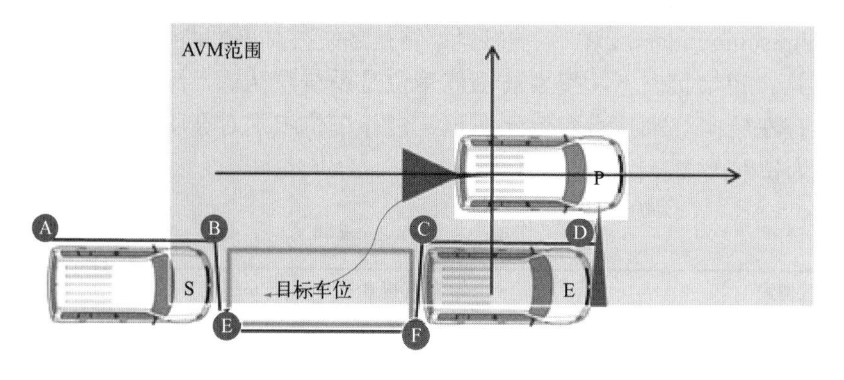

图 5-18 平行泊车轨迹规划

以规划的轨迹作为基准，APA 实时对泊车做出控制，这一过程主要由泊车环境实时监测、车辆位置估计、车身实时横纵向控制等环节组成，如图 5-19 所示。

自动泊车正确完成的认定条件是最终的实际位置满足在 x 与 y 方向上的参数指标，如图 5-20 所示。

（3）自动泊出

车辆从泊车位自动泊出的行为是受到 APA 支持的，在自动泊出正式开始前，需要由驾驶员完成前置工作，将泊出方向用转向灯指示出来。车辆与最近的前部和后部物体之间各有一段距离，两段距离分别用 D_f 和 D_r 来表示，如图 5-21 所示。

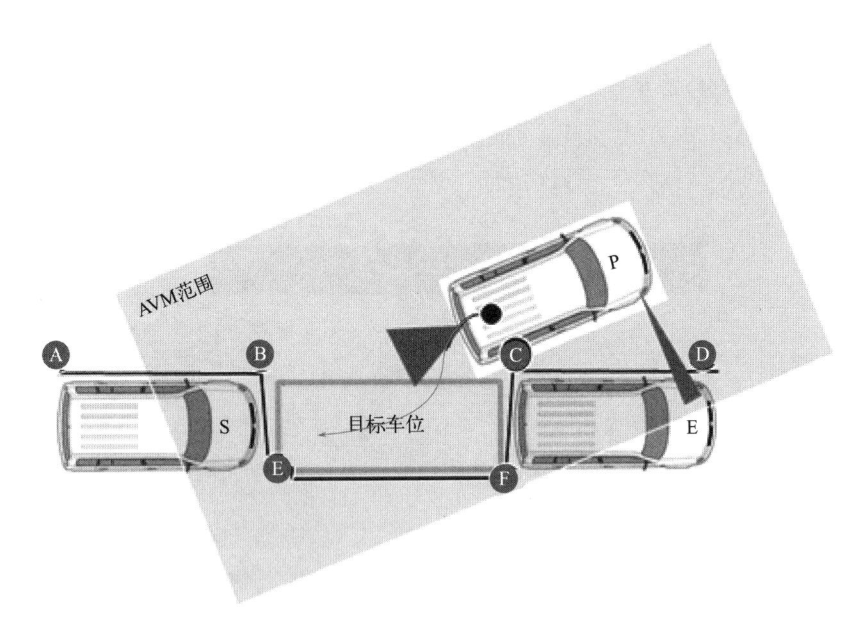

图 5-19　平行泊车过程中

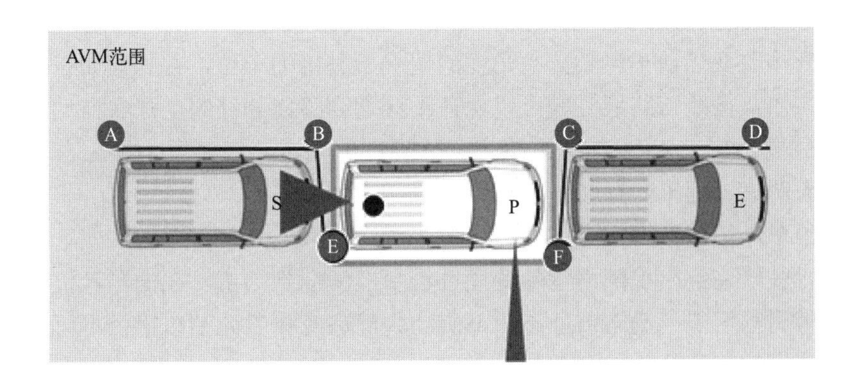

图 5-20　平行泊车完成

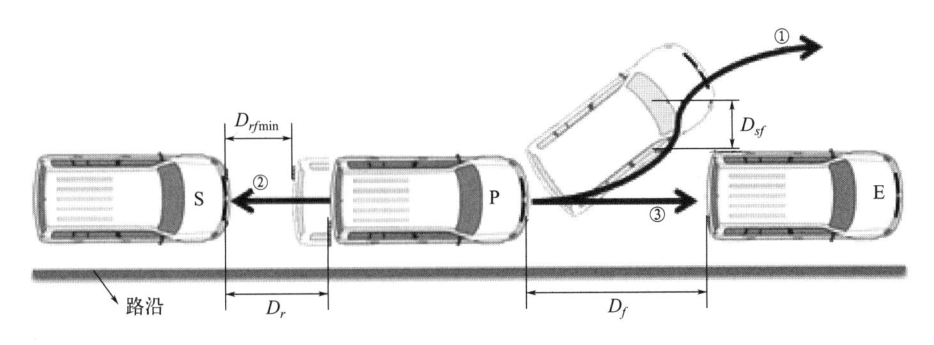

图 5-21　平行泊出的初始条件

在选择泊出方式时，允许一步驶出车位的安全距离是一项重要的参考数据。对车辆与位于前侧的参考车辆（障碍）之间的距离进行测量，如果这段距离大于安全距离，则按图 5-21 中方式①直接前进并驶出，如果这段距离比安全距离更小，就采用方式②，同时默认第 1 步自动驶出动作为倒退，如图 5-22 所示。

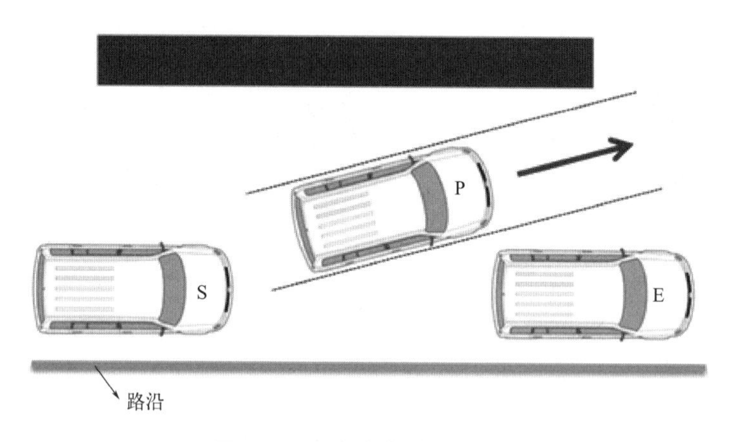

图 5-22　平行泊出的结束条件

以 SRU 的测量为基准，在自动驶出这一过程结束之前，车辆会来回做出移动。如果能够在不改变当前车辆转向盘角度的情况下驶出泊车位，并且假如在当前的雷达探测范围内，按照该路线行驶可以保证不会遇到障碍和冲突，那么自动驶出就可被判定为完成。如果 APA 做出了前方有障碍物的判定，同时发出停止自动泊出的通知，就表明该过程未在行驶方向角度变化。

（4）泊车路径重新规划

车辆行驶轨迹上出现障碍物是行驶过程中经常遇到的事，在泊车入位过程中也不例外。障碍物可能为动态或静态，障碍物为静态意味着此泊车路径不可用，需要规划一条新的泊车路径。

如图 5-23 所示，泊车开始后，按照泊车系统的设计和规划，泊入步数为两步，并且这时在超声波探测距离、AVM 未识别等各种因素的影响下，对于车辆前方的障碍物，未能及时做出识别。US 在车辆进行第一步泊入操作时发现，在前方的车辆行驶轨迹上存在静态障碍物，因此必须重新规划泊车路线，尽管这会增加泊车步数。泊车系统在重新规划路线时要综合考虑多个方面的条件，包括车辆当前位置、障碍物信息、车位信息，保证顺利完成车辆的泊入。

如图 5-24 所示，如果泊车的目标车位是附有停车带的，泊入过程中，当车辆在 SVM 未识别的情况下撞到了减速带时，泊车控制系统会针对是否碰到减速带而做出判断，判断时以发动机转矩、轮速脉冲等信号为参照。确认存在减速带之后，要对泊车路径进行重新规划，在完成泊车的同时，保证车辆不越过减速带。需要再次指出重新规划泊车路径会增加泊车步数。

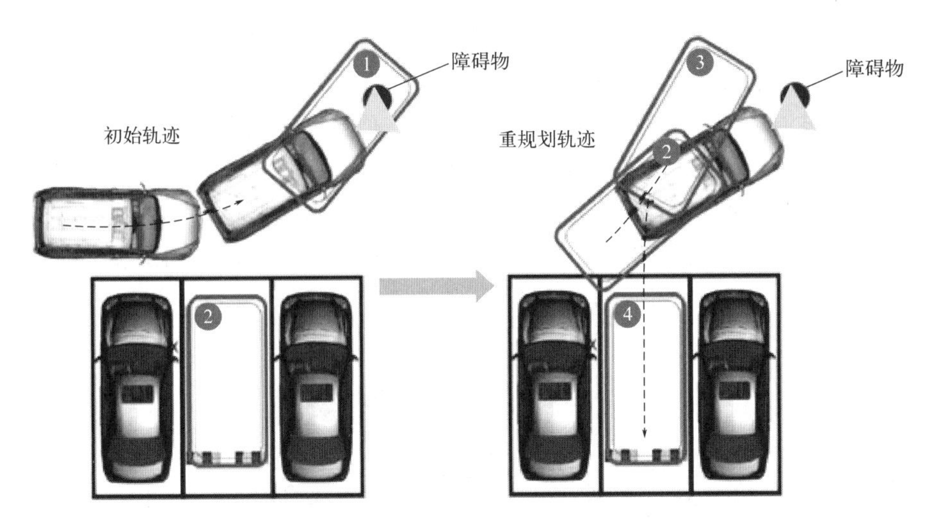

图 5-23 基于障碍物识别的路径重新规划

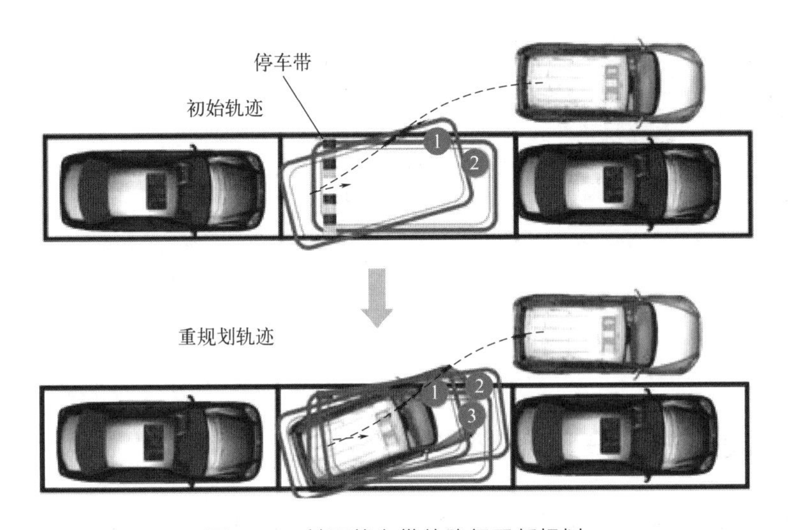

图 5-24 基于停车带的路径重新规划

（5）定位与控制

在泊车过程中，估计车辆运动姿态是一个定位问题，定位发生在一段较短的行程中，且其本身要求的精度比较高。定位时需要用到航迹推算，后者要借助车轮脉冲信号来进行。在进行车身方位角和后轴中心位置的增量的计算时，要用到单位时间内左右轮的运动行程这一数据，计算完成后再分别对两个增量进行累加，这样就能获取到车辆的相对起始状态的位姿。对于短行程车辆位姿定位来说，航迹推算算法是适用的，不过此方法不能单独使用，需将其与其他方法结合，以进行共同定位，这是因为它本身存在误差。可以将 IMU 与车辆动力学模型结合起来，对于发生在短时间内精度较高的位姿变化，借助位置估计算法来进行计算，最终的车辆位姿可借助定位融合算法计算获得。

进行滤波时要依仗车辆传感器提供的信息，估计车辆状态时要结合车辆动力学模型，将非线性状态估计算法应用于传感器信息的输入，以车辆动力学模型为基础获得的状态信息从准确度上讲是比较高的，这相当于对传感器采集的状态信息做出一番补偿，出于控制速度的需要，两个闭环系统被构建起来，分别是加减速度控制环（ESC 自带）和速度控制环，具体流程如图 5-25 所示。

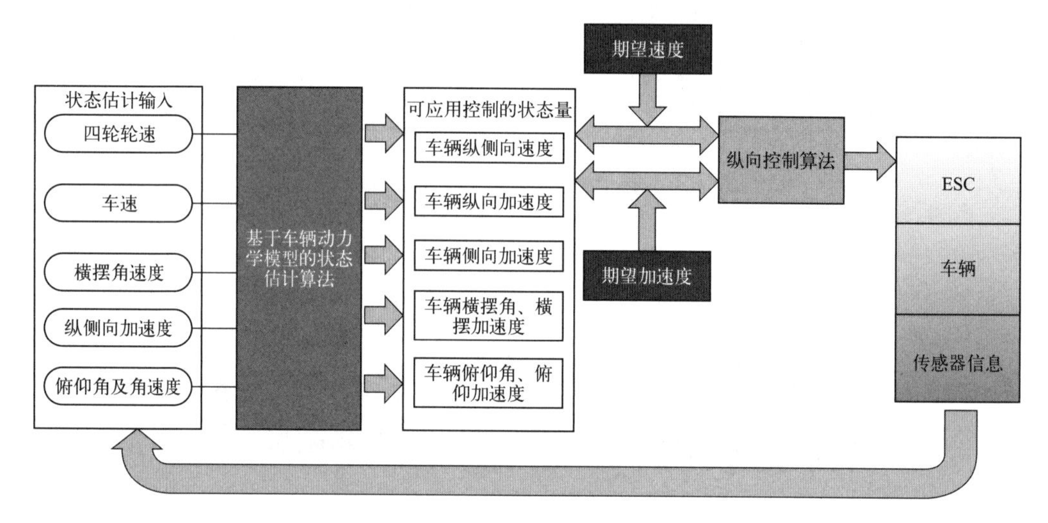

图 5-25　速度控制流程图

5.2.4　自动泊车系统 HMI 案例分析

目前自动泊车有许多种类，技术的成熟度也日渐增高，泊车辅助功能有很多积极作用，可以提高泊车入库的速度和精准度，针对泊车难的问题提供有效的解决方案，降低发生剐蹭的概率，驾驶员们由此将获得更高的驾驶幸福感。比亚迪、阿维塔 11 以及哈弗枭龙 Max 提供了自动泊车辅助案例，下面通过这些案例分享自动泊车的信息布局和功能特点。

（1）比亚迪自动泊车辅助 HMI

图 5-26 所示为比亚迪元 Plus 的自动泊车辅助系统信息布局，通过对车辆的挡位、转向、制动、驱动系统实施控制，该系统为驾驶员提供实用的辅助，使其得以顺利完成自动泊车，在此过程中，系统会展现出其功能的多样化，自动泊入、水平泊出、自选车位泊车等功能都能够得到实现。如果要开启自动泊车功能，用户可以选择在中控屏点击相应的按钮，也可以使用自动泊车物理按键。

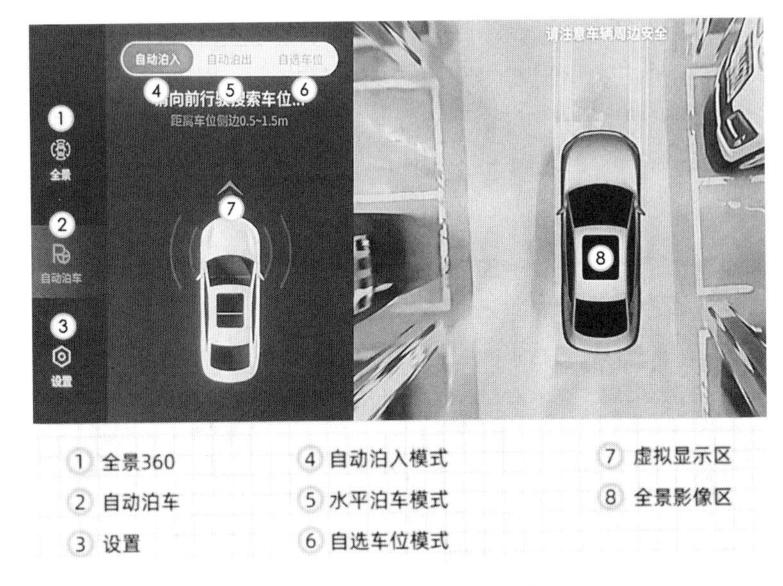

图 5-26　自动泊车辅助信息布局

① 自动泊入。进入自动泊入模式后，借助安装于车辆两侧的超声波传感器和全景摄像头传感器，系统自动检测车辆两侧的车位状况，搜索可供使用的停车位。在搜索车位时，要想保证系统能够做到对车位的准确搜索，车辆需向搜索侧靠近 0.5 ～ 1.5m，同时车速要低于 25km/h。车位搜索完毕发现可用车位后，在开始泊车之前，可对泊车方式和车位做出选择。泊车过程中如果想查看挡位、目标位置、轨迹线及雷达墙，可在任意时刻点击暂停。自动泊入界面如图 5-27 所示。

图 5-27　自动泊入界面

② 自选车位。在系统探测范围内，驾驶员自行挑选合适的车位并手动做出选择，之后中控显示屏上会出现与停车有关的信息提示，用来指引驾驶员完成停车。自定义泊车模式的开启可通过点击开始泊车按键来完成。系统支持拖拽和旋转自定义车位的操作。系统判断出现以下情况时，手动选择车位将不会受到支持：所选车位存在障碍物或车位空间不足以完成泊车。自选车位界面如图 5-28 所示。

图 5-28　自选车位界面

③ 自动泊出。当处于水平泊出模式时，系统同样会在某个时间点接替驾驶员，成为车辆的控制者，具体说来是在驾驶员打转向灯确认泊出方向之后，取得对车辆的控制后，系统将协助驾驶员移车到可保证驾驶便利的理想位置。自动泊出界面如图 5-29 所示。

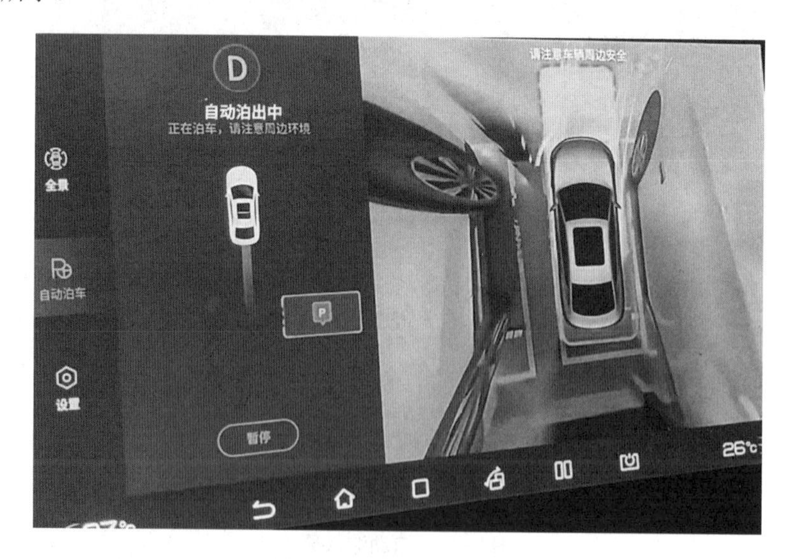

图 5-29　自动泊出界面

（2）阿维塔代客泊车辅助 APA HMI

阿维塔与华为联合开发了 APA 自动泊车辅助，并将其用在自己的产品中，即阿维塔 11 这款车型上。与传统智能泊车方案相比，第三代全融合感知泊车方案在技术和性能上取得了明显的进步，它的 360°感知能力、计算能力以及路径规划能力都堪称强大，传统泊车中存在的“停不进、摆不正、耗时长、易剐蹭”等屡屡令人无奈和沮丧的痛点，由此得到了彻底解决。阿维塔 11 的 APA 功能如图 5-30 所示。

图 5-30　阿维塔 11 的 APA 功能

① AVP 功能介绍。自主代客泊车 AVP 是 L4 级自动驾驶技术，可以针对“最后一公里自由”的问题为用户提供有效的解决方案。在自动驾驶技术应用场景中，目前它在实际应用方面最被看好，实现商业落地的可能性最大。

- 强大的车位识别能力。搭载于阿维塔 11 的 APA 自动泊车辅助在第三代全融合感知泊车中居于卓越地位，它能覆盖车身的前后左右四个方位，对于各个方向上的车位情况都能做到迅速识别，并完成对空间地图的构建。车位识别能力的强大还体现在识别效率上，在车身完整驶过车位之前就可以做出识别。
- 精准的物体识别能力。得益于自身强大的场景重构能力，阿维塔 11 的 APA 自动泊车辅助可以识别多种物体，并准确地获得物体当前时刻的信息，也就是说其物体识别的丰富度和实时性是非常可观的，具体而言，可以对静态障碍物、动态 VRU、动态车辆等各种物体做出精确识别。

② 代客泊车过程。在车速 20km/h 以下时，车辆进入某个地下停车场，这一泊车场景是陌生的，之前未在此生成过泊车路线，这种情况出现时，中控屏会显示来自华为 ADS 地图的弹窗，点击弹窗中的“开始”选项，系统就会开始进行代客泊车的准备工作，完成对起点位置和行驶路线这两项主要信息的记录后，就可以正式启动代客泊车。代客泊车过程如图 5-31 所示。

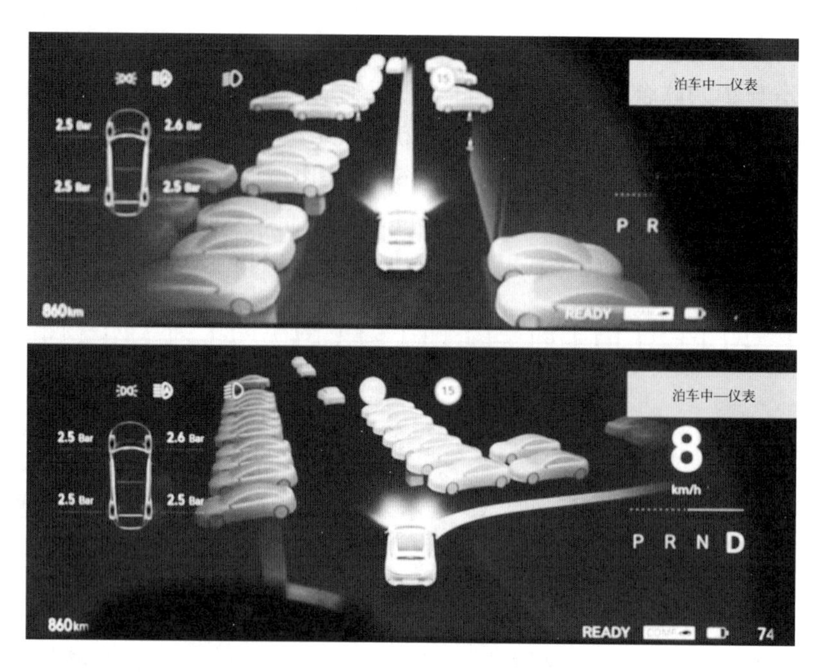

图 5-31 代客泊车过程

③ 更换车位泊车。如果泊车时需中途更换目标车位，第一步要做的是退出AVP，中控屏左下角的位置有一个图标，点击它来结束通向当前默认车位的导航。随后，可用车位会出现在中控屏车位选择界面上，在此选好自己想要的车位后点击“导航到车位”，到新目标车位的导航就会开始。更换车位泊车如图 5-32 所示。

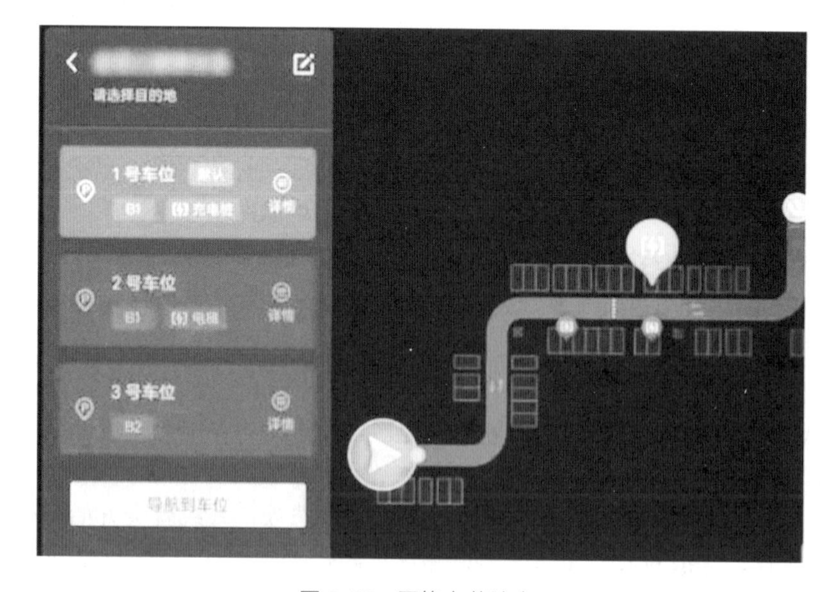

图 5-32 更换车位泊车

（3）哈弗枭龙 Max 全自动融合泊车

① 功能介绍。图 5-33 为枭龙 MAX 全自动融合泊车系统的界面布局，该系统有着丰富的辅助泊车功能，包括前方障碍环视开启、转向环视开启、行车环视退出、低速紧急制动等。

图 5-33　自动泊出界面布局

- 前方障碍环视开启。可根据实际需要选择开启或关闭前方障碍环视开启功能。此功能处在开启状态时，如果当车辆以较低的车速向前行驶，前方探测范围内出现了障碍物，全景环视影像会自动开启。
- 转向环视开启。可自行决定功能的开启或关闭。选择开启功能后，D 挡时，全景环视影像在不同的条件下会自动开启或关闭，自动开启的条件为转向灯开启或转向盘转动并达到一定角度。自动关闭的条件与之相反，即转向盘归位及转向灯关闭，另外，车速达到一定数值以上也是自动关闭的条件之一。
- 行车环视退出。可以设置一个车速作为环视退出的触发条件，设置完成后全景环视影像会在车速大于设定值时自动关闭。
- 低速紧急制动。根据实际需要可选择开启或关闭这一功能。开启功能后，当车辆处于低速行驶状态时，功能正常激活的标志为影像界面显示绿色。如果此时经过探测确认有障碍物，进而存在碰撞风险，那么为了降低碰撞事故发生的概率，系统会立刻采取相应措施，发起自动紧急制动，指示灯此时将变为红色。

② 泊车进行中。开始泊车的 Butt 会在完成车位选择后呈点亮状态，提示驾驶

员对其实施点击动作。在手机 APP 上执行泊车操作前需点击“遥控泊车”按钮。点击“智能泊出”按钮，遵照中控的提示操作，就可以实现自动泊车出位，如图 5-34 所示。

图 5-34 泊车进行中

5.3 基于计算机视觉的 APA 系统

5.3.1 计算机视觉深度估计

进入 21 世纪后，车道偏离报警系统等多种驾驶辅助系统陆续发布，同时，处理和成像硬件不断优化，汽车行业所实现的高级驾驶辅助系统（advanced driving assistance system，ADAS）功能越来越多，汽车的安全性和品牌的知名度得到了进一步提升，这都为基于视觉的 ADAS 应用程序实现大规模生产提供了强有力的支持。近年来，摄像机等传感器设备逐渐成为汽车环视系统中的标准配置，以便驾驶员掌握更多信息。

深度估计是一种可以利用图像实现对场景深度信息预测的算法。在自动泊车领域，深度估计可以利用计算机视觉等技术手段来构建地图，这既有助于车辆对当前超声波停车系统的车位深度进行估计，实现对前后垂直和鱼骨式停车场轨迹的合理规划，也能够进一步增强路沿检测的可靠性，并为驾驶员操控车辆完成平行停车提供方便。不仅如此，深度估计还能够在障碍物检测方面发挥重要作用，有效提高汽车在自动紧急制动时检测障碍物的准确率。

深度估计是主动传感器系统的重要组成部分，能够应用在雷达、激光雷达和飞行时间（time of flight，TOF）相机等多种传感器设备中，从而支持各类被动传感器实现深度感知功能。具体来说，深度估计算法与相机的融合，可支持相机实现立体相机和单目系统。

与单目系统相比，立体相机感知深度的能力更强，能够有效处理像素对应问题，支持各个像素实现由左相机图像到右相机图像的映射。一般来说，像素之间的距离与对应世界坐标系点距相机的物理距离之间存在一定的比例关系，视差图能够呈现出像素之间距离的地图，当相机校准和基线为已知项时，立体相机可以通过投影和三角测量的方式获得左相机和右相机之间的各个像素的光线，并计算出各个像素在世界坐标系中的3D位置。具体来说，稀疏三维重建示例如图5-35所示。

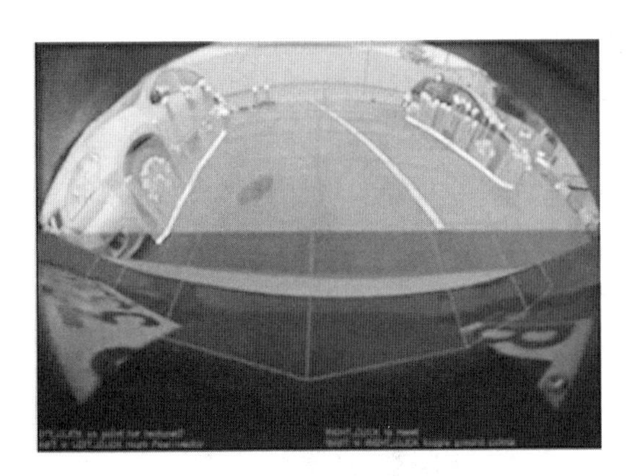
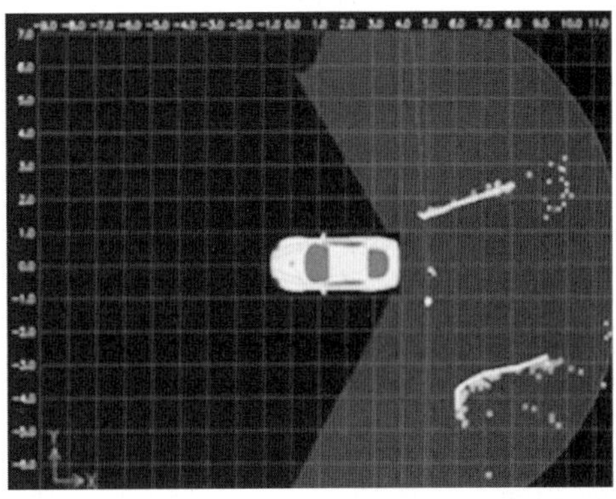

图5-35　稀疏三维重建示例

单目系统可以借助运动恢复结构（structure from motion，SFM）实现感知深度的功能。SFM指的是借助相机运动来构建场景重建基线，并充分发挥稀疏或稠密技术的作用，对图像中的各个像素进行跟踪或匹配。单目系统既可以利用相机来对帧之间的已知运动进行处理，也可以借助相机来明确与三角测量点相对应的世界坐标系位置，并在遵循最优准则的基础上，通过捆集调整的方式来对已经估计出的3D位置和相机相对运动进行细化处理，从而实现对所有点的对应图像投影。

5.3.2　停车位的标记与识别

停车位检测是自动泊车系统中必不可少的功能。在自动泊车过程中，系统需要在没有限定停车位的障碍物的情况下实现对限定停车位置的道路标记的检测，以便精准选中有效的停车位。

从实际操作上来看，激光雷达能够实现对道路标记的光谱响应，因此系统可以利用激光雷达等技术手段来识别停车位标记，但同时激光雷达存在价格高、探测区域有限等不足之处，因此在检测车道标记的过程中，系统可以充分发挥边缘提取、图像俯视校正和霍夫空间分析等技术的作用。

除此之外，系统也可以综合运用各类手动种子节点确定方法和结构分析技术来实现对停车位的提取，或运用基于方向梯度直方图（histogram of oriented gradient，HOG）和局部二值模式（local binary patterns，LBP）特征的预训练模型方法，借助线性支持向量机（support vector machine，SVM）来完成分类模型的建设工作。

总而言之，标记车位检测是自动停车系统中的一项重要功能，而视野广阔的摄像头设备是支撑其实现这一功能的关键。

5.3.3 车辆和行人检测 / 跟踪

车辆检测和跟踪可以在前摄像头检测的作用下支撑车辆实现自动紧急制动和交通监控等功能。一般来说，泊车场景中大多存在处于移动或静止状态下的其他车辆，为了实现自动化的泊车，车辆需要具有检测和跟踪功能，并利用该功能来对泊车场景中的行人和其他车辆进行精准检测和分类，以便在发现行人或其他车辆时进行自动紧急制动，及时规避碰撞风险，确保泊车安全。具体来说，车辆使用摄像头对行人进行分类和跟踪的过程如图 5-36 所示。

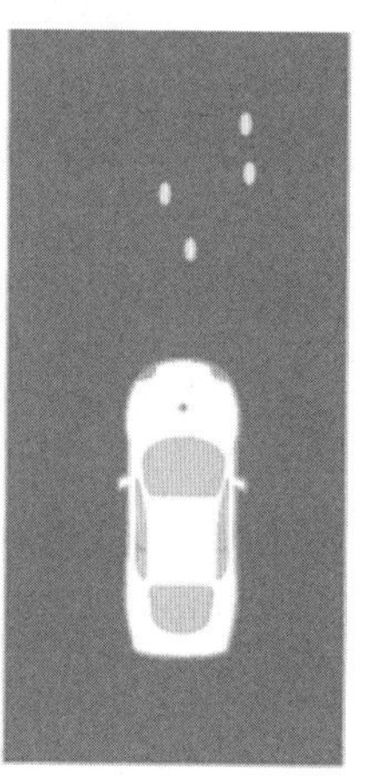

图 5-36 使用摄像头对行人进行分类和跟踪

分类是系统解决车辆检测问题和行人检测问题的有效方法。对象分类是一种基于机器学习算法的监督分类方式，具有可靠性强、操作难度低等优势，能够为系统在特定对象类别的多个图像中选出样本缩略图提供支持。在汽车领域，基于视觉的 ADAS 系统可以利用 HOG、LBP 等特征提取方法来检测行人和车辆，并提取出行人和车辆的特征，再利用机器学习等技术手段构建预测模型，进而实现对对象的分类。

一般来说，融合了机器学习等技术的分类方法可以在行人检测、车辆检测、人脸检测和交通标志识别（traffic sign recognition，TSR）等领域中发挥重要作用。具体来说，SVM、随机森林和卷积神经网络（convolutional neural networks，CNN）都是较为常见的分类器，用于学习分类器的样本数据的质量和数量是影响算法质量的重要因素，同时分类技术的总体质量和特征选择方法也是影响目标应用情况的重要因素。

5.3.4　可行驶空间障碍检测

环境感应地图中通常具有可行驶空间，具体来说，可行驶空间也被称为“可达空间”，指的是自动驾驶车辆周围可进行规划、控制和行驶的区域，且该区域通常位于传感器视场中。可行驶空间障碍检测属于占用网格图问题，系统可以对地面和其他物体进行区分和检测，并利用占用网格图方法集成和存储自由空间信息。

在以矢量图形表示信息的地图中，所有对象的存在概率的更新都需要以自由空间测量值为基础。自动泊车系统可以充分发挥可行驶空间模型的作用，消除环境感应地图中未经过主动测量或更新的障碍物、已检测且移动过的静态对象和在地图中存在位置错误的检测，同时保留有效的静态信息。

除此之外，自由空间还可支持自动泊车系统，为车辆规划无碰撞轨迹，尤其是在累积的自由空间栅格地图当中，自由空间能够发挥更大的作用。具体来说，基于摄像机自由空间的图像分割示例如图 5-37 所示。

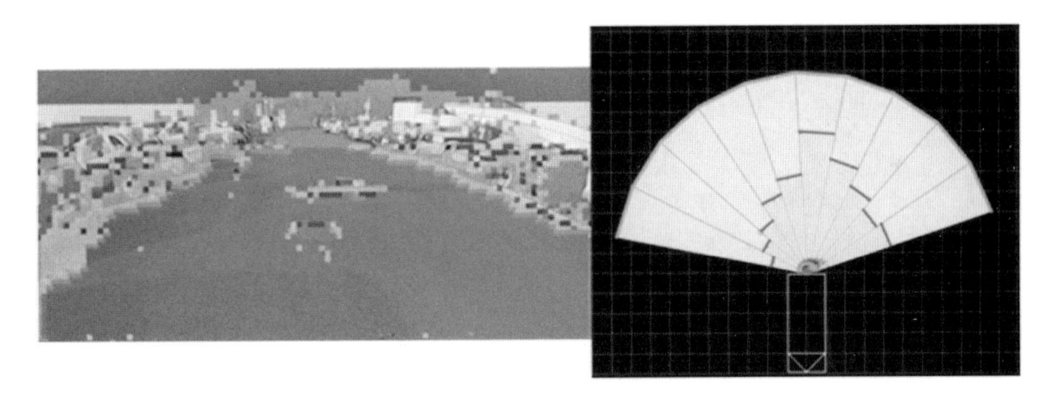

图 5-37　基于摄像机自由空间的图像分割示例

视觉系统能够为车辆提供独立的自由空间估计方法。具体来说，视觉系统可以利用 3D 点云技术和障碍物信息来明确基于摄像机自由空间的区域，但同时这一方式也重构了汽车周围道路表面的特征，且这些经过重构的特征能够在提供有价值的自由空间信息方面发挥重要作用。

具体来说，当存在关于地面的重构特征时，则说明该点与摄像机之间不存在障碍物，且这一重构特征可用于对车辆周围的自由空间进行定义。不仅如此，以上方法还具有独立性和互补性等特点，系统可以借助技术融合来拓宽摄像头等各类传感器的自由空间，以便进一步提升自由空间测量的鲁棒性和精准性。

与此同时，计算机视觉技术也可应用到与自动泊车相关的其他方面。视觉里程计与深度估计之间存在十分紧密的关联，系统可以利用视觉即时定位与地图构建（simultaneous localization and mapping，SLAM）、捆集调整技术来实现视觉里程计的功能。一般来说，视觉里程计可以在车辆网络中发挥作用，但同时网络延迟、信号限制、信号精度和自由度限制等因素也会对视觉里程计的准确性造成影响，因此系统不能仅凭这些信号来进行估计。

在自动泊车领域，视觉里程计的质量影响着车辆的舒适性和泊车精度，高质量的视觉里程计可支持车辆以更少的调整次数实现更加精准地泊车。交叉口交通警报算法能够实现对 T 形交叉口等各类道路交叉口处可能影响主车安全行驶的情况进行检测，以便系统及时控制车辆规避交通风险，顺利通过交叉口。

第6章 车道保持辅助系统（LKA）

6.1 车道保持辅助系统概述

6.1.1 LKA 系统架构与功能

ADAS 系统中还包含一项重要功能，即车道保持辅助功能，该功能主要是依靠车道保持辅助（lane keeping assist，LKA）系统实现的。LKA 系统会通过在车辆上安装的摄像头来识别车辆行驶道路上的标识线，一旦车辆靠近标识线，发生车道偏离，该系统便会通过声音提示或转向盘振动来向驾驶员发出警示，紧急情况下还会自动控制车辆转向，防止车辆发生无故偏移，确保车辆行驶安全。

该系统是在车道偏离报警系统的基础上发挥作用的，当车辆出现无意识偏移时，LKA 系统会通过车载安全保障感知系统来获得转向盘的转向角度，并进行主动干预，调节转向角度，使车辆的偏移得到纠正，继续保持在既定的车道中行驶。

通常情况下，用来识别车道标识线的前视摄像头会安装在车辆的前风挡玻璃的内侧，拍摄到的道路画面会借助并行数据线传回到图像处理模块。一般而言，车辆摄像头的视觉系统主要包括视频采集、图像处理、道路目标信息监测以及图像输出等模块。

每个模块分工不同，各司其职。摄像头模块可以与图像处理模块之间进行信息传送，还能够获得图像处理模块的最新处理数据，由此随时刷新系统，更好地进行路面信息监控；图像输出模块负责信息输出，将信息传输给驾驶控制硬件系统完成进一步处理；驾驶控制硬件系统负责重要数据的存储、传输车辆运行参数、板内故障诊断等，并将相关信息传输给车辆驾驶控制子系统。

（1）LKA 系统的工作流程

LKA 系统主要由雷达、传感器以及摄像头等装置构成，是一个以电子技术为基础的车辆驾驶辅助系统。该系统通过对车道的监测来主动干预转向盘的转动角度，使车辆始终保持在车道中间行驶，其具体的工作流程如图 6-1 所示。

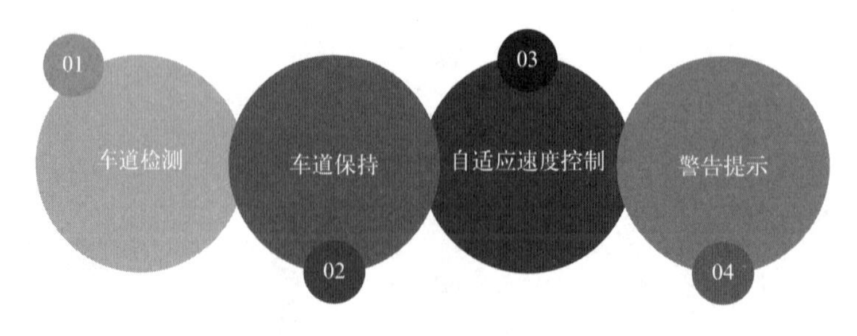

图 6-1 LKA 系统的工作流程

① 车道检测。LKA 系统通过前风挡玻璃内侧的前视摄像头来监控路面信息，识别车道标识线，并判断其与车辆间的距离，由此检测车辆是否发生偏离。

② 车道保持。若车辆发生偏离，LKA 系统会主动干预，控制转向盘转角，使车辆继续保持在车道中间行驶。

③ 自适应速度控制。LKA 系统会按照道路情况和车辆本身的情况，主动进行车速的调节，确保车辆行驶过程中的安全性与舒适性。

④ 警告提示。一旦车辆发生偏离，LKA 系统会通过视觉、听觉以及转向盘振动等提示方式对驾驶员发出警告，保证行驶安全。

（2）LKA 系统的主要功能

LKA 系统主要有以下三大功能，如图 6-2 所示。

图 6-2　LKA 系统的主要功能

① 车道偏离报警。车道偏离报警（lane departure warning，LDW）主要负责监控车辆行驶是否偏离车道标识线。若没有发生偏离，那么系统不会启动辅助功能；若发生偏离，系统则会通过仪表盘提示、语音提示或转向盘振动等方式发出警告，提醒驾驶员注意安全。车辆发生无意识偏离时，系统会自动控制转向盘角度，并进行声音提示，使车辆回归到既定的行驶路线上。

② 车道偏离干预。车道偏离干预（lane departure prevention，LDP）是对 LDW 系统进行的进一步扩充，如果车辆在行驶过程中偏离车道，该系统会对转向盘进行主动干预，以校正车辆行驶方向，确保行驶的安全性。

③ 车道居中控制。车道居中控制（lane centering control，LCC）可以对车道中间线与车辆的相对位置进行监控，从而辅助驾驶员使车辆保持在车道中央行驶，该系统更加注重舒适性。

6.1.2　LKA 系统的工作原理

LKA 系统的内部架构可以分为三部分，分别是感知层、决策控制层和执行层，如图 6-3 所示。

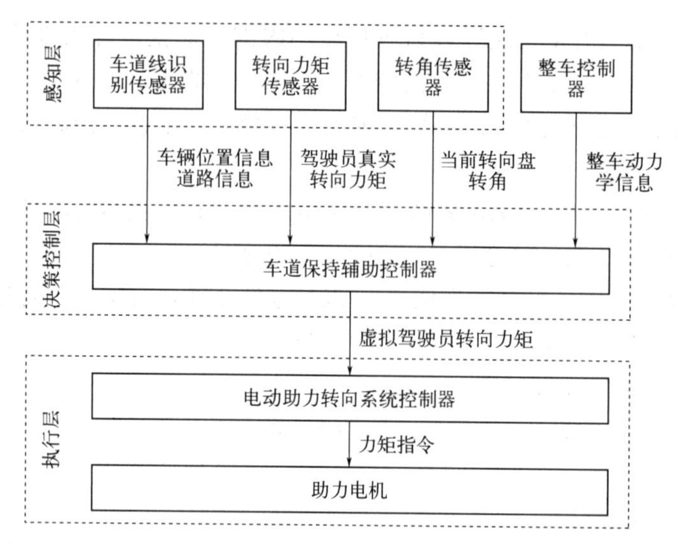

图 6-3 LKA 系统架构

① 感知层。通过摄像头和感知器等获取车道情况与车辆行驶信息。

② 决策控制层。主要由车道保持辅助控制器进行决策控制，内部结构如图 6-4 所示。

③ 执行层。主要由电动助力转向（electric power steering，EPS）系统来确保转向功能的稳定性与完整性，帮助驾驶员控制转向力矩。

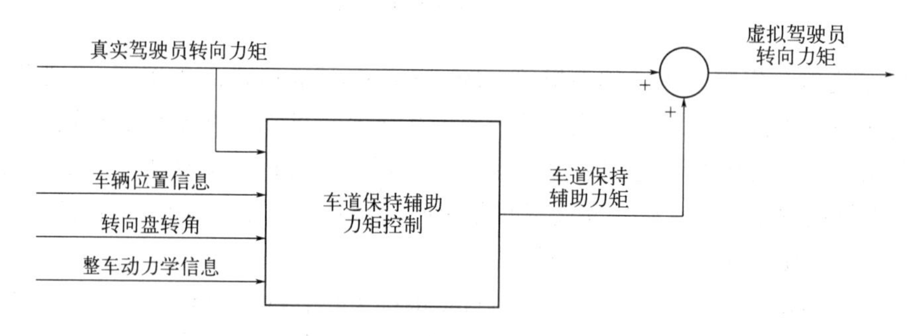

图 6-4 决策控制层结构

在 LKA 系统架构中，EPS 一直处于启动状态，不管 LKA 启动与否，EPS 都会给予驾驶员相应的转向助力；决策控制层会根据路况与车辆实际情况输出力矩决策，具体流程如图 6-5 所示；感知层主要由 CAN 总线来获取传感器信息。

接下来主要介绍一下 LKA 系统的工作原理。

（1）识别、分析、决策系统

摄像头采集到的画面经由图像处理模块处理后，系统可以判断出车辆与车道标识线之间的相对位置，当车辆发生偏离时，判断其偏离速度与方向，并发出视觉、听觉等提示来对驾驶员进行提醒，具体的控制策略如下：

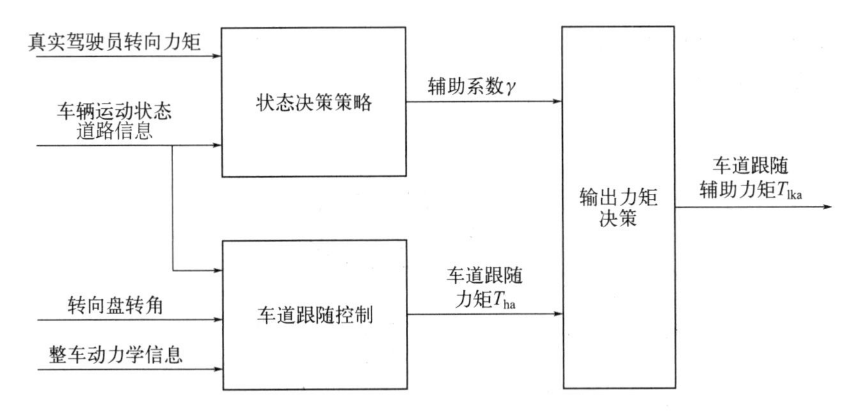

图 6-5　车道保持辅助力矩控制模块组成

- 车辆未越过边界线：若打开转向灯，系统判定为有意识偏离，不会发出预警。
- 车辆靠近边界线：系统发出一次警告提示。
- 第一次警告发出后：车辆前轮远离边界线，后轮靠近边界线，系统再次发出警告。
- 系统发出警告信号时：辅助控制功能进行车辆的纠偏。

值得注意的一点是，在车辆发生偏离时，若驾驶员在操控转向盘，那么系统会将其判定为有意识行为，不会辅助驾驶员进行纠偏。

（2）控制执行系统

EPS 系统在获得决策系统的辅助控制命令后，会进行转向助力，使车辆继续在车道中央行驶，控制执行系统逻辑如图 6-6 所示。

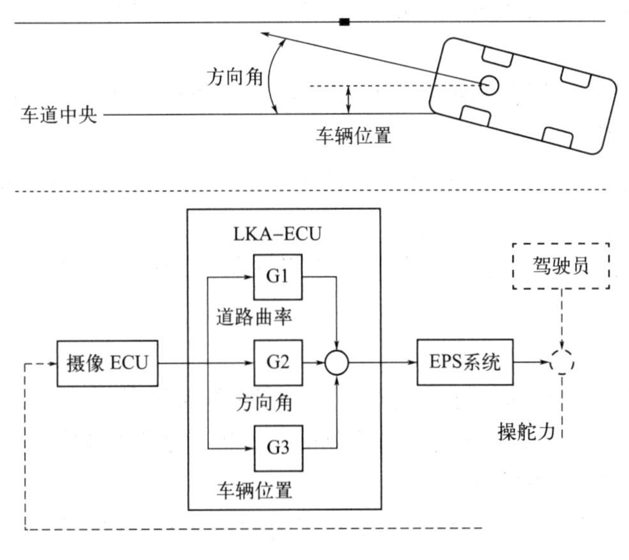

图 6-6　控制执行系统逻辑示意图

转向助力的大小与时间长短由偏离速度、方向等参数决定，控制执行系统的电控转向机构原理如图 6-7 所示。

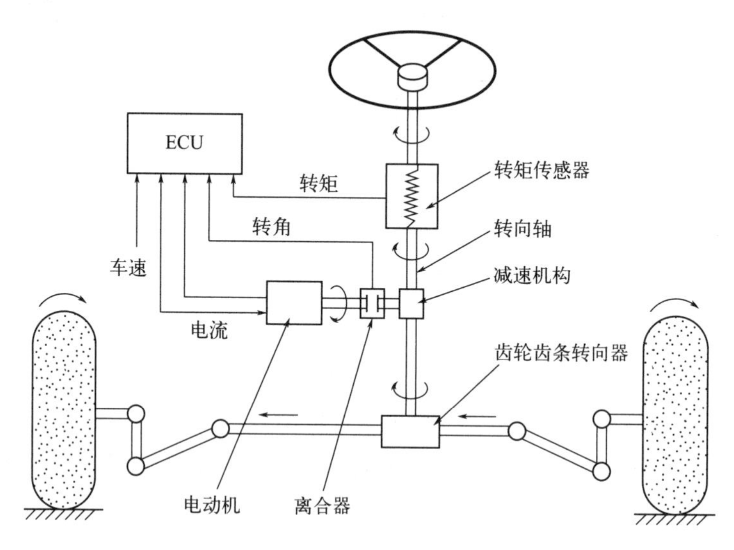

图 6-7 电控转向机构原理

6.1.3 LKA 系统的基本结构

LKA 系统主要通过以下两种方式来对车辆进行控制：

① 在车辆靠近车道线时，通过调整力矩来纠正车辆的行驶方向，使车辆保持在车道中央行驶。

② 对车辆进行全程转向控制，按照车道中心线对车辆进行适时调整，保证车辆在车道中心线附近行驶。

这两种方式都会受到最大修正力矩的限制，一旦车辆将要压过车道线时，系统便会发出警告提示。

LKA 系统主要包含传感器、信号处理及决策控制模块、人机交互界面和执行器四部分，如图 6-8 所示。

（1）传感器

LKA 系统中所用到的传感器是多样的，有摄像头这种采集车道信息的传感器；有轮速传感器这种用于车身运动信息监测的传感器；还有检测转向盘角度和转向力矩的驾驶操作信息感测的传感器。

在这些传感器中，最为关键的是辨识车道的传感器，这类传感器的精度、耐用程度等会对 LKA 系统产生重要影响，如图 6-9 所示。

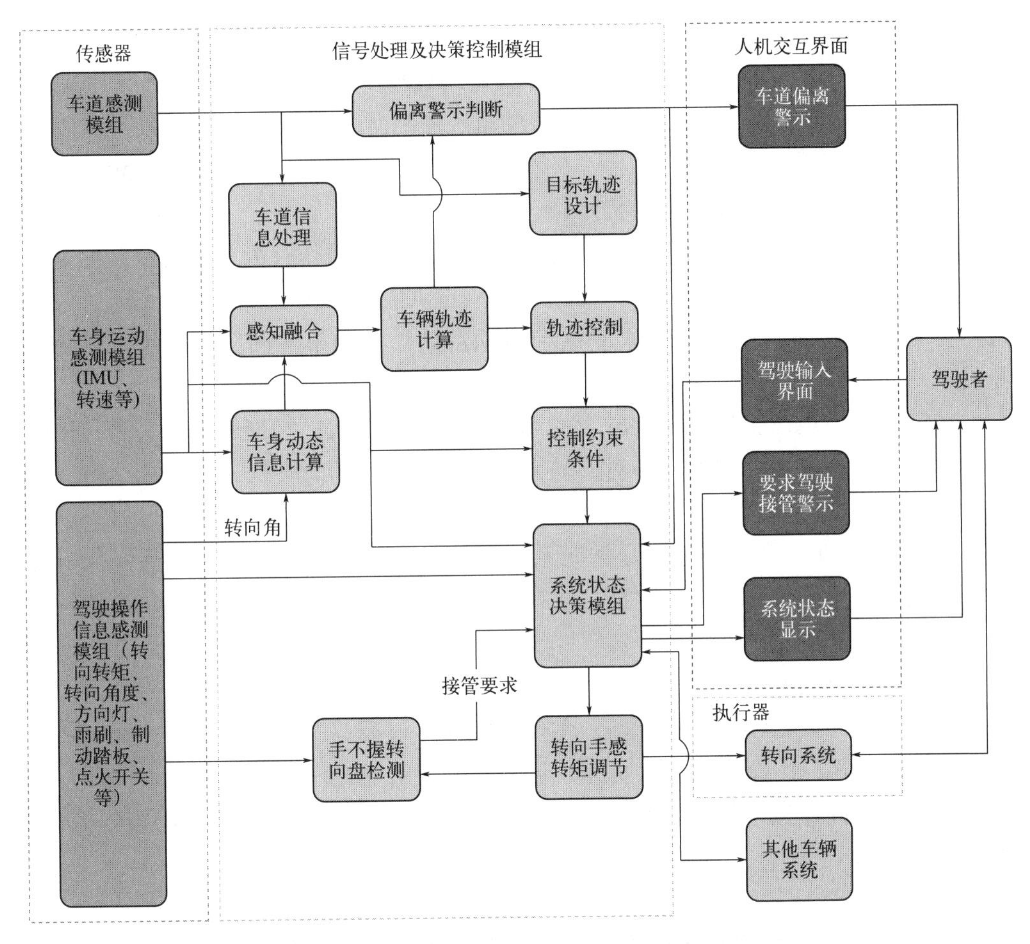

图 6-8 车道保持辅助系统的基本结构

图 6-9 车道辨识传感器

（2）信号处理及决策控制模块

车道辨识模块之所以重要，是因为需要依靠它来判断车辆与车道之间的相对位置，与此同时，该模块还需要结合路况与车辆的实际情况来不断提高车道辨识的准确率。

轨迹控制模块也非常关键，它会按照既定路线与实际行驶轨迹来推算行驶偏差，同时还会根据车辆的实际反应来推算适合的轨迹控制命令，确保车辆的舒适性。

偏离警示判断模块则可以按照车轮与车道线的距离来测算车辆压过车道线的时间，再据此来判断是否发出警告提示。

系统状态决策模块则会按照车辆行驶状态、驾驶员操作行为等信息来判断是否启动辅助功能。在设计该模块时，还会考虑到盲点监测系统等信息，若车辆行驶过程中存在换道碰撞可能时，LKA 系统会自动启动，帮助车辆回归原车道，避免碰撞发生，确保行驶安全。

转向手感力矩调整模块对驾驶者的驾驶体验影响很大，它能够为驾驶人员提供合适的辅助力矩，最大程度减小对驾驶人员正常操作行为的干扰。

（3）执行器

LKA 系统所使用的执行器是转向系统，在设计该系统时要重点关注操作响应与系统共振，满足转向操作的性能需求。转向系统主要负责执行决策控制模块发出的指令，为驾驶员提供辅助力矩。

（4）人机交互界面

一般情况下，LKA 系统的运行状态会显示在仪表盘上，当车辆发生偏移时，仪表盘会出现相应的图案与文字提示，同时还会有听觉提示和触觉提示，例如发出语音提醒、转向盘振动以及座椅振动等，通过多种方式来对驾驶员发出警告信息，如图 6-10 所示。

图 6-10 人机交互界面

目前来看，LKA 系统的功能十分强大，而且在理想情况下可以做到主动介入，为驾驶员提供辅助支持，确保车辆的行驶安全。但是这都是基于理想状态下的推测，真正落地后恐怕未必如此，甚至可能出现车主对这项功能的埋怨和吐槽。这是因为 LKA 系统主要通过辨识车道标线来进行工作，但是摄像头的辨识功能会受到天气条件和光照条件的影响。在天气晴好、光照充足、车道线清晰的情况下，系统可以发挥出良好效果；反之，若遇雨雪天气或夜间行驶，系统功能会大打折扣，甚至有可能发出错误警告，干扰到驾驶员的正常行驶。

LKA 系统是在视觉识别的基础上进行工作的，因此会存在错误识别等情况。当车辆在有路沿、隔离带等有道路边缘的车道上行驶时，系统可能会误将道路边缘识别为车道线。LKA 系统所能够提供的辅助支持是有限的，其驾驶控制能力也仅限于车道纠偏，当遇到急转弯等极限工况时，系统很难对车辆进行控制，无法保证车辆的安全驾驶。

6.1.4　控制策略及仿真分析

随着人工智能的发展，车辆安全技术也在不断进步。汽车的安全性能一直是消费者最为关注的问题，LKA 系统作为提供安全辅助功能的系统，已被多数汽车所采用。该系统不仅可以监控车辆的行驶轨迹，还可以在必要时帮助驾驶员控制车辆行驶方向，以防车辆发生无意识的偏离，提高驾驶的安全性与舒适性。

接下来主要探讨 LKA 系统前馈 + 反馈控制策略在车辆偏离控制中的应用，主要从三个方面进行论述：一是简单介绍 LKA 系统的控制策略；二是进行仿真分析，借助 Simulink 等软件平台来构建 LKA 控制模型与车辆动力学模型，而后分析偏航控制过程，并据此来优化系统控制策略；三是对仿真结果进行分析，评估控制策略的稳定性与有效性。

（1）前馈 + 反馈控制策略

LKA 系统的控制策略有两种，即前馈控制和反馈控制。其中前馈控制通过借助动力学模型和车辆运动学模型，来推测车辆即将出现的行驶轨迹，再依据推测结果来预先控制车辆转向盘，使车辆始终保持在车道中央行驶；反馈控制则是按照车辆当前的行驶情况与车道偏离情况，实时进行车辆控制，以保证车辆驶回到原车道中央。

将以上两种控制方式相结合，出现了前馈 + 反馈控制策略，这种策略既可以充分运用动力学模型和车辆运动学模型进行预测，还可以实时监控车辆行驶轨迹与偏离情况，可以更加准确地进行车辆行驶轨迹的控制。

（2）仿真分析

利用 Matlab 或 Simulink 软件平台，建立 LKA 控制模型与车辆动力学模型，之后进行仿真分析，过程如下：

① 建立 LKA 控制模型。按照前馈 + 反馈控制策略来构建 LKA 控制模型，主要包含两部分，即前馈控制器与反馈控制器。

② 建立车辆动力学模型。按照车辆的控制要求与车辆的动力学特征，建立车辆运动学方程、车辆轮胎模型等车辆动力学模型。

③ 模拟误操作。进行仿真时，需要先模拟驾驶员进行错误的驾驶操作，让车辆前轮发生 5°转角，使其发生偏航，车辆将偏离车道中央。

④ 仿真分析。车辆发生偏离后，LKA 系统会主动介入，控制器会按照车辆行驶的具体情况、车道偏离程度来实时控制车辆，使车辆驶回原车道中央。在这个过程中，可以仔细观察车辆偏航后的轨迹和受到 LKA 系统控制后的轨迹，之后分析系统的控制效果。

⑤ 优化控制策略。控制器得到完善后能够对车辆的行驶轨迹进行更加准确的控制，提高驾驶车辆行驶的安全性和舒适性。

（3）仿真结果分析

仿真分析过程中，可以通过仿真结果来检验前馈 + 反馈控制策略的稳定性、有效性，仿真结果分析的内容如下：

① 偏航时的轨迹。车辆发生偏航后，会逐渐偏离车道中央，随着不断行进，偏离角度会越来越大，偏离程度也愈加明显。根据仿真结果，可以观察车辆的偏航轨迹，继而分析轨迹，由此判断车辆偏航程度。

② LKA 系统控制后的轨迹。车辆发生偏离后，LKA 系统会主动干预，这时控制器可以根据车辆实际状态与车道偏离程度，实时控制车辆，使车辆驶回车道中央。在这个过程中，可以观察 LKA 系统介入后的车辆行驶轨迹，并对其进行分析，评估系统的控制效果。

③ 控制策略的优化。进行仿真分析时，可以不断优化前馈控制器参数和反馈控制器参数，以此来提升 LKA 系统的稳定性与控制效果，确保车辆行驶的安全性与舒适性。

经过对仿真结果的分析可以发现，前馈 + 反馈控制策略能够更加精准地对车辆的行驶轨迹进行控制，可以发挥出较好的控制效果与稳定性，使车辆始终在车道中央行驶，从而确保驾驶的安全性与舒适性。

6.2 LKA 系统的主观评价体系

6.2.1 主观评价指标体系

汽车的电动化、智能化、网联化、共享化概念问世以后，汽车行业看到了新时代的曙光，人们期待着出现一场足以颠覆整个行业的革命，在这场革命中，用户体验将扮演较以往更重要的角色，它将被赋予不同于传统的全新定义。如何发现用户体验问题？又如何使问题得到解决？着眼于此，从用户驾乘体验入手，建立车道保持辅助系统主观评价方法将是一件意义非凡的工作。

LKA 系统产生的功能与驾乘人员的体验有着非常密切的关系，包括预警、报警或车辆控制。驾驶员和乘客对 LKA 系统的使用程度直接取决于他们能在多大程度上接受这一系统。所以，像用户对 LKA 各项功能有着何种层次的了解、接受度如何等问题，在进行评价指标的设计时都要被考虑在内。

在驾乘搭载LKA系统的车辆时，用户会生发出一些主观感受，同时，车道保持辅助本身具备一定的技术特点，拥有一些主要功能。综合参考上述要素，从人机交互、车道偏离报警、车道保持辅助三个维度入手，确定评价的内容，设计出评价的方法，以用户视角为基准，完成对车道保持辅助系统主观评价指标体系的构建，如图6-11所示。

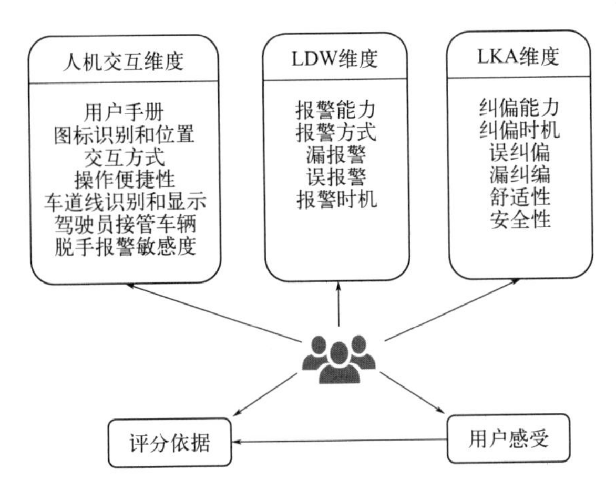

图6-11　基于用户视角的LKA系统主观评价指标体系

（1）评分依据

从用户的体验和感受入手，评分方式上选择流传较广的十分制评价。四类用户感受如表6-1所示，评分依据见表6-2。

表6-1　用户感受

用户感受	分数区间	说明	用户感受等级
不可接受	1～4	没有满足用户需求	Level 1
可接受	5～6	仅实现部分用户期望	Level 2
比较满意	7～8	实现用户期望	Level 3
非常满意	9～10	超出用户期望	Level 4

共有6种评分依据，每种评分依据对应的是四类不同的用户感受，每种用户感受又有与之相应的分数区间，如表6-2所示。

表6-2　评分依据

用户感受等级	评分依据1	评分依据2	评分依据3	评分依据4	评分依据5	评分依据6
Level 1	几乎没有	不清楚	极不安全	极不舒适	很弱	经常发生
Level 2	偶尔发生	基本清楚	一般安全	舒适	一般	间或发生
Level 3	间或发生	比较清楚	比较安全	比较舒适	比较强	偶尔没有
Level 4	经常发生	非常清楚	很安全	非常舒适	很强	几乎没有

（2）评价指标

评价指标设计所依据的维度有三个：人机交互（HMI）、车道偏离报警（LDW）、车道保持辅助（LKA）。评价指标的数量为18项，每项指标与一项评分依据之间建立对应关系。

6.2.2 HMI 维度的评价方法

人机交互这一维度主要从六个方面做出评价：用户手册、图标识别和位置、交互方式、操作便捷性、车道线识别和显示、驾驶员接管车辆，如表6-3所示。

表6-3 人机交互评价指标

详细指标	评分依据	说明
用户手册	评分依据2	用户手册中关于LKA的介绍和LDW的介绍是否清晰易懂
图标识别和位置	评分依据2	图标是否清晰易懂，是否便于驾驶员区别和辨认
交互方式	评分依据2	提醒是否直观和清晰，是否过于频繁
操作便捷性	评分依据1	驾驶员在开车过程中进行操作时，功能的开启和关闭是否方便，是否能通过图标清晰显示出来
车道线识别和显示	评分依据2	对车道线的识别速度和准确度能力，并能把识别出的车道线在车辆仪表中显示
驾驶员接管车辆	评分依据1	驾驶员有主观接管车辆意图或动作时，LKA系统应该能够自动退出并修改相应图标显示，且能直观提醒驾驶员

（1）用户手册

用户手册中写有对车辆LKA和LDW功能的介绍，用户在阅读后会对功能产生一定程度的理解，这样的理解可以体现在许多方面，包括LKA主要用途、如何打开和关闭、LKA系统正常工作需满足的条件、LKA系统退出条件等，打分时以用户对功能的理解程度为依据，参考评分依据2。

（2）图标识别和位置

该指标是对LKA系统图标的评价，评价内容包括以下几点：图标的清晰度如何，是否易于理解；与自适应巡航控制（简称ACC）、交通拥堵辅助系统（简称TJA）等其他功能的图标并列时，是否容易辨别而不会产生混淆；图标是否处在恰当的位置，这关系到驾驶员能否在开车时便捷地完成对图标的辨认。

（3）交互方式

文字和声音提醒的直观度和清晰度如何，能否使提醒频率处于合适和恰当的范围内，避免提醒过于频繁，这是该指标的评价内容。举例说明，系统是否能在车辆有向左离开正常行驶线路的趋势时，通过图标、文字或声音的方式给出清晰直观的提醒。

（4）操作便捷性

该指标评价的是功能开关的操作是否简单便捷，对用户是否友好，即驾驶员能否在行车中很方便地开启或关闭功能，同时系统或开启或关闭的实时工作状态，能否借助图标清晰直观地显示给驾驶员。

（5）车道线识别和显示

该指标对 LKA 系统的车道线识别能力（即识别的速度和准确度）做出评价，这样的能力在车道线不够清晰时显得尤为关键。另外，车道线的显示能力也同样重要，系统在完成对车道线的识别后需将其显示在车辆仪表上，使驾驶员获取到关于车道线的信息。LKA 系统对车道线的识别能力和显示情况会受到外部条件变化的影响，不同类型车道线道路、不同光线环境、不同车速条件都是主要的影响因素，因此若要获取到关于系统识别能力和显示情况的较为全面的评价，需从上述三个方面入手进行试验。

（6）驾驶员接管车辆

该指标评价的是这样的一个问题：当驾驶员主观上有意图接管车辆，或做出了接管车辆动作时，LKA 系统能否针对此情况做出正确反应，即自动退出，对相应的图标显示做出修改，并且用直观的方式向驾驶员发出提醒。举例说明，如果在左转向灯和双闪灯打开，或踩下制动踏板的情况下，驾驶员表现出较为明确的主观意图，要求接管车辆的控制，LKA 应该做的便是退出，同时不做出纠偏动作。

6.2.3 LDW 维度的评价方法

车道偏离报警维度主要从五个方面做出评价：报警能力、报警方式、漏报警、误报警、报警时机，如表 6-4 所示。

表6-4　车道偏离报警评价指标

详细指标	评分依据	说明
报警能力	评分依据 1	直道报警能力和弯道报警能力
报警方式	评分依据 5	报警方式是否有效，报警方式是否能够引起驾驶员的注意，报警强度是否合适
漏报警	评分依据 6	车辆有偏离趋势时，未产生报警提示
误报警	评分依据 6	车辆没有偏离趋势时产生报警，或者车辆已从偏离趋势回到车道中心行驶时，无须报警却产生报警
报警时机	评分依据 1	报警时机是否及时，报警时刻过早或过晚情况

（1）报警能力

这一指标对系统的报警能力做出评价，针对不同的道路形态，报警能力分为直道报警能力和弯道报警能力，此项考察的即是这两个方面。例如在直道和弯道分别出现向左右两侧偏离的状况时，报警是否能够及时发生。

（2）报警方式

该指标评价系统的声音报警、视觉报警、振动报警三种报警方式是否有效，驾驶员能否及时注意到报警已经发生，报警的强度是否处在合适的范围内，从而不影响正常驾驶。

（3）漏报警

该指标针对漏报警情况做出评价。车辆处于正常行驶状态，且未出现任何会导致系统不能正常工作的条件，但此时系统却“玩忽职守”，在车辆出现偏离趋势时未能做出报警提示，此即为漏报警。

（4）误报警

误报警这一指标评价的是报警的准确情况，与漏报警恰好相反，指系统在不必报警的时候错误地发出报警，例如在车辆并未出现偏离趋势，或者车辆已针对偏离趋势做出校正，回归正常行驶路线时。

（5）报警时机

这一指标对报警的及时性做出评价，报警需在恰当的时刻发生，不宜过早或过晚。如图 6-12 所示，当图中车辆并非刻意地行驶到“干预临界线”之外时，为保持车辆在正确位置，即留在本车道内，系统应履行自身职责，主动对转向做出干预。报警的时刻不要过早，不要在车辆未驶出“最早干预线”时报警，否则可能影响正常驾驶，对驾驶员造成干扰。同时，报警时刻过晚也是不对的，为避免事故，报警最晚也要在车辆已驶出“最迟干预线”时发生。

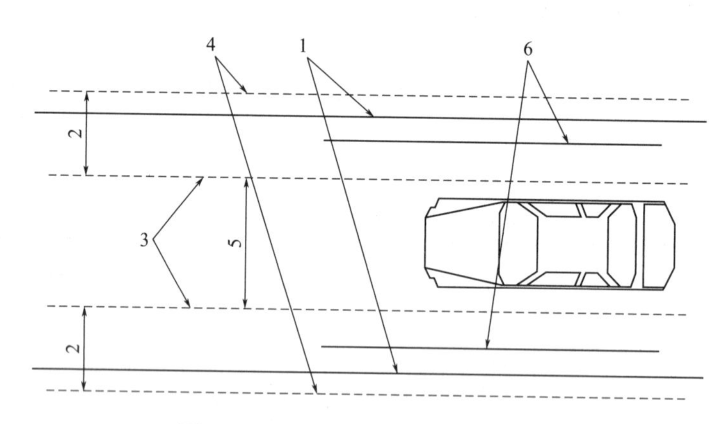

图 6-12　LKA 系统的车道偏离特征线

1—车道边界线；2—干预区；3—最早干预线；4—最迟干预线；5—非干预区；6—干预临界线

6.2.4　LKA 维度的评价方法

车道保持辅助维度主要针对纠偏能力、纠偏时机、误纠偏、漏纠偏、舒适性、安全性等 六个方面做出评价，见表 6-5。

表6-5　车道保持辅助维度评价指标

详细指标	评分依据	说明
纠偏能力	评分依据1	直道和弯道纠偏能力
纠偏时机	评分依据1	纠正转向盘的时机是否及时，过早或过晚情况
误纠偏	评分依据6	车辆不满足LKA系统工作条件，却产生了纠偏动作
漏纠偏	评分依据6	车辆满足LKA系统工作条件，却没有产生纠偏动作
舒适性	评分依据4	驾驶舒适性感受和乘坐舒适性感受
安全性	评分依据3	驾驶安全性感受和乘坐安全性感受

（1）纠偏能力

该指标对LKA系统的纠偏能力做出评价，纠偏能力分为直道纠偏能力和弯道纠偏能力。

① 直道的评价在30～70km/h这一车速区间内进行，以每10km/h为一个评价点，车辆在各个车速下离开车道中心向左右两侧偏离时，LKA系统可以发挥自身作用主动干预转向，确保车辆始终处于本车道内。用户打分以评分依据1为参考。

② 入弯稳定性、弯道行进过程稳定性、出弯时方向的回正稳定柔和，评价弯道行驶时主要涉及这三个方面。

- 入弯稳定性指车辆应带着平稳流畅、动作连贯的姿态地进入弯道，转向盘是转弯时用到的主要部件，其转角变化要保持平顺自然，不显机械生硬。跟随弯道曲率也要保证准确，避免出现不足或超调的情况。
- 在弯道中，车辆转向稳定这项要求应尽量达到，车辆在车道线间行驶时不应呈现出明显的蛇形轨迹，弯道是危险多发的地带，如果转向出现突变，后果很可能难以控制。
- 离开弯道回正方向时动作要稳定柔和，车辆要尽量维持在车道线之间的正中位置。

（2）纠偏时机

LKA介入时机的早晚，即介入时车辆在正处于车道中的哪一位置、此时车辆的状态如何，这些因素在很大程度上决定了驾驶员在主观上对LKA介入时机有怎样的感受。

如图6-12所示，LKA应做到在车辆无意识地越过“干预临界线”时主动对转向实行干预，干预的结果是车辆留在本车道内。车辆需在恰当的时间产生纠偏力矩，实现对转向盘的控制。在达到“最早干预线”前就已做出上述行动，和在已经驶出“最迟干预线”之后还未开始行动，都属于没把握好时机，前者是纠偏时刻过早，后者是纠偏时机过晚。

（3）误纠偏

这一指标针对是否出现误纠偏情况做出评价。

（4）漏纠偏

该指标针对有无漏纠偏的情况做出评价，如系统未在车辆向左右两侧偏离时做出纠偏动作。

（5）舒适性

该指标围绕用户在使用 LKA 系统时对舒适性的感受做出评价，包括驾驶舒适性和乘坐舒适性，例如系统在对转向盘进行纠偏时，所施加的纠偏力矩是否恰到好处，是否有过大或过小的情况，整个纠偏过程能否称得上是柔和顺畅。

（6）安全性

在使用 LKA 系统时，用户对驾驶安全性和乘坐安全性的感受如何，是该项指标的评价内容。使用系统时，驾驶员是否会遇到系统纠偏过程产生较大幅度的转向盘摆动，以及随之而来的车身的轻微晃动，并由此生发出不安全感。

第7章 自适应巡航控制系统（ACC）

7.1 自适应巡航控制系统概述

7.1.1 ACC 系统结构与作用

自适应巡航控制（adaptive cruise control，ACC）系统是一种融合了定速巡航系统（cruise control system，CCS）和前向碰撞预警系统（forward collision warning system，FCWS）的高级驾驶辅助系统，既可以实现 CCS 系统中的各项功能，也可以利用车载雷达等传感器设备实现对前方道路的监测，从而充分保障车辆的行车安全。

当系统发现前方道路上存在其他车辆时，将会采集两车之间的相对距离和相对速度等信息，并对车辆的纵向速度进行控制，确保两车之间始终保持安全距离，防止出现追尾等碰撞问题。

（1）自适应巡航控制系统的组成

ACC 系统主要包含人机交互界面、信息感知单元、电子控制单元（engine control unit，ECU）、执行单元四个组成部分，具体来说，自适应巡航控制系统的组成如图 7-1 所示。

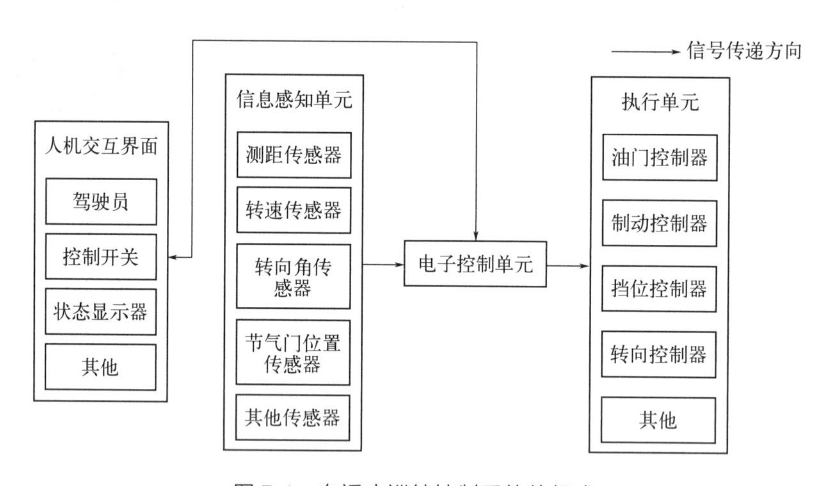

图 7-1 自适应巡航控制系统的组成

① 人机交互界面。人机交互界面通常位于汽车的仪表板或转向盘上，既可支持驾驶员从中获取系统状态信息，也能够为驾驶员设置系统参数提供方便，驾驶员可以通过人机交互界面来完成 ACC 系统控制命令的启动和清除工作。具体来说，当 ACC 系统启动时，驾驶员需要通过人机交互界面设置好巡航状态下的汽车的车速和安全距离；当驾驶员未及时设置各项系统参数时，ACC 系统则会自动将其设置为默认值，但无论是驾驶员还是 ACC 系统，其设置的安全距离都不能低于相关交通法规针对当前行驶速度下的车辆所规定的安全距离。

② 信息感知单元。信息感知单元主要由测距传感器、转速传感器、转向角传感器、节气门位置传感器和制动踏板传感器等感知设备组成，具有较强的信息采集功能，能够为 ECU 提供支撑车辆实现自适应巡航控制的各项信息。

具体来说，激光雷达、毫米波雷达等测距传感器能够采集车辆之间的距离信号；霍尔速度传感器等转速传感器能够采集车辆的实时速度信号；转向角传感器能够采集车辆的转向信号；节气门位置传感器能够采集节气门开度信号；制动踏板传感器能够采集制动踏板动作信号。

③ 电子控制单元（ECU）。ECU 能够根据车辆当前行驶状态、已设定的安全距离、已设定的巡航速度等信息来实现各项控制功能，并将控制信号传输到执行单元中，进而实现对车辆的有效控制。

具体来说，当两车之间的距离低于已设定的安全距离时，ECU 会对实际距离和安全距离之间的比值和相对速度进行计算，并据此控制车辆降低行驶速度，同时借助报警器来发送报警信号，提醒驾驶员及时通过减速、刹车等方式来进行避让，防止出现车辆碰撞事故。

④ 执行单元。执行单元主要由油门控制器、制动控制器、挡位控制器和转向控制器组成，能够接收并执行来源于 ECU 的控制信号。

具体来说，油门控制器能够通过对油门开度的调整控制汽车进行加速、减速或匀速行驶；制动控制器能够对车辆进行紧急制动；挡位控制器能够通过对变速器挡位的调节来实现对车速的调控；转向控制器能够控制汽车的行驶方向。

（2）汽车自适应巡航控制系统的作用

ACC 系统是汽车辅助驾驶系统中不可或缺的一部分，能够利用雷达等车载传感器设备获取本车以及前方道路上的有效目标的运动状态信息，并在综合分析加速能力、减速能力、安全性、舒适性和快速性等诸多因素的基础上，控制本车按照期望车距对前车进行跟车行驶。ACC 系统可以在自动控制汽车纵向运动的过程中减轻驾驶员的驾驶疲劳，提高行车的安全性，同时也能够为驾驶员提供驾车辅助。

具体来说，ACC 系统主要具有以下几项作用：

① 自动控制车速。ACC 系统能够对汽车的行驶速度进行自动控制，同时也支持驾驶员随时对车辆进行加速或制动操作。当汽车处于巡航状态下时，若驾驶员对车辆进行制动操作，那么 ACC 系统控制单元将会控制车辆结束巡航；若驾驶员对车辆进行加速操作，那么 ACC 系统将会在车辆停止加速后控制其按原车速继续巡航控制。

② 控制车辆状态。ACC 系统可以接收来源于测距传感器和加速踏板传感器等感知设备的反馈信号，掌握车辆周围物体的移动速度，并借此进一步明确道路情况，实现对车辆行驶状态的有效控制，同时也可以根据驾驶员施加在加速踏板上的力来衡量车辆当前的巡航控制需求，并据此为驾驶员提供辅助驾驶服务，降低驾驶员的驾驶强度。

③ 控制车距。一般来说，当车辆的行驶速度低于 25km/h 时，ACC 系统将不会继续发挥作用，车辆需要由驾驶员来进行人工控制。系统软件更新迭代后，ACC 系统将具备“停车 / 起步”功能，能够在汽车低速行驶时始终与前车保持设定的车距，并及时获取前方车辆行驶状态信息，在前方车辆起步时，及时向驾驶员发送相关提示，告知驾驶员以踩踏油门踏板或按下按钮的方式控制车辆起步。由此可见，装配有 ACC 系统的汽车能够实现对车距的有效控制，灵活应对城市交通中频繁停车和起步的交通状况。

④ 汽车编队行驶。ACC 系统控制单元可以选择自动跟踪车辆，并将前车的行驶速度作为本车车速，同时也可以利用位于转向盘处控制杆上的设置按钮来设置跟车距离，以便在跟车行驶的过程中始终保持一定的车距，从而为车辆实现编队行驶提供支持。

⑤ 汽车自动转向。具有辅助转向功能的 ACC 系统既可以控制车辆与前车之间保持一定的车距，也支持汽车实现自动转向，进一步提高驾车的安全性和舒适性。

7.1.2 ACC 系统原理与模式

ACC 系统能够通过对车辆纵向运动的自动控制来为驾驶员提供辅助驾驶，从而达到降低驾驶员的驾驶强度和提高驾车安全性的效果。

（1）ACC 系统的工作原理

当汽车处于行驶状态时，距离传感器可以对前方道路进行扫描，轮速传感器可以采集车速信息，而 ACC 系统可以根据这些信息来对汽车进行巡航控制。具体来说，ACC 系统既可以在汽车前方不存在障碍物的情况下，控制车辆以设定速度巡航，也可以在前方道路上有其他车辆的情况下，计算出两车之间的相对距离和相对速度，并针对这些数据信息进一步提高发动机控制系统、自动变速器控制系统和防抱死制动系统（antilock brake system，ABS）之间的协调性，从而实现对汽车纵向速度的有效控制，确保两车之间始终保持安全车距。

从工作原理上来看，ACC 系统可以依次完成环境感知、数据处理、轨迹规划和控制执行等各个环节中的任务，并在此基础上实现对汽车的全面监控和自主控制。

① 环境感知。汽车中装配有雷达、摄像头和激光传感器等多种感知设备，能够对周边的道路、车辆和障碍物等进行实时感知，并对感知到的各项信息进行实时处理。

② 数据处理。ACC 系统可以利用数据处理算法来分析各项来源于感知模块的信息，并从中获取前方车辆的行驶速度、行驶方向以及自身与前车之间的车距等关键参数。

③ 轨迹规划。ACC 系统可以根据车辆状态信息和来源于感知模块的各项信息

来确定行车路线和行车速度，并根据前方车辆的车速自动调整本车速度和本车与前车之间的车距，进而实现对行驶轨迹的规划，确保行车的安全性。

④ 控制执行。ACC 系统可以通过指令来控制执行模块的动力系统和刹车系统，确保车辆可以按照规划好的行驶轨迹自动进行加速和减速，并始终与前车保持提前设置好的安全车距。

（2）ACC 系统的工作模式

自适应巡航控制系统的工作模式如图 7-2 所示。

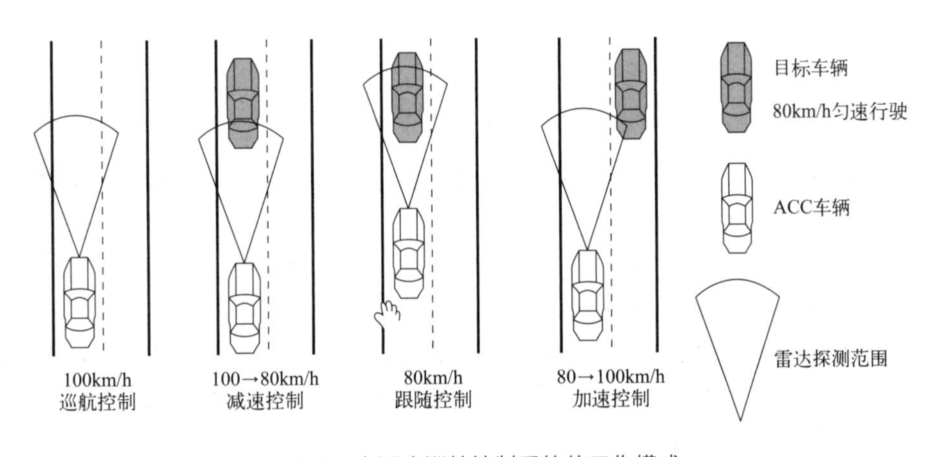

图 7-2 自适应巡航控制系统的工作模式

① 巡航控制。当前方道路上不存在正在行驶的车辆时，汽车会进入正常巡航状态，ACC 系统也会按照预先设定的车速进行巡航控制。

② 减速控制。当前方道路出现车速高于本车的目标车辆时，ACC 系统将会降低本车的行驶速度，确保本车与前车之间的车距达到预先设定的安全距离。

③ 跟随控制。当车速已经降低到目标值时，ACC 系统会采取跟随控制的方式，控制车辆按照目标车速继续行驶。

④ 加速控制。当目标车辆加速行驶或变道行驶导致本车前方不再有处于行驶状态的车辆时，ACC 系统将会控制车辆加速行驶，直至车速达到预先设定的行驶速度。

当汽车的行驶速度恢复到预先设定的车速时，ACC 系统将会对车辆进行巡航控制。当驾驶员对车辆进行驾驶操作时，ACC 系统则会自动将车辆控制权交给驾驶员。

7.1.3 ACC 系统要求与设置

ACC 系统通常处于关闭、等待或工作状态下。具体来说，自适应巡航控制系统的状态如图 7-3 所示。

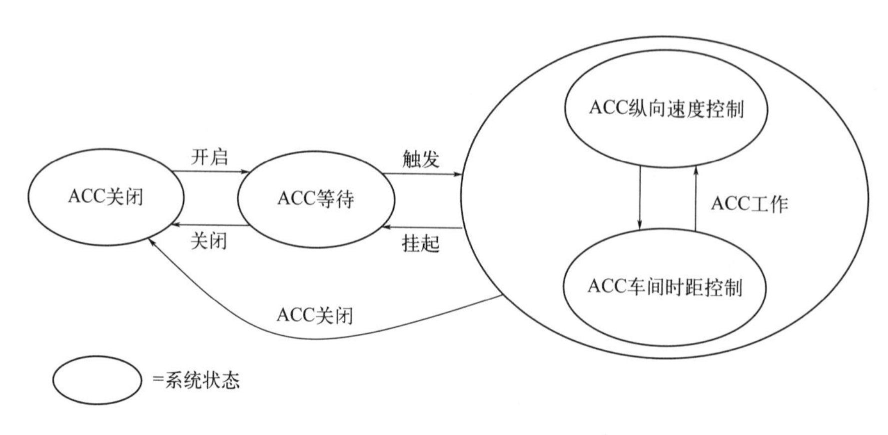

图 7-3 自适应巡航控制系统的状态

① 关闭状态。当 ACC 系统处于关闭状态时，驾驶员需要通过按下车辆外部按键的方式来开启 ACC 系统。

② 等待状态。当 ACC 系统处于等待状态时，无法对车辆进行纵向控制，但驾驶员可以随时将其切换到工作状态。

③ 工作状态。当 ACC 系统处于工作状态时，既可以对本车车速和与前车之间的距离进行控制，也能够在接收驾驶员的超车意图信息的前提下，切换到驾驶员超越模式，并支持车辆自动启停。

（1）ACC 系统的要求

ACC 系统的要求主要涉及以下两项内容：

① 汽车 ACC 系统基本控制策略要求。

- 对工作状态下的 ACC 系统来说，可以通过自动控制车速的方式来确保本车与前车之间保持一定的车间时距，或将预先设定的车速作为本车的行驶速度，进而达到自动转换控制模式的目的。具体来说，车间时距指的是在 ACC 系统中，本车驶过连续车辆的车间距所需的时间间隔。
- 汽车可以通过 ACC 系统自动调节或驾驶员手动调节的方式来确保车间时距的稳定性。
- 当本车车速未能达到最低工作速度时，车辆应限制 ACC 系统由等待状态转为工作状态。不仅如此，当 ACC 系统处于工作状态，且本车车速低于最低工作速度时，自动加速功能将被关闭，ACC 系统也可以从工作状态自动切换到等待状态。
- 当前方道路上存在许多车辆时，ACC 系统可以选定同一车道内距离最近的车辆作为目标车辆。

② 汽车 ACC 系统基本性能要求。

- ACC 系统应具备自动转换控制模式的能力。
- ACC 系统应确保可选择的最小稳态车间时距不低于 1s，且能够充分满足自身在不同车速下的控制需求，同时也要为车辆提供不低于 1 个 1.5 ～ 2.2s 的车间时距。

- ACC 系统应具备控制本车车速的能力。
- 车辆的用户使用手册中，应明确指出 ACC 系统能否响应静态目标。
- ACC 系统应具备符合相关标准要求的距离探测能力、目标识别能力和弯道适应能力。

（2）自适应巡航控制系统的设置

驾驶员可以借助控制开关来对 ACC 系统的指令进行提前设置。ACC 系统的控制按键大多位于转向盘处，具有使用难度低、操作便捷等特点，驾驶员只需移动左手的大拇指即可完成对 ACC 系统的操控。一般来说，不同的按键具有不同的功能，各个按键均具有可复用性，例如，SET 键可以以 10 为单位来对速度进行调整。具体来说，ACC 系统的控制开关如图 7-4 所示。

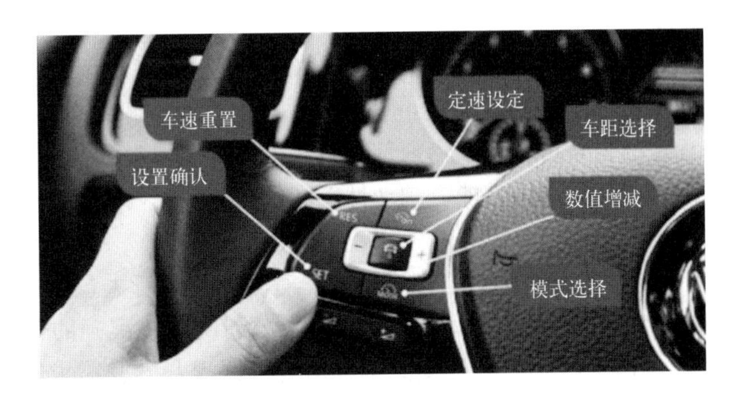

图 7-4 ACC 系统的控制开关

ACC 系统大多在驾驶员完成参数设定后开始工作。从模式上来看，驾驶员可以通过 ACC 系统的控制开关选择限速巡航模式或自适应巡航模式；从车速上来看，驾驶员可以通过 ACC 系统的控制开关设置一个速度区间，例如，当车辆行驶在高速公路上时，驾驶员可以设定一个低于高速公路限速的速度区间，该区间通常处于 80 ～ 120km/h 当中；从车距上来看，驾驶员可以根据车速和路况从 5 个挡位中选择出合适的车距，例如，当车辆行驶在高速公路上时，驾驶员通常会选择距离较远的车距。

当车辆处于自适应巡航状态时，驾驶员可以只使用转向盘来对行驶方向进行控制，无须持续踩踏油门踏板；当遇到复杂度较高的路况时，驾驶员可以踩踏刹车踏板，解除 ACC 系统对行车速度的控制，进而将车速的控制权转移到自己手中。

部分 ACC 系统已经实现了辅助转向功能，能够在车辆处于自适应巡航状态时对车辆的行驶速度和行驶方向进行控制，在驾驶员未对油门踏板和转向盘进行调整和控制的情况下支持车辆实现自动跟车。当前方道路上出现紧急情况或信号灯时，驾驶员可以通过踩踏制动 / 加速踏板或调整转向盘的方式来停止 ACC 系统对车辆的控制，从而将车辆的控制权转移到自己手中。

7.1.4 ACC 系统标定的方法

近年来，科学技术飞速发展，汽车行业的自动化和智能化程度也越来越高。在汽车行业发展的过程中，ACC 系统发挥着至关重要的推动作用。具体来说，ACC 系统能够自动根据实际情况来对车速进行调整，确保本车与目标车辆之间的车距不低于安全距离，从而达到提高驾车的安全性和舒适性的效果。

ACC 系统标定具体包括状态标定、转矩标定和驾驶性标定三个环节，每个环节对应的目标和采用的方法各不相同，但都需要依赖复杂的算法和精确的数据资源实现。

（1）状态标定

状态标定的标定目标在信息层面是为 ACC 系统实现高效运行提供支撑，为 ACC 系统提供车辆速度、车辆加速度和车辆制动力等各项车辆状态信息。

影响状态标定的因素可分为车辆内部因素和外部环境因素两大类，其中，车辆内部因素主要涉及车辆的动力性能、制动性能和悬挂系统等内容，外部环境因素主要涉及路面状况、天气状况等内容。

在落实 ACC 系统状态标定的过程中，汽车行业需要进行大量的模拟测试和实车测试，确保标定数据的准确性，以便 ACC 系统利用这些准确的信息来对车辆运行状态进行优化调整，从而达到提高车辆对各种路况和驾驶需求的适应能力的目的。

（2）转矩标定

转矩标定的标定目标是明确车辆的最优转矩输出。

影响转矩标定的因素主要涉及车辆型号和驱动方式等内容，其中，驱动方式主要包括前驱、后驱和四驱三种类型，与此同时，转矩输出情况也会影响到车辆的加速性能和制动性能。

在落实 ACC 系统转矩标定的过程中，汽车行业既要从具体车型出发，针对车型选择合适的标定方法，也要综合考虑驾驶员的需求和习惯等因素，以便在最大限度上优化驾驶员的驾驶体验。与此同时，ACC 系统也可以借助改变转矩输出的方式实现对车速的调整，也可以借助转矩标定来强化对车辆行驶状态的控制，进而达到提高驾车的安全性和舒适性的目的。

（3）驾驶性标定

驾驶性标定的标定目标是提高 ACC 系统运行情况与驾驶者期望之间的一致性，确保 ACC 系统的响应速度、动态调整能力以及车辆行驶的稳定性等均能满足汽车在自适应巡航控制方面的需求。

影响驾驶性标定的因素主要包括汽车性能和驾驶员需求两项内容，其中，驾驶员需求因人而异。

在落实 ACC 系统驾驶性标定的过程中，汽车行业需要针对驾驶员的需求和习惯来调整标定方案。具体来说，部分驾驶员的需求是提高车辆在高速公路上时的车速调整速度，需要进一步提升 ACC 系统的响应速度，但也有一部分驾驶员对驾车舒适性的要求较高，需要适当降低 ACC 系统的响应速度。

7.2 ACC 系统仿真测试与评价

7.2.1 仿真测试整体方案

得益于智能驾驶领域相关技术的不断发展，车辆自适应巡航系统的安全性越来越强，也因此被越来越多的驾驶员认可。驾驶员因长时间行车而疲劳驾驶时，可以选择将驾驶权交给自适应巡航控制系统，系统通过控制器控制车辆的巡航状态，避免因驾驶员的疲劳驾驶发生碰撞。自适应巡航控制的组成结构分为感知、决策、执行三部分，设计方案如图 7-5 所示。

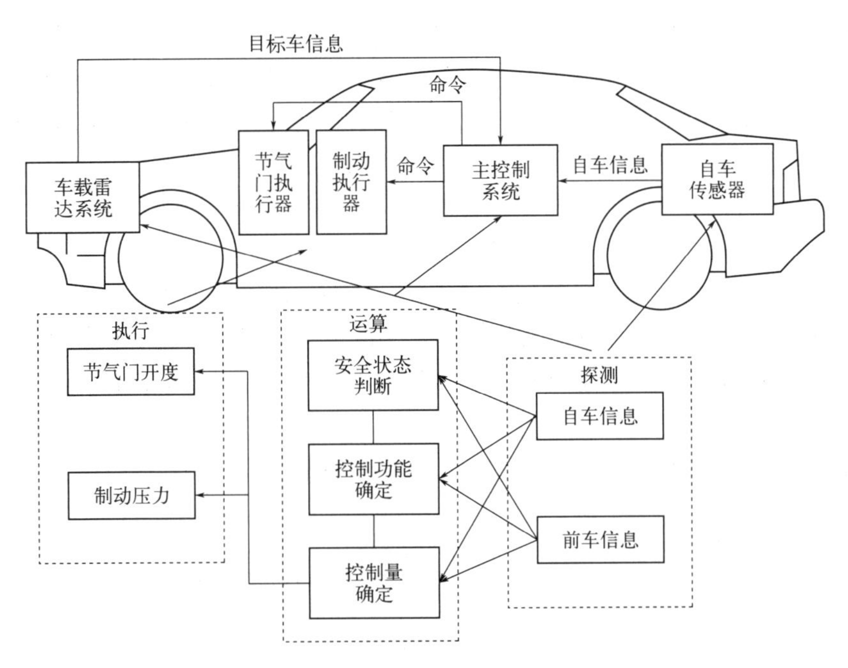

图 7-5 智能汽车自适应巡航控制系统总体方案

（1）ACC 系统整体方案

场景工况和传感器设置、车辆动力学模型建立和 ACC 控制策略设计是智能汽车 ACC 系统设计方案的三个组成部分，其总体方案与具体的技术流程如图 7-6 所示。

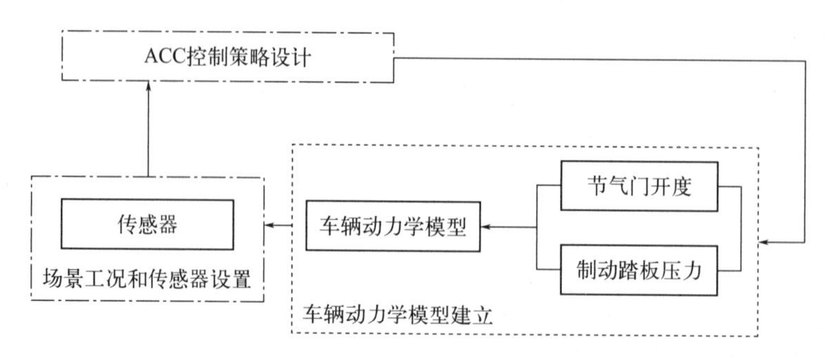

图 7-6 总体方案关键技术

① 场景工况和传感器设置。为了在设计 ACC 控制策略的过程中验证其是否能够赋予车辆合格的自适应巡航控制能力，需要搭建符合实际的场景工况，将车辆带入行车环境中进行测试。设置传感器则是为了让车辆收集环境信息，传感器收集信息后将信号输出给控制器，由控制器处理分析两车间距和速度等数据，计算车辆巡航是否处于危险状态。

② 车辆动力学系统模型建立。车辆直接受控于 ACC 系统进行巡航，这期间没有驾驶员的参与，因此车辆的动力学模型是非常重要的。在这一步，设置节气门的开度和制动踏板的压力，都是在模仿驾驶员进行车辆控制操作。

③ ACC 控制策略设计。控制器的设计是 ACC 系统方案的核心，必须在设计的过程中满足系统的安全性、舒适性、精确性、稳定性要求。要在让乘载人员得到良好乘坐体验的同时，保证自适应巡航控制驾驶的安全性。自适应驾驶的精确度越高，油耗就越低，车辆零部件的磨损也越小。另外，自适应巡航控制有时会面对比较复杂的行车环境，在这种环境中，影响控制器判断的干扰因素可能较多，这就需要控制方案有较强的鲁棒性，不易被干扰。

经过大量的实践与总结，控制策略的设计逐渐分成了直接式和分层式两种。

- 直接式控制的具体流程是感知自车与前车之间的距离，判断车辆自适应巡航控制所需的操作，再由控制器将信号发送给执行单元完成巡航操作，具体方案如图 7-7 所示。直接式控制的优点是流程较为简单，不需要搭建复杂的模型；但较长的控制链降低了系统的鲁棒性，导致直接式控制容易被外界干扰。

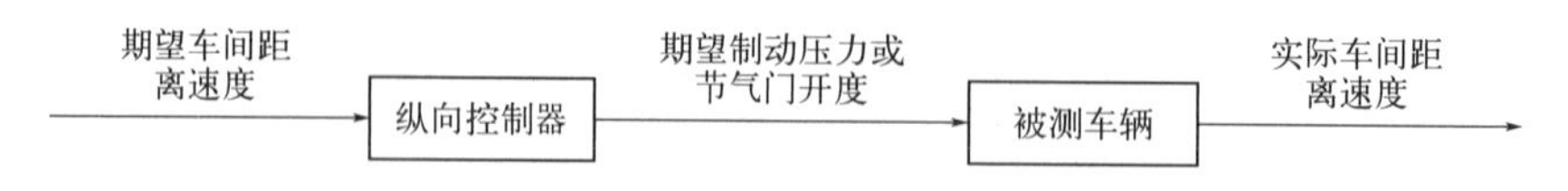

图 7-7 直接式控制示意图

- 分层式控制是从上层和下层两个部分控制车辆的自适应巡航控制。上层通过传感器获取车辆巡航环境的信息，然后将这些信息输送到计算单元得出加速度、行车间距等数据；下层部分获取这些数据，施加对应的压力给制动踏板，同时也设置对应的节气门开度，以完成自适应巡航控制，具体方案如图 7-8 所示。

图 7-8　分层式控制示意图

分层式控制的优点在于每个模块都单独负责自己的控制目标，通过各个模块之间的配合完成车辆的自适应巡航控制。这种控制方案的设计难度因为模块的独立而降低，还可以单独调整每个模块的参数，操作简单。因此，一般采用分层式控制设计车辆自巡航方案。

（2）ACC 系统仿真测试需求分析

智能汽车的自适应巡航控制系统仿真测试能够验证控制策略是否有效。为了提高测试的效率，开发者需要搭建虚拟环境下的交通工况，然后建立车辆的动力学模型，最后通过特定软件模拟传感器感知的环境信息，利用算法单元处理数据，测试系统是否能正常工作，从而对自适应巡航控制系统进行综合评判。测试系统需要满足以下要求：

① 成本较低，且测试能够在室内进行，以便开发者重复测试。为了避免误差，测试必须多次重复进行，因此测试系统也必须能够承受频繁通断，系统会随着测试的进行而不断更新内容，因此还需要具有拓展性。

② 测试系统必须拥有测试不同车型的能力，如轿车、SUV 等。通过对不同车型进行仿真测试实验，真实地反映不同车辆自适应巡航控制能力。

③ 测试系统需要具备模拟各种交通环境的功能。由于系统的开发需要大量的测试，开发者需要高效搭建测试环境，并与其他仿真软件进行交互并测试。

④ 测试系统必须能够模拟不同的信号，如摄像头、雷达等设备接收的信号，以便将这些信号发送给控制器，完成自适应巡航控制过程。

（3）ACC 系统仿真测试系统方案设计

智能巡航控制系统的仿真测试方案设计如图 7-9 所示。

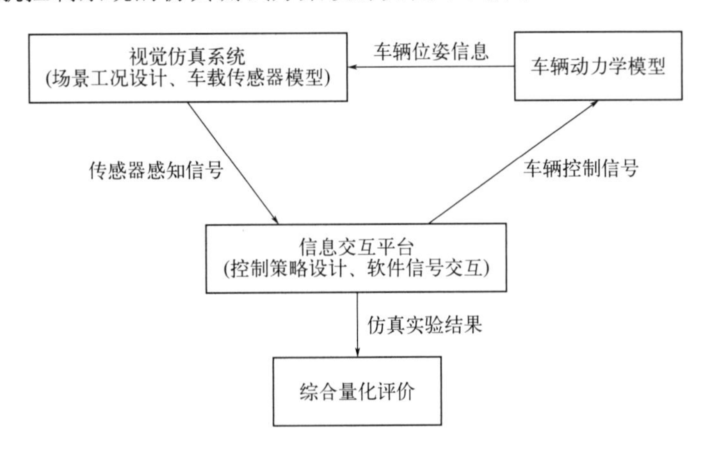

图 7-9　系统仿真测试整体方案设计

整个系统方案包括信息交互平台、车辆动力学模型、视觉仿真系统三个部分。

- 先对测试车辆的动力学参数等进行设置，再通过视觉仿真系统模拟测试工况，通过搭建不同的工况检验系统的可靠性。
- 通过信息交互平台实现各种工况和测试车辆之间的信息交互，并导入智能巡航控制策略进行验证。
- 选择一定的方法，对系统仿真测试的结果进行归纳，评价智能汽车自适应巡航控制的性能。这三个部分与综合量化评价共同构成了系统仿真测试的方案，互相配合以检验系统性能。

7.2.2 仿真测试软件选型

（1）场景仿真系统选型

场景仿真系统可以搭建自适应巡航控制系统的仿真测试场景。仿真交通环境必须要足够多的机动车、行人、交通标志、道路等模型，通过设置这些模型搭建起虚拟测试场景。另外，为了检验智能汽车自适应巡航控制系统的控制策略是否有效，仿真场景系统还必须配置测试需要用到的各种传感器模型，包括摄像头、雷达等，以收集车辆模拟测试时的环境信息。

在实际的测试中，一般会用到的场景仿真工具主要有Unity3D、Creator、SketchUp等。其中，Unity3D是渲染游戏界面的工具，渲染效果较好，因而被广泛使用。将Realistic Car Controller插件加载进Unity3D中，可以渲染车辆模型。Unity3D的主要不足是将该软件用于仿真测试时，使用的传感器模型较少，会忽略车辆结构对于运动过程的影响。Creator建模软件的优点是建立的模型结构简单且比较标准，但是也存在建模周期较长，应用于大规模的仿真测试系统时效率低下的问题。

以上的几个建模软件都各有优缺点，经过考量，一般选择PreScan为场景仿真测试的建模软件。PreScan的主要功能如下：

① PreScan在建立道路环境模型时，能够设置机动车、行人等的参数，还能搭建环境中的交通信号灯、交通指示牌等设施，提高场景仿真测试的真实度。另外，PreScan可以模仿天气条件，以明确不同天气对控制系统的影响。总而言之，PreScan既可以快速高效地搭建仿真行车环境，设置各方面的相关参数，又可以模拟真实的道路环境，让测试更接近真实情况。

② PreScan搭载的模拟传感器种类较多，能够模拟不同种类的传感器信号，并根据测试要求修改传感器的相关参数，有利于系统仿真测试的进行。

③ PreScan比较适合与DYNA4、CarSim等其他软件一同使用。且PreScan与Simulink软件的耦合度很高，二者通常配合使用，在Simulink中导入自适应巡航控制算法，验证自适应巡航控制算法是否准确。

④ PreScan建模软件可以生成3D可视化图像，能够实时收集实验过程中的各

种数据，还可以对系统仿真测试过程中得到的结果进行观察，便于下一步分析。利用 PreScan 建立的场景仿真模型如图 7-10 和图 7-11 所示。

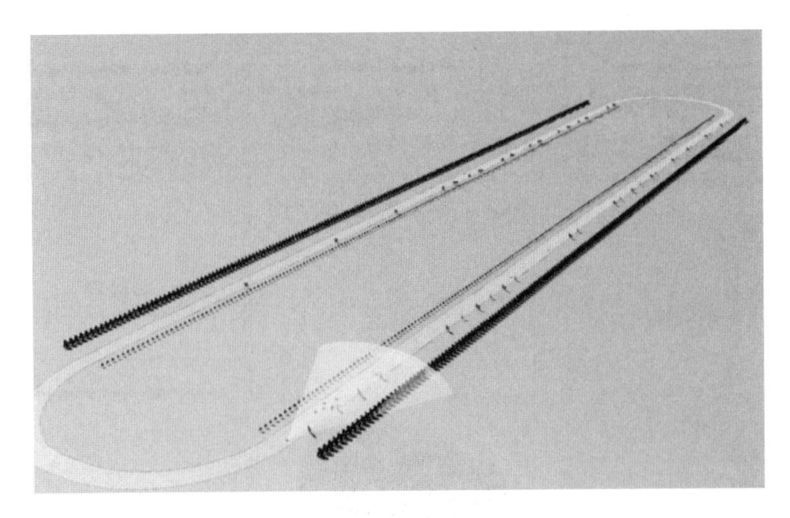

图 7-10 PreScan 道路场景模型

图 7-11 PreScan 多视角界面图

（2）车辆动力学系统选型

为了使系统仿真测试更接近真实情况，明确车辆自适应巡航控制时的真实状态，需要使测试车辆的各项参数设置为定值，而参数的设置需要使用 CarSim、DYNA4 等车辆动力学软件。这类软件主要通过把车辆模型拆分成多个独立的子系统来分别进行系统仿真测试的设计，从而为开发者省去公式推导的过程，快速验证仿真实验的结果。

作为示例，选用 CarSim 作为车辆动力学软件设置仿真测试的相关参数。CarSim 软件由 Mechanical Simulation 公司研发，在汽车智能系统开发领域应用较为广泛，CarSim 的界面如图 7-12 所示。

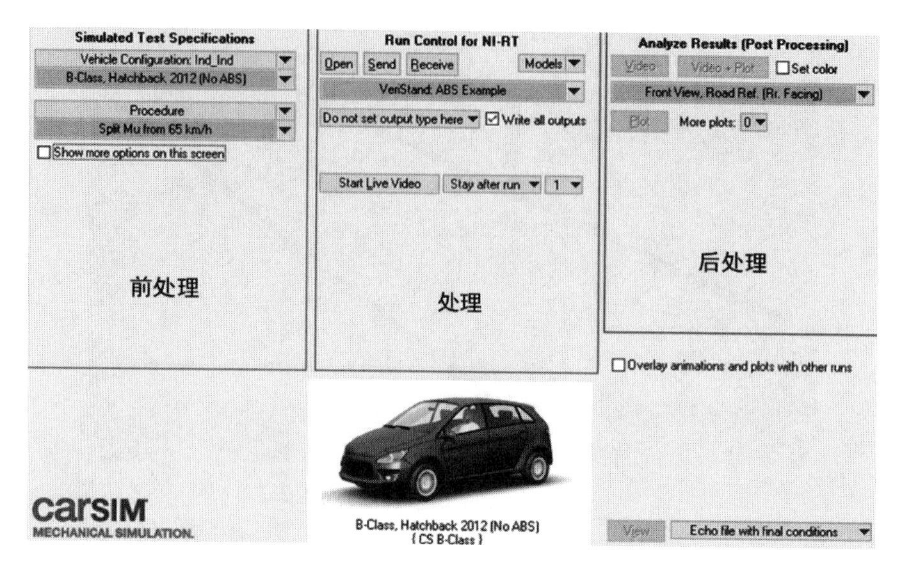

图 7-12 CarSim 软件界面

CarSim 构建车辆的动力学模型，在模型中设置车辆的各部分参数。CarSim 建立的模型有整车外形和尺寸、系统、前后悬架三个主要组成部分，各细分组成部分如图 7-13 所示。

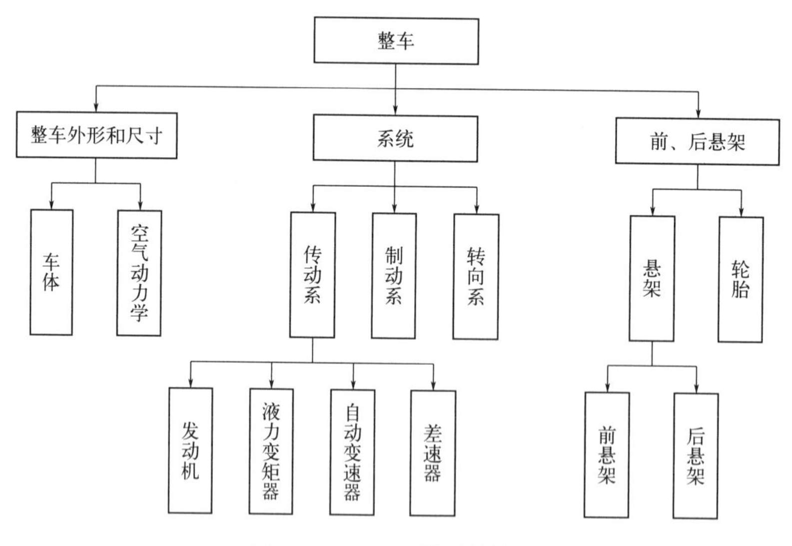

图 7-13 CarSim 模型结构图

通过使用 CarSim 软件可以设置车辆动力学模型的参数，使仿真测试的数据更接近真实情况，从而让测试的结果更可靠。

7.2.3　仿真测试场景设计

要使自适应巡航控制系统的仿真测试顺利进行，就要提高搭建测试场景的效率。良好的仿真工况既可以提高仿真测试的效率，又可以检验算法是否有效，对自适应巡航控制系统的仿真测试十分重要。

（1）静态仿真环境

静态仿真环境是指仿真测试时测试车辆所处环境中的静止物体，如停放的机动车、非机动车，等待合适时机穿越马路的行人以及交通信号灯、道路两侧的交通指示牌等。主要的静态环境要素如图 7-14 所示。

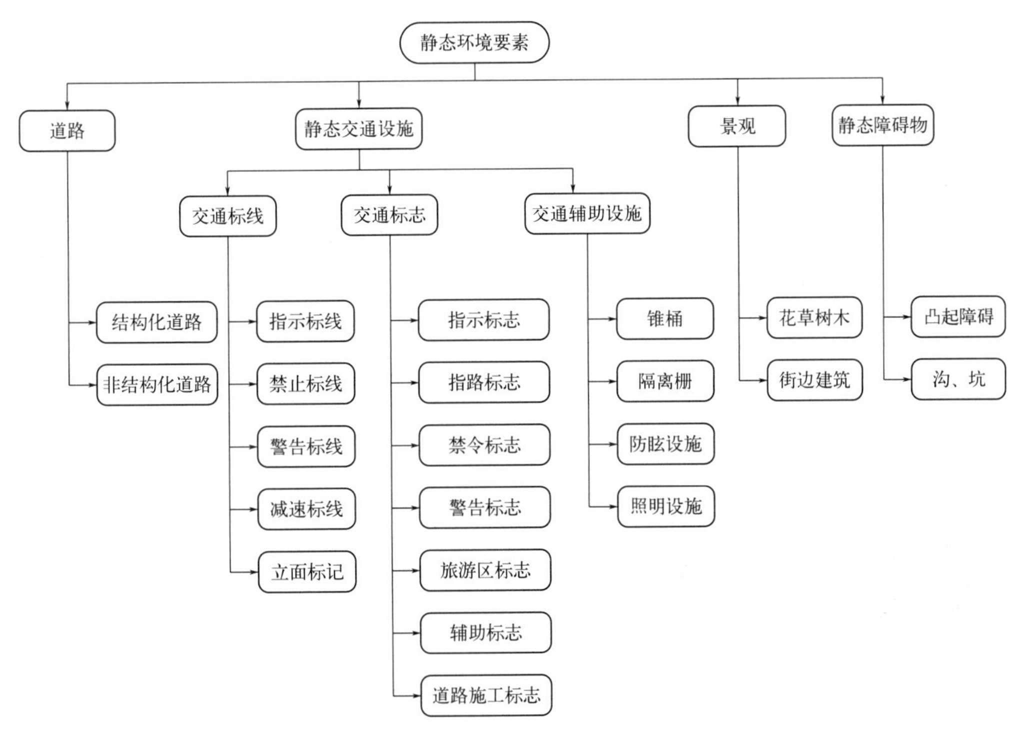

图 7-14　静态环境要素

使用 PreScan 软件中附带的功能模块可以设计测试环境，通过在场景中设置不同种类的静态环境要素，让测试环境更接近真实效果。这样做不仅能提高测试的精确度，还能让测试环境的观赏性更高，让场景要素更接近实际行车环境。

（2）动态仿真环境

动态仿真环境的设计是通过建立动态交通参与者、动态交通设施、网联通信环境等要素的模型来模仿真实环境。主要的动态要素如图 7-15 所示。

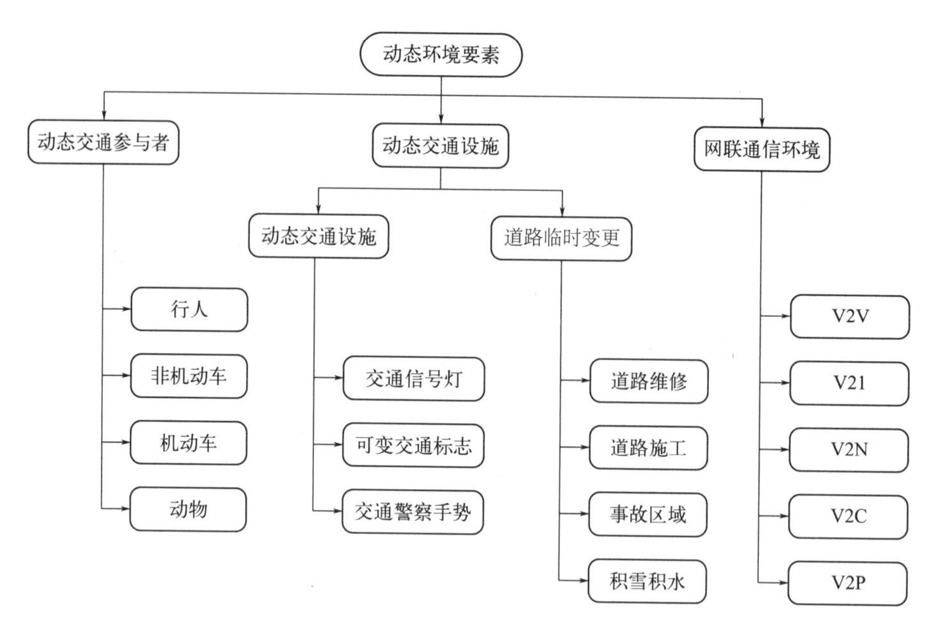

图 7-15 动态环境要素

动态场景设计的复杂程度不同，开发者在搭建动态场景时，应该使用的触发机制也不同。进行系统仿真测试的车辆，除了要配备用来感知行车环境信息的传感器之外，还必须配备道路标记传感器（lane marker sensor），传感器如图 7-16 所示，这种传感器主要是用来接收车辆所在的道路 ID 信息，如图 7-17 所示。

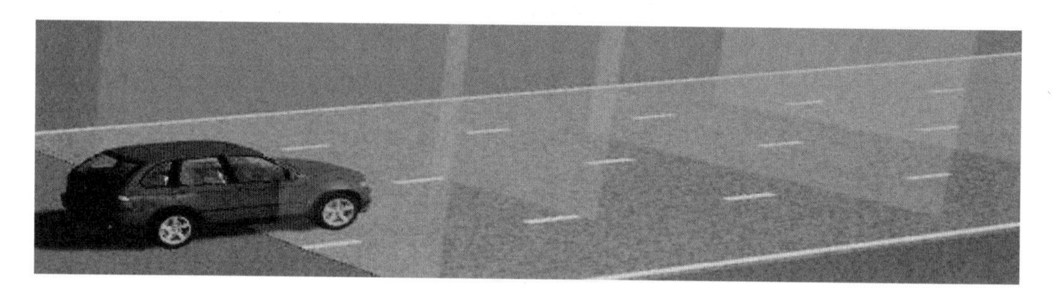

图 7-16 道路标记传感器

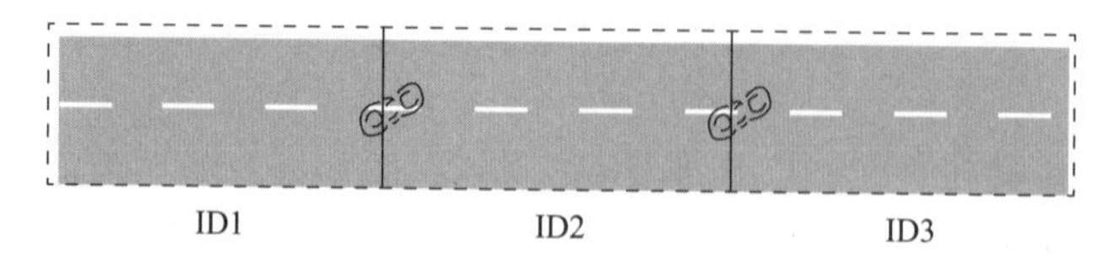

图 7-17 道路 ID 信息示意

其中的一种机制是根据识别到的道路 ID 来判断是否触发。测试车辆使用配备的道路标记传感器接收车辆在测试中的道路 ID 信息，对这些 ID 信息进行分析，当扫描到的ID信息与设定的ID信息相同，则车辆触发，开始运动，具体过程如图7-18所示。

另一种触发机制适用于前方车辆的运动状态较为复杂的情况。具体的触发机制如图7-19所示，提前规划目标车辆轨迹，再让测试车辆跟随目标车辆，除此之外还要预先设置车辆行驶的轨迹和速度。在实际测试中，由特定传感器收集两车的距离是否满足设计条件，当满足设计条件时，再由道路标记传感器判断道路ID编号，当道路ID也满足设计要求时，车辆的运动学模型接收到运动的速度信号，触发运动过程。

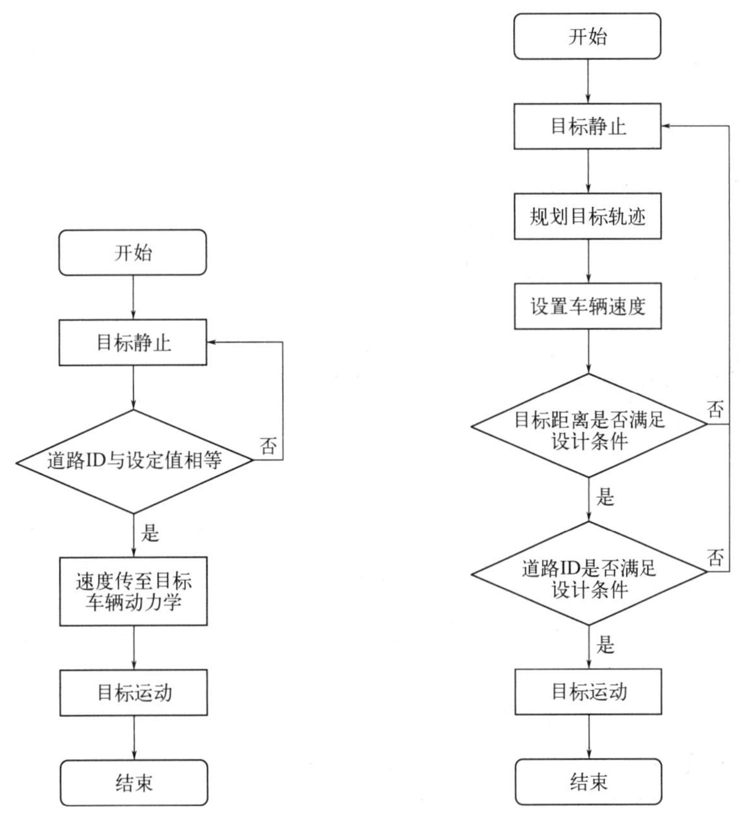

图7-18　基于道路ID识别目标触发流程　　图7-19　复杂运动目标触发流程

（3）ACC系统仿真测试工况设计

为检验自适应巡航控制系统的性能是否符合要求，现建立前车切入、前车切出和紧急制动三种仿真场景用于验证。

① 前车切入。该仿真场景主要是用于检验当车辆前方有车辆并入时，车辆自适应巡航控制系统的跟随目标发生变换，自适应巡航控制系统能否迅速调整各项参数来避免碰撞的发生，保证乘载人员的安全。

具体过程如图7-20所示，自适应巡航控制系统在跟车过程中，检测到相邻车道突然有车辆并入，本车的跟随目标立即切换为并入车。

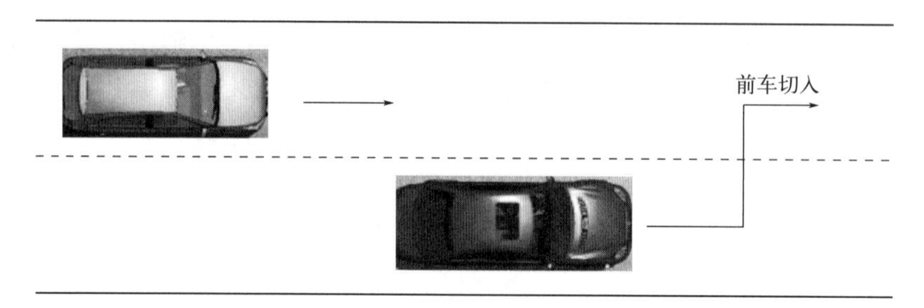

图 7-20 前车切入场景

② 前车切出。这种仿真场景主要是为了检验当车辆前方的目标车辆突然变道时，车辆自适应巡航控制系统跟随目标发生变换，车辆自适应巡航控制系统能否迅速调整各方面参数来缩小间距，跟随新的目标车辆，提高道路资源的利用率，同时也避免阻挡后车操作。如图 7-21 所示搭建起前车切出的仿真环境，提前设置自适应巡航控制的速度上限，车辆跟车过程中，前车突然加速变道。

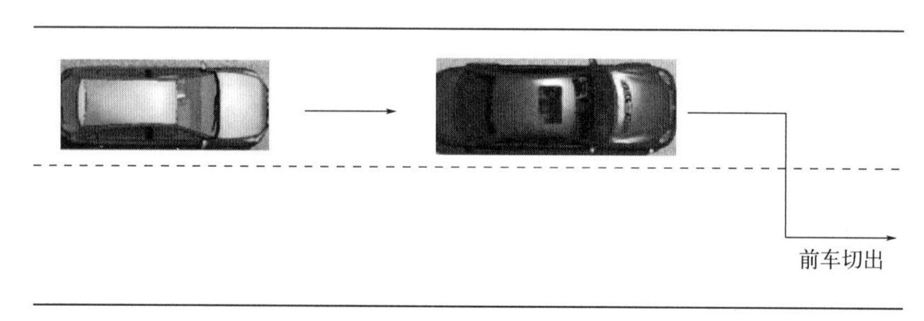

图 7-21 前车切出场景

③ 紧急制动。这种仿真场景主要是为了检验当目标车辆在行车过程中突然制动时，车辆自适应巡航控制系统能否及时调整运动状态来避免发生碰撞。如图 7-22 所示搭建起仿真环境，当本车跟车行驶时，前方车辆突然制动，此时正在自适应巡航控制的测试车辆应该迅速采取制动措施，避免发生碰撞。

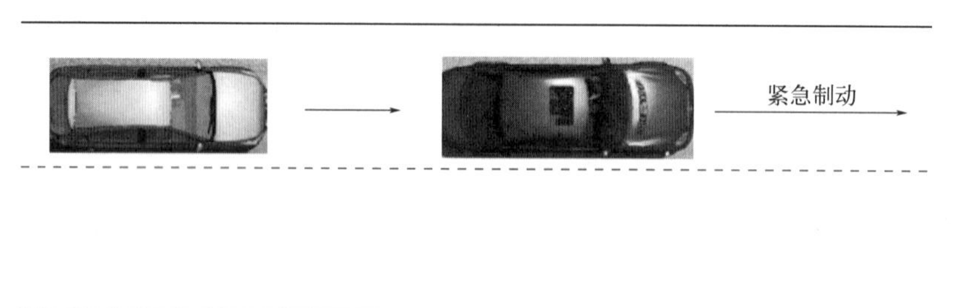

图 7-22 紧急制动场景

7.2.4 车辆动力学模型设计

开发者在进行车辆自适应巡航控制系统的场景仿真测试时，为了尽可能复现车辆在特定场景下的运动轨迹，使测试结果更可靠，需要建立车辆的动力学模型。在建立模型时要注意将车辆拆分成几个独立的子系统，方便单独对某一系统进行测试和检验，如图 7-23 所示。

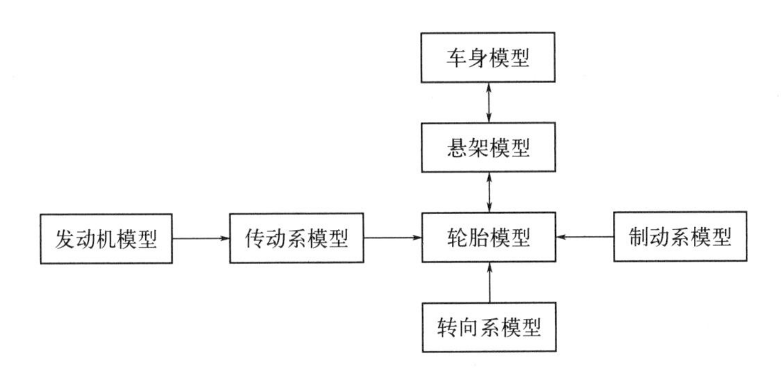

图 7-23　车辆动力学模型

为了与 PreScan 软件和奥迪 A8 的车辆模型联合使用，开发者需要在 CarSim 软件中进行一些设置，具体如图 7-24 和表 7-1 所示。

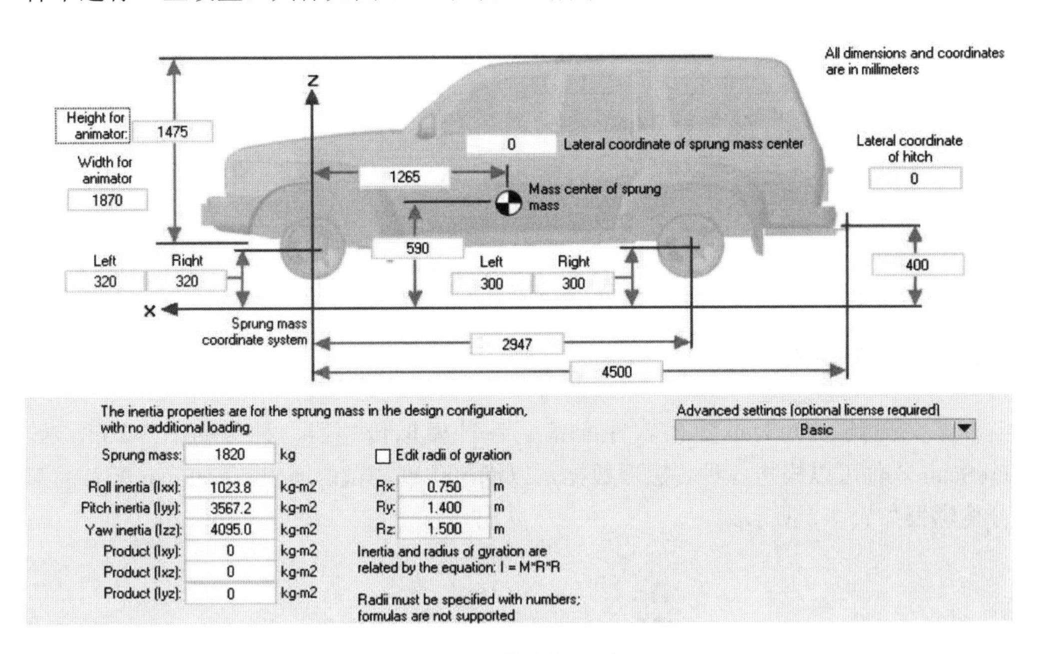

图 7-24　整车的尺寸图

（Lateral coordinate of sprung mass center：簧载质心横坐标；All dimensions and coordinates are in millimeters：所有尺寸和坐标均以毫米为单位；Mass center of sprung：簧载质心；Lateral coordinate of hitch：挂接装置的横向坐标；Sprung mass coordinate system：簧载质量坐标系；The inertia properties are for the sprung mass in the design configuration,with no additional loading：惯性特性适用于设计配置中的簧载质量，无额外载荷；Advanced settings optional license required：需要高级设置的可选许可证；sprung mass：簧载质量；Product：结果；Roll inertia：滚动惯性；basic：基本的；Pitch inertia：俯仰惯性；Yaw inertia：偏航惯性；Edit radii of gyration：编辑回转半径；Inertia and radius of gyration are related by the equation：惯性和回转半径通过以下方程联系起来；Radii must be specified with numbers,formulas are not supported：半径必须用数字指定，不支持公式）

表7-1 整车参数

参数名称	数值	参数名称	数值
簧载质量	1820kg	轴距	2947mm
绕 x 轴转动惯量	1023.8kg・m^2	后轮轮距	1624mm
绕 z 轴转动惯量	4095.0kg・m^2	前轮轮距	1624mm
绕 y 轴转动惯量	3567.2kg・m^2	车辆质心高度	590mm

但是有一点需要特别注意，PreScan 和 CarSim 建立的车辆动力学模型质心的位置不同。PreScan 建立的模型质心在车辆的后轴中点，CarSim 建立的模型质心在车辆的前轴中点。为了让两个软件联合测试时车辆的质心位置保持在同一个点，需要在 PreScan 仿真软件中添加质心偏置，从而确保在同时使用两个软件进行仿真测试时，向模型传递的信息是统一且正确的。

自适应巡航控制系统是仿真测试的对象，也是开发者应重点考虑的部分。测试使用的控制策略不同，得到的测试结果就不同，对该系统的评价也就因此不同。对自适应巡航控制系统进行分层式控制设计，具体流程如图 7-25 所示。

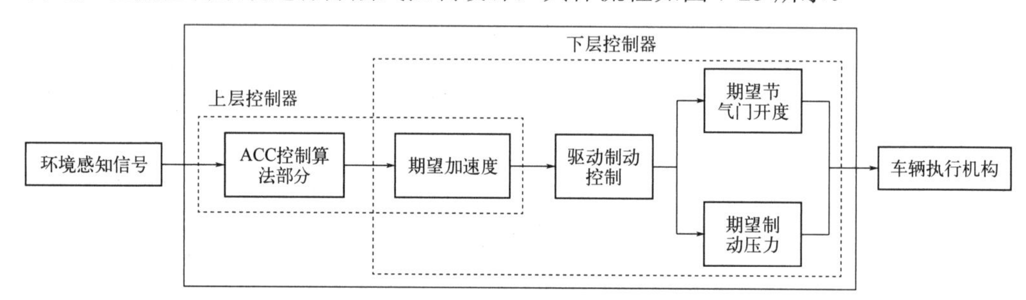

图 7-25 被测对象设计流程图

7.2.5 传感器模型设计

上文提到，PreScan 建模软件配备了各种模拟传感器，种类如图 7-26 所示，PreScan 软件可以模仿各种传感器数据，以满足仿真测试的需求。PreScan 配备的部分传感器如表 7-2 所示。

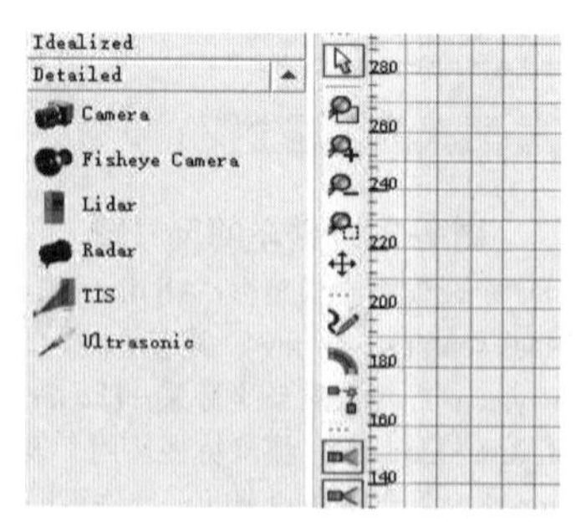

图 7-26 PreScan 部分的传感器资源
（Idealized：理想化；Detailed：详细说明；Camera：相机；Fisheye Camera：鱼眼相机；Lidar：激光雷达；Radar：雷达；TIS：热成像；Ultrasonic：超声波）

表7-2 PreScan 部分的传感器介绍

传感器类型	介绍
AIR 传感器	不借助任何扫描技术，利用障碍物的边界信息进行扫描探测
TIS 传感器	是一种通用的传感器，不受技术限制，可以灵活配置参数，模拟其他传感器性能
Radar 传感器	仿真精度较高，支持天线增益图谱
Lidar 传感器	通过发送红外光谱探测距离，应用范围广泛

在实际测试中，传感器必须模拟各种各样的情况，因此一般使用比较灵活的 TIS 传感器，开发者设置其参数，作为系统仿真测试中车辆附带的传感器使用，具体过程如图 7-27 所示。

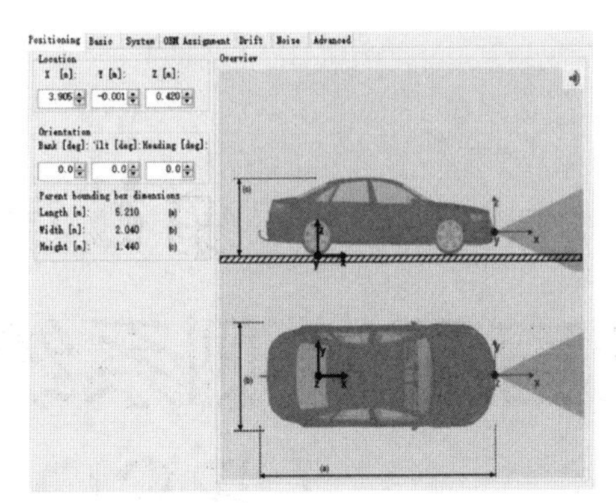

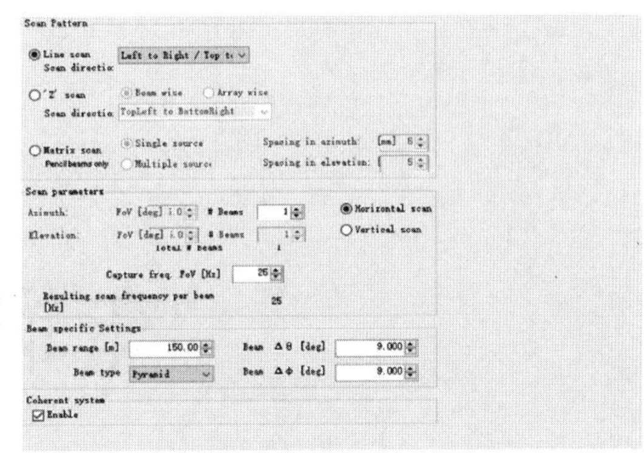

图 7-27 传感器参数设置

Intelligent Connected Vehicle

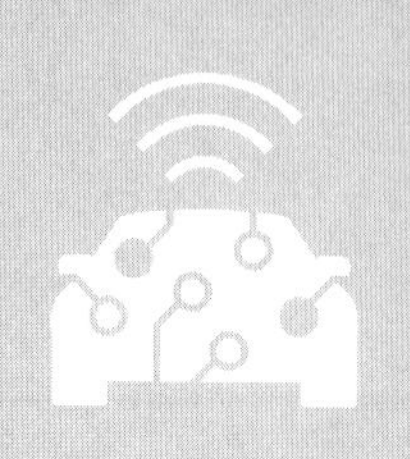

第8章 车辆盲区监测系统（BSD）

8.1 车辆盲区监测系统概述

8.1.1 车辆盲区的主要类型

随着经济的增长和科技的进步，汽车工业迎来了飞速发展，不断增加的车辆保有量增大了道路交通压力，一系列交通问题随之产生，降低了乘车出行的安全性。数据显示，在中国每年大约有 50 万起交通事故发生，10 万人在车祸中丧命。交通事故是由多方面的原因造成的，其中车辆盲区导致的交通事故占事故总数的 30%。车辆盲区的巨大危害有目共睹，在车辆主动安全领域，怎样研发和设计出有效而可靠的车辆盲区监测系统，成为研究中的重点问题。

车辆存在视觉盲区是不可避免的，这由车辆的自身结构所决定。同时，车辆行驶时还有许多因素会造成视觉盲区，例如地形的影响、交叉路口建筑物的遮挡、其他交通工具的遮挡以及转弯时的内轮差效应。车辆盲区主要有以下分类：车头盲区、车尾盲区、车底盲区、后视镜盲区、AB 柱盲区、转弯盲区，如图 8-1 所示。

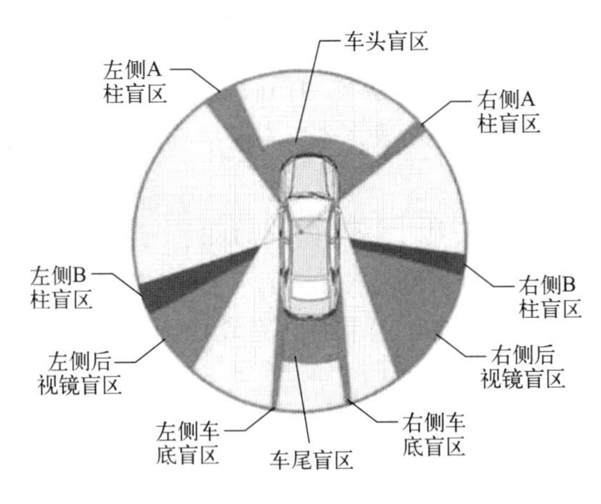

图 8-1　车辆盲区分类

（1）车头盲区

车前引擎盖的遮挡使得只有距离车头较远的区域能进入驾驶员的视野范围，而驾驶员无法看到距车头较近的区域，这就是车头盲区。车头盲区的大小受许多因素的影响，包括车辆自身的高度、车头的长度、驾驶员的身高坐姿以及驾驶之前对座椅的调整。车头盲区是半盲区，如果前方障碍物的高度比车头高度低，那么它的存在就不会被驾驶员察觉到，这样一来潜在的安全隐患就形成了。同时，因为车头盲区的存在，驾驶员不能准确判断本车与前车之间的距离，许多车辆追尾事故就是在这种情况下发生的。

（2）车尾盲区

由于后备箱的遮挡，驾驶员在通过后视镜观察车辆后方路况时会有一片区域观察不到，这就是车尾盲区。与车头盲区一样，车尾盲区也是半盲区，同样的，其大小受到车尾的长度、驾驶员的身高坐姿、车辆自身高度以及座椅调整的影响。车尾盲区内可能存在高度低于车尾高度的障碍物，在倒车时它们很容易引发碰撞事故。

（3）车底盲区

车辆C柱的遮挡使后轮附近车身两侧的区域无法在后视镜中被驾驶员观察到，这一区域被称为车底盲区。车辆自身高度、后视镜大小规格以及安装角度会影响到盲区的大小。

（4）后视镜盲区

透过车辆的左右后视镜，驾驶员只能观察到有限的范围和区域，即以左右后视镜为顶点，车身一侧纵向线为始边，向外展开30°左右的扇形区域，后视镜盲区就是这一区域之外无法被驾驶员观察到的部分。当本车驾驶员在行驶中有变道意图，而其他车辆行驶在后视镜盲区中时，往往会发生交通事故。

（5）AB柱盲区

作为车身结构的一部分，A柱和B柱的存在会部分遮挡驾驶员的视线，AB柱盲区由此形成，盲区大小受A、B柱宽度以及驾驶员与A、B柱的距离的影响，A、B柱越宽，驾驶员距A、B柱越近，盲区范围就越大。B柱盲区在车辆进行大角度右转弯时对驾驶员视线影响最大，如果此时有车辆行驶在本车右侧，就有发生碰撞事故的可能。

（6）转弯盲区

车辆转弯时，内侧前轮转弯半径比内侧后轮转弯半径更大，由此产生了内轮差，如图8-2所示。转弯时由于存在内轮差，车辆内侧形成了转弯盲区。是否能在不剐蹭或碰撞内侧行人或车辆的前提下顺利完成转弯，内轮差的存在使驾驶员难以针对这一问题做出准确判断，这大大增加了发生交通事故的可能性。

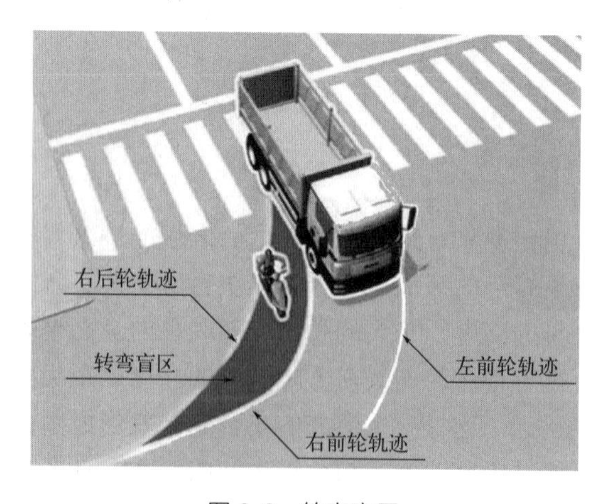

图8-2 转弯盲区

8.1.2　BSD 系统原理与构成

现阶段，高级驾驶辅助系统已经实现量产和落地应用，且能够提高车辆驾驶的舒适性，并为车辆驾驶员提供方便。以智能驾驶辅助系统中的自适应巡航控制系统为例，该系统能够采集车速和车距等信息，并根据这些信息帮助驾驶员控制车辆巡航行驶，进而达到为驾驶员驾驶车辆提供便捷的效果。

除此之外，车辆盲区监测系统（blind spot detection，BSD）也是一种能够提高车辆驾驶便捷性的高级驾驶辅助系统，同样也在智能汽车领域发挥着十分重要的作用。

（1）车辆盲区监测系统的定义

当驾驶员驾驶车辆变道时，后视镜会形成视线盲区，导致驾驶员无法全面获取车辆后方的道路信息，极易造成车辆碰撞等安全事故，不仅如此，当车辆处于雨雪、大雾、冰雹等天气较为恶劣的环境中时，车辆驾驶员判断行车环境实际情况的难度还会进一步升高，同时，车辆变道所面临的危险也更大。

BSD 系统大多位于车辆的左右后视镜或传感器处，能够广泛采集车辆后方的道路信息，及时发现车辆后方的移动物体，如车辆、行人、自行车等，并在这些移动物体与车辆之间的距离较近时启动声光报警器，以便驾驶员采取紧急制动措施，避免出现交通安全事故。车辆盲区监测系统的示意图如图 8-3 所示。

图 8-3　车辆盲区监测系统的示意图

（2）车辆盲区监测系统的原理

从原理上来看，BSD 系统可以利用装配在车辆后视镜或其他位置的摄像头、毫米波雷达等传感设备来对车辆后方的道路状况进行监测，并利用感知单元来获取道路信息和数据，利用电子控制单元对各项道路信息和数据进行计算和处理，利用执行单元中的报警装置（声光报警器）和显示装置（后视镜）来向驾驶员发出提示信息，帮助驾驶员掌握车辆后方道路状况，避免出现车辆碰撞等安全问题。不仅如此，部分车型在遇到紧急情况时还能够在BSD系统的作用下进行紧急制动，充分确保行车的安全性。

（3）车辆盲区监测系统的组成

BSD系统主要包含感知单元、电子控制单元和执行单元等多个组成部分。具体来说，车辆盲区监测系统的组成示意图如图8-4所示。

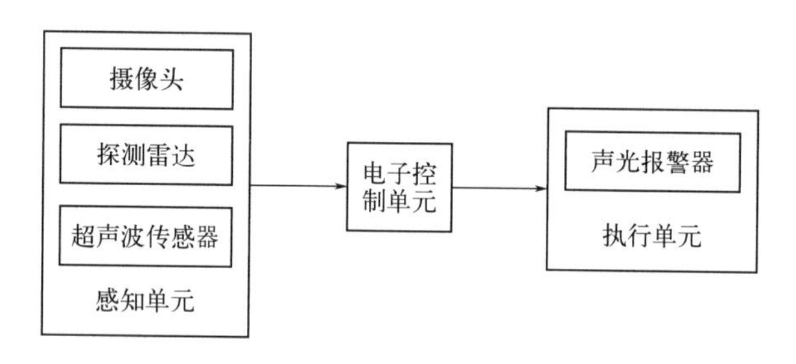

图8-4 车辆盲区监测系统的组成示意图

① 感知单元。就目前来看，感知单元主要包含摄像头、探测雷达和超声波传感器等传感设备，能够感知车辆后方环境信息，发现车辆后方的车辆、行人和自行车等移动物体，并将这些信息传输到电子控制单元中进行处理。

② 电子控制单元。电子控制单元可以接收来源于感知单元的各项信息，并在对这些信息进行处理后向执行单元传输相关信号。

③ 执行单元。执行单元主要包含由显示装置和报警装置构成的声光报警器，能够在接收到来源于电子控制单元的信号后，对后方道路情况进行判断，并在发现危险时借助显示装置在后视镜上显示碰撞危险图标，以闪烁图标的方式向驾驶员发出提醒信息，同时也会借助报警装置来以声音的形式提醒驾驶员安全驾驶。

8.1.3 BSD系统的设计原理

车辆行驶时，由于存在视野盲区，驾驶员无法通过后视镜获得车辆后方的所有信息。此时若有其他车辆在自车视野盲区内行驶，会导致驾驶员对行车环境有错误的判断，碰撞的风险也会随之增加。盲区监测系统的研发就是为了尽量排除视野盲区带来的安全隐患。汽车外后视镜盲区如图8-5所示。

盲区监测系统是一种辅助驾驶的汽车智能安全技术，依靠激光雷达、毫米波雷达、摄像头等传感技术发挥作用。有车辆靠近自车视野盲区时，盲区监测系统通过声、光、影像等形式提醒驾驶员，从而降低碰撞的风险。汽车盲区监测系统示意图如图8-6所示。

在一众传感器中，毫米波雷达相对来说体积更小、重量更轻、精度更高，且不受目标物体形状、颜色的影响。此外，其工作频率在红外线和可见光之间，兼具微波与光电制导的特点，测量精度高，不易互相干扰，一定程度上能够弥补红外、激光、超声波、摄像头等传感技术的不足，因此在盲区监测系统中应用较为广泛。

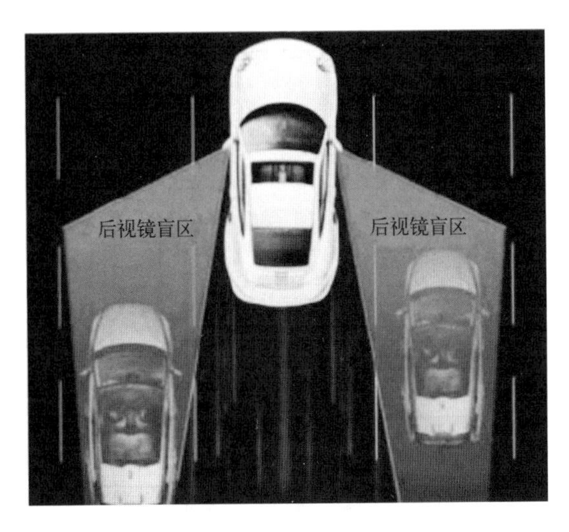

图 8-5　汽车外后视镜盲区示意图

图 8-6　盲区监测系统示意图

毫米波雷达的工作原理是向外发射信号，并接收反射回来的信号，根据发射与回收信号的时延、目标与雷达的相对速度、毫米波的传输速度计算出目标与自车的距离，以及目标车辆的实时速度。

毫米波雷达的工作频率主要有中短程的 24GHz 频段和长程的 77GHz 频段两种。24GHz 与 77GHz 的毫米波雷达各有优劣，在汽车领域，77GHz 频段由于分辨率、稳定性较高，对复杂环境的适应能力较强而被普及。

汽车厂商设计了一种基于毫米波雷达的盲区监测系统，组成部分有两个毫米波雷达、控制器、报警灯和线束等，如图 8-7 所示。两个毫米波雷达在车身侧后方实时监测周围物体，行驶过程中有任何物体进入监测范围，都会反射雷达发出的信号，从而让雷达获取距离和速度等信息。雷达经过计算，判定目标物体与自车有碰撞风险后，会主动提醒驾驶员，为驾驶员的变道决策提供参考。

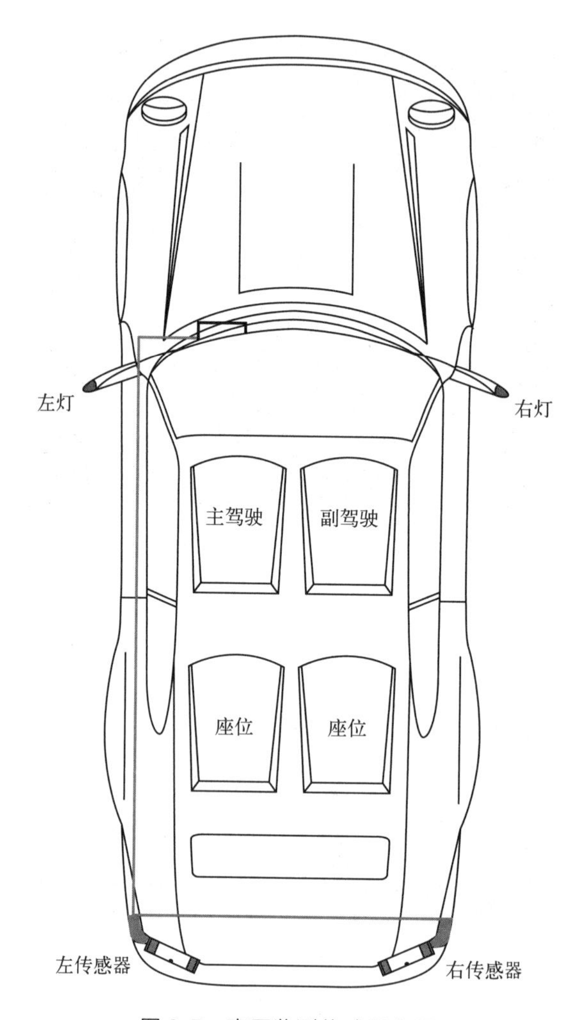

图 8-7 盲区监测传感器布置

该系统直接从原车电池取电，通过控制器局域网络（CAN）获取车辆整体信息，输出报警信息，传输控制信号，传递状态信息，控制对应模块完成示警过程。汽车盲区监测系统原理如图 8-8 所示。

该系统中的两个毫米波雷达职能不同，分为一从一主。从雷达主要负责探测周围情况，并将结果传输给主雷达；主雷达是控制决策中心，内有控制器并连接 CAN 总线，以向车辆传递信息。汽车盲区监测系统流程如图 8-9 所示。

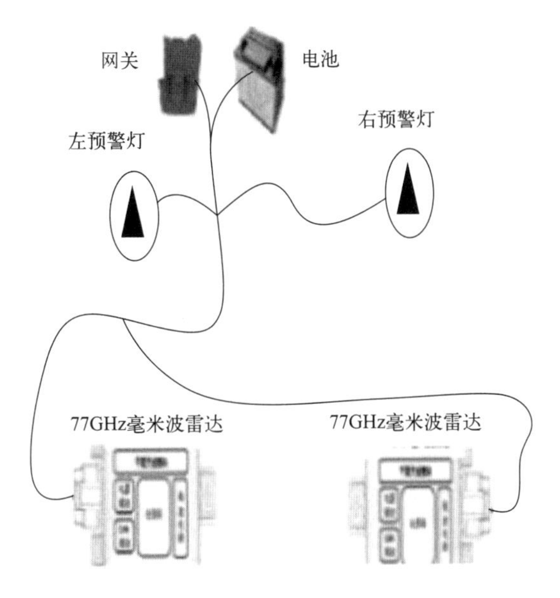

图 8-8　汽车盲区监测系统原理

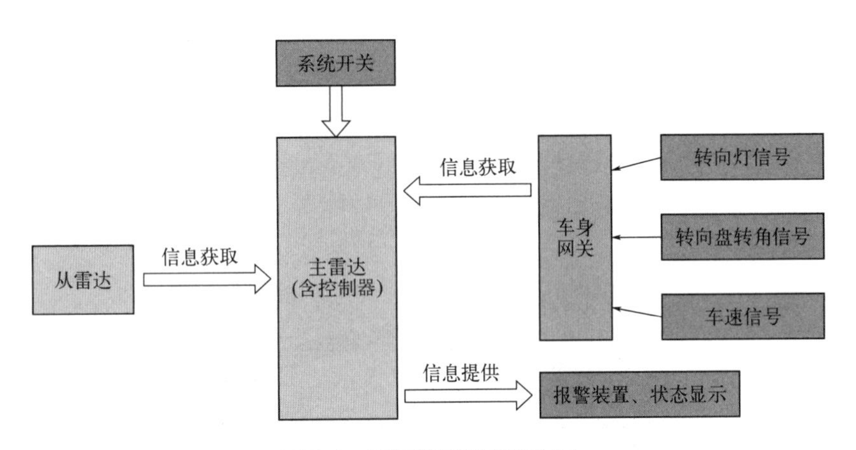

图 8-9　盲区监测系统流程图

8.1.4　BSD 系统的应用场景

就目前来看，车辆盲区监测系统已经应用到多种车型当中。例如，现代起亚汽车公司将车辆盲区监测系统应用到凯酷车型中，进一步提高该车型在行车过程中的安全性。具体来说，车辆盲区监测系统示意图如图 8-10 所示。

凯酷中的 BSD 系统主要包含两个 24GHz 的毫米波雷达，这两个雷达通常装配在车辆后视镜上，具有 30°的探测角度，能够对距离 50m 左右且高度超过 50m 的物体进行感知和识别。

图 8-10 车辆盲区监测系统示意图

车辆可以先利用毫米波雷达对后方道路进行感知，及时发现位于车辆后方的车辆、行人和自行车等移动物体，再利用电子控制单元对各项信息数据进行处理，计算出自身与移动物体之间的相对速度，并将计算结果与系统中的阈值进行比较，当计算结果超出阈值时，BSD 系统中的显示装置会在后视镜上显示并闪烁（图 8-11），报警装置也会发出报警声，帮助驾驶员及时发现碰撞危险，以便采取防碰撞措施来确保行车安全。

图 8-11 后视镜上显示闪烁图标

当驾驶员忽视报警信息执意控制车辆变道时，凯酷中装配的 BSD 系统将会向紧急制动系统传输相应信号，由紧急制动系统来对车辆进行制动处理，并控制车辆沿原车道行驶。具体来说，后方来车单侧制动示意图以及侧方来车单侧制动示意图如图 8-12、图 8-13 所示。

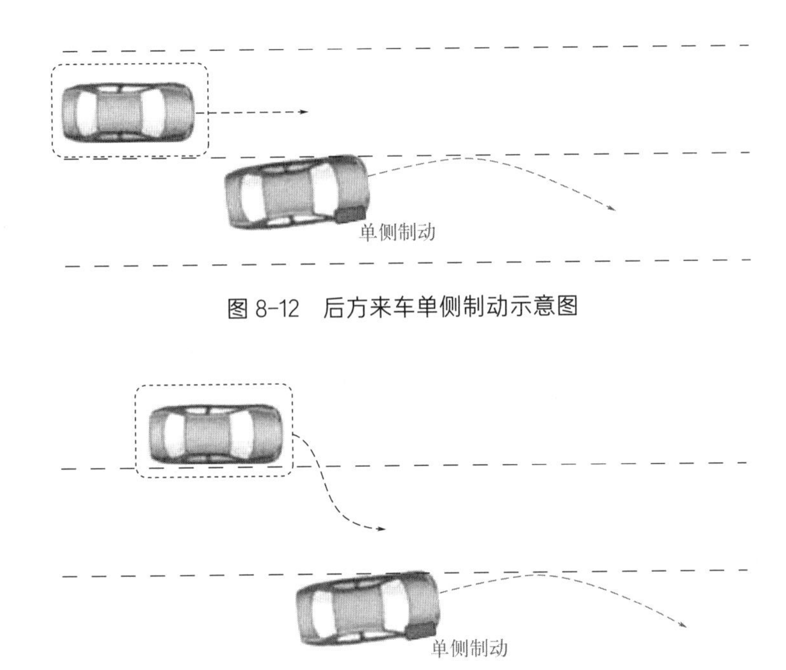

图 8-12　后方来车单侧制动示意图

图 8-13　侧方来车单侧制动示意图

不仅如此，凯酷的两个后视镜中还装配有可作为盲区显示系统（blind-spot view monitor，BVM）的感知传感器的全方位侧摄像头，凯酷汽车可以利用该摄像头来获取车辆后方100m的清晰图像，为驾驶员掌握车辆后方的实际环境提供方便。具体来说，盲区显示系统摄像头如图 8-14 所示。

图 8-14　盲区显示系统摄像头

凯酷的仪表盘中所显示的车辆后侧方影像会随着车辆转向灯的开启情况变化，为驾驶员驾驶车辆提供便捷。一般来说，当车辆开启左转向灯时，仪表盘则会显示车辆左侧后方的影像，当车辆开启右转向灯时，仪表盘则会显示车辆右侧后方的影像。具体来说，左侧盲区仪表显示图和右侧盲区仪表显示图分别如图 8-15、图 8-16 所示。

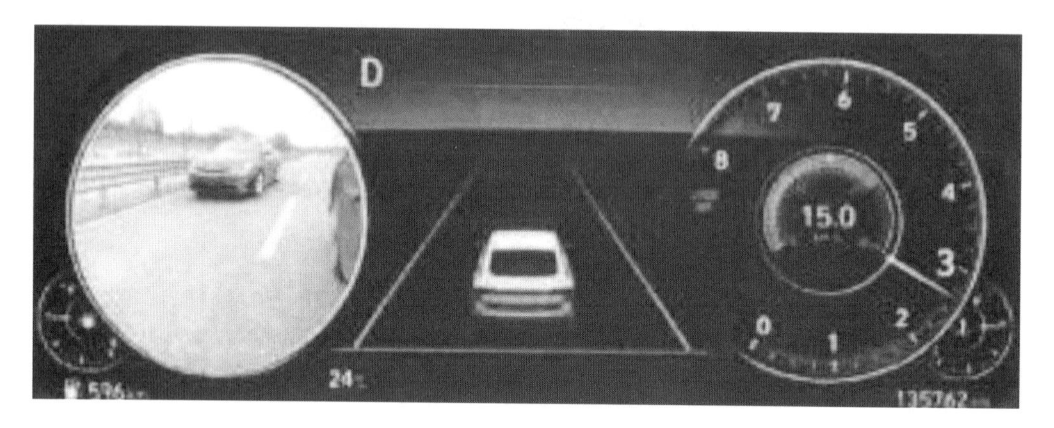

图 8-15 左侧盲区仪表显示图

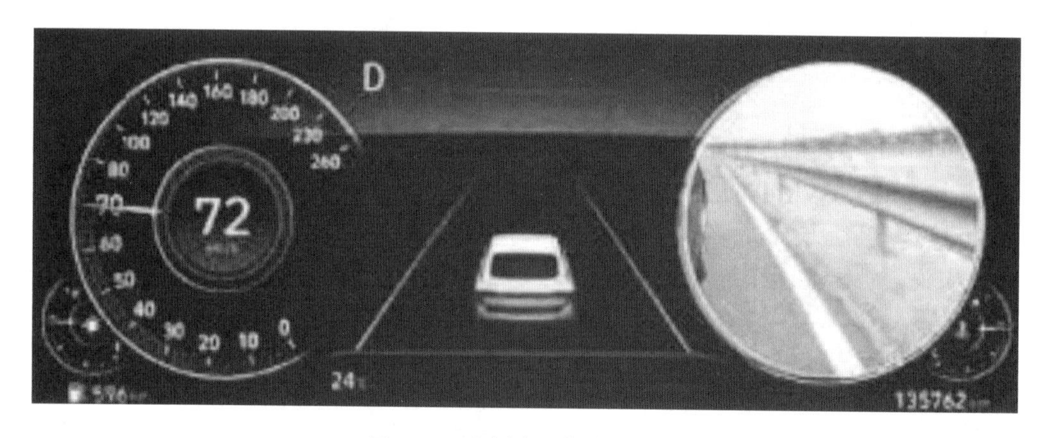

图 8-16 右侧盲区仪表显示图

在北美地区，各国汽车所装配的后视镜大多为视野角为 15°的平镜，而我国汽车所装配的后视镜大多为视野角在 25°左右的曲镜。我国的车辆在装配 BSD 系统后将原本只有 25°的视场角扩大到了 50°，能够有效减小后视镜盲区，提高车辆驾驶员的安全感。具体来说，盲区显示系统视野角和视场角示意图如图 8-17 所示。

BSD 系统具有监测车辆后方道路状况并向驾驶员发送报警信息的作用，能够帮助驾驶员掌握实际道路情况，及时操控车辆规避碰撞风险。但就目前来看，BSD 系统的智能化程度还不够高，对驾驶员的依赖性较强，随着汽车行业的发展和技术的进步，未来 BSD 系统将会升级为交通拥堵辅助（traffic jam assistant，TJP）自动驾驶系统，汽车行业可以通过在后视镜的摄像头处或车前翼子板处装配 TJP 系统的方式，来识别将要进入车辆侧方的车辆、行人和自行车等移动物体，并采集这些移动物体的运动速度等信息，当移动物体的运动速度过快时，车辆将会通过紧急制动或开启侧气帘的方式来为车辆驾乘人员提供一定的安全保障，当移动物体的运动速度较慢时，车辆可以通过减速行驶或缓慢制动的方式让车，并在移动物体行至车辆前方时继续根据驾驶员的行车要求行驶。

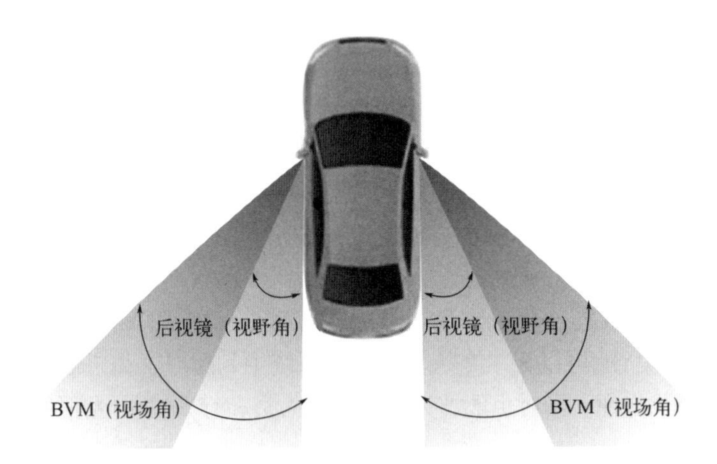

图 8-17　盲区显示系统视野角和视场角示意图

具体来说，安装在后视镜处的摄像头和安装在翼子板处的摄像头分别如图 8-18、图 8-19 所示。

图 8-18　安装在后视镜处的摄像头

受物体识别技术、摄像头探测角度、摄像头探测距离等因素的影响，TJP 系统无法在车辆侧方出现快速驶入的车辆或其他高速运动物体时，及时控制车辆进行避让，因此即便装配了 TJP 系统，车辆也会面临较大的安全风险，不仅如此，由误判引起的侧气帘提前引爆问题也可能会吓到车辆驾乘人员，进而造成安全事故。

图 8-19 安装在翼子板处的摄像头

未来，车载摄像头技术将越来越成熟，对高速动态物体的识别精度和识别速度也将大幅提升，汽车行业可以在 TJP 等辅助驾驶系统中利用更加先进的车载摄像头技术为车辆驾驶员提供方便，同时也能够为车辆驾乘人员和行人提供更强的安全保障。

8.1.5 BSD 系统的发展现状

为了降低车辆盲区带来的安全隐患，各个汽车生产厂商和相关研究机构纷纷展开对车辆盲点监测系统（blind spot detection，BSD）的研究。目前，汽车行业已经研发出了多种 BSD 系统，并陆续将各种预警方案应用到不同车型的汽车中。

盲点信息系统（blind spot information system，BLIS）是沃尔沃汽车公司推出的一款交通监测系统，能够利用位于门镜中的摄像机来监测车辆两侧的路况。具体来说，摄像机进行图像监控时，每秒的帧数为 25 帧，监测范围的长和宽分别为 10m 和 3m。当车辆盲区中出现车辆或行人时，系统可以利用摄像机实时采集图像信息，并对图像中的目标进行对比分析，衡量盲区路况的交通安全情况，同时驾驶员也可以借助位于两侧后视镜支柱上的警示灯来获取盲区路况信息，及时规避交通安全风险。从 2005 年开始，BLIS 系统已经被陆续应用到 XC70、V70 等多种车型中，就目前来看，BLIS 系统已经被各个汽车厂家装配到不同的车型中。

侧向辅助系统是奥迪开发的一款汽车盲区监测系统，能够在一定程度上以智能化的方式保障车辆的安全。具体来说，该系统可以利用毫米波雷达对车辆盲区进行监测，并在车辆行驶速度超过 60km/h 时开始对盲区进行监测，监测范围大约为车辆后方 50m，系统在发现安全隐患后开启位于左右后视镜边框上的指示灯，向驾驶员传递并线危险信息。

我国关于车辆盲区监测系统的研究起步较晚，且以视觉技术为主。就目前来看，我国在车辆盲区监测系统领域已经取得了一定的研究成果，例如，吉林大学交通学院研究出了基于视频的自行车监测算法，车辆可以借助该算法来处理各项视频图像信息，对这些图像中同一自行车的空间位置进行比对，实时监测有无自行车进入车辆的窗口空间中。国防科学技术大学研究出了高速公路车道偏离警告系统，车辆可以借助工业摄像头来采集路况信息，并借助该系统来处理各项路况信息，进行车道线提取和行车轨迹预测，达到监测车辆偏离车道的目的。

一般来说，盲区监测结果的精准度会受到光照、拍摄角度等因素的影响，同时由于图像数据信息量较大，车载计算机难以快速完成数据处理工作，因此难以保障盲区监测结果的实时性。由此可见，为了获得可靠的盲区监测结果，相关研究人员还需进一步提高车辆盲区监测系统的鲁棒性和实时性。

从技术上来看，BSD 系统的技术路线主要涉及影像和雷达两种类型。

① 影像。影像指的是车辆借助装配在两侧后视镜和车尾处的摄像头来获取视线盲区的影像信息，并根据这些影像信息来判断车辆后方的道路状况，以便车辆驾驶员及时发现后方来车，并采取相应的措施。当车辆在大雨、大雾等恶劣天气下行驶时，摄像头将无法为车辆提供清晰有效的影像信息，车辆驾驶员也容易受影响而出现误判等问题，由此可见，影像并不能充分保证车辆的行车安全。

② 雷达。雷达指的是车辆借助装配在车侧和后保险杠处的短波雷达来对车辆两侧和后方的车辆进行探测，并借助微波信号来发现碰撞风险，保障行车安全。

从作用原理上来看，当车速超过 10km/h 时，BSD 系统将会自动开启雷达设备，向车辆两侧 3m 以及后方 8m 实时发送探测微波信号，并对反射信号进行分析，进而得出后车的速度、距离和行车方向等信息，利用系统算法找出靠近车辆的移动物体。

当驾驶员的视线盲区中出现靠近车辆的移动物体时，BSD 系统会通过控制指示灯闪烁的方式来向驾驶员发出提醒，向驾驶员传递当前变道存在一定风险的信息，并在驾驶员未能接收到提示信息仍旧开启转向灯进行变道时发出语音警报，再次对驾驶员进行提醒，防止因变道造成车辆碰撞等交通安全事故。

在处于行驶状态下的车辆中，BSD 系统会持续工作，全程无歇地感知车辆周边信息，并向驾驶员发送相关提示信息，避免车辆因受天气状况、驾驶员粗心大意、后视镜盲区和新手上路等因素影响而陷入危险。

与影像相比，使用雷达来获取车辆盲区的道路状况信息具有不受天气、空气和车速等因素影响的优势，能够充分确保微波探测所得信息的准确性和有效性。与其他传感器相比，毫米波雷达具有受恶劣天气影响较小、不受光线变化影响、穿透力强、感知距离远等诸多优势，能够在车辆盲区监测方面发挥更大的作用。

8.2 BSD 系统测试与评价方法

8.2.1 测试系统的搭建方法

2019 年 7 月 29 日，汽车高级驾驶辅助系统（ADAS）、车辆盲区监测系统

（BSD）、车道保持辅助系统（LKA）等三项汽车行业国家推荐标准出台，在批准发布前，工信部将其向全社会公示，征求社会各界意见。相关文件规定了盲区监测系统的一般要求、性能要求和试验方法。

按照相关标准进行实车测试的车辆，位置关系如图 8-20 和图 8-21 所示，被测车辆位于两目标车辆之间的车道。在图 8-20 中，标号 1 为被测车辆，标号 2 为目标车辆，标号 3 为被测车辆与目标车辆车身外缘之间的横向距离（不含后视镜）。在图 8-21 中，过被测车辆两个眼椭圆[1]中心点作直线，标号 3 即为该直线与目标车辆前缘的纵向距离。

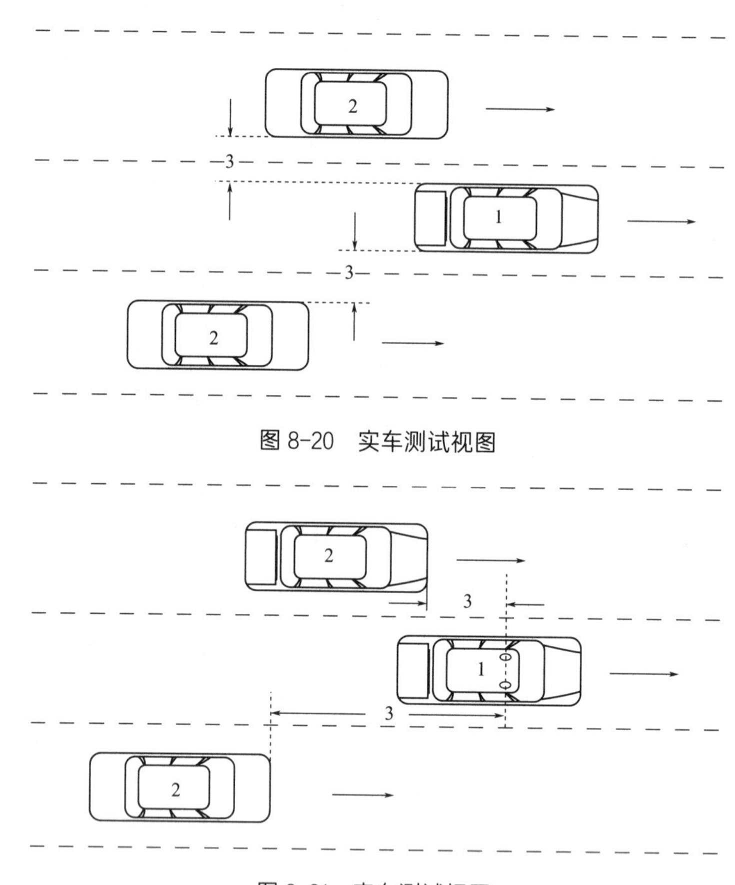

图 8-20　实车测试视图

图 8-21　实车测试视图

盲区监测系统的测试有虚拟仿真测试以及实车测试两部分，两种测试的应用场景不同。其中虚拟仿真测试主要用于 BSD 研发前期，主要目的是建立起与实际驾驶场景尽量接近的测试环境，能够缩减系统研发的时间成本，通过重复测试，尽可能降低系统潜在的风险。具体开发流程如图 8-22 所示，搭建虚拟仿真测试的场景，

[1] 眼椭圆：指不同身材的驾驶员坐在车内时，其眼睛位置的统计分布图形。由于有百分之五的人身材与平均值差异过大，因此取身材最相同的百分之九十五的人进行统计，眼椭圆有两个，分别来自左右眼。

配置相关参数，检验控制策略是否有效，得到数据并分析，归纳存在的问题，再根据问题修改参数与控制策略，重复检验与分析的过程。

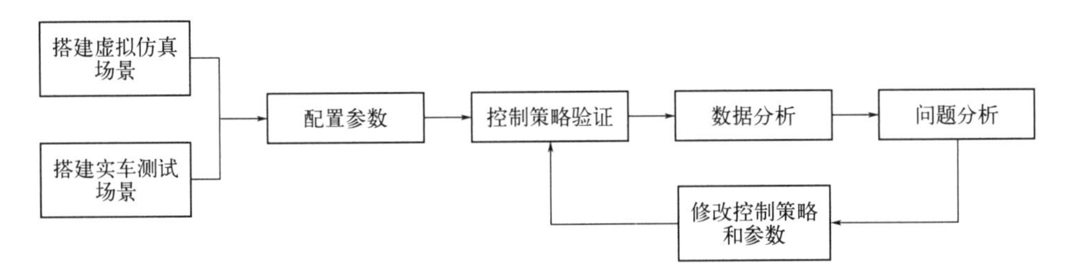

图 8-22　BSD 开发流程图

PreScan 仿真引擎常用于虚拟仿真测试场景的搭建，该引擎提供各种模型用以搭建测试环境，包括车道、车辆、行人的轨迹与位置等模型。搭建虚拟仿真场景时，根据实车的传感器安装参数设置虚拟仿真测试中毫米波雷达的安装参数。在实车测试中，根据具体要求完成仿真场景的渲染。

Matlab/Simulink 是兼具文本和图形编译功能的一体式环境，与 PreScan 仿真引擎的契合度极高。如图 8-23 所示，开发者可通过 Simulink 平台完成 ADAS 控制策略的设计，然后通过 PreScan 和 Matlab/Simulink 的耦合仿真对测试数据与驾驶环境进行可视化处理。

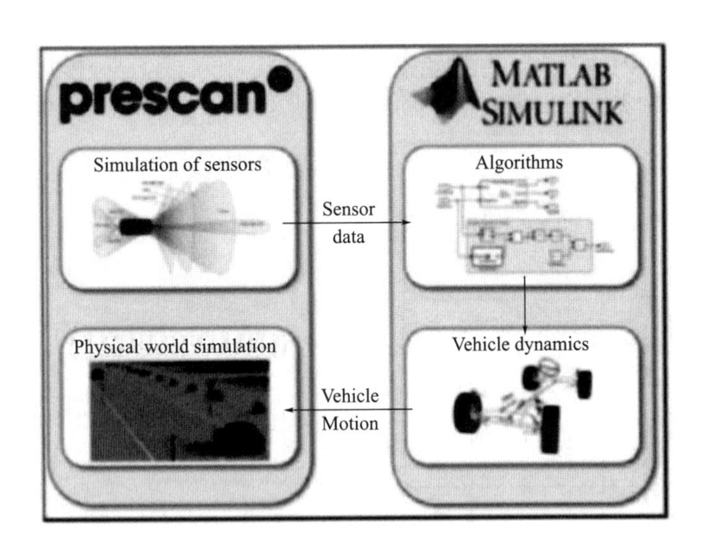

图 8-23　PreScan 与 Matlab/Simulink 联合仿真示意图

为了全面测试盲区监测系统的性能，测试必须模拟真实的道路交通情况、道路的类型与天气状况，以获知其对 BSD 系统性能的具体影响。如图 8-24 所示，开发者在生成测试环境时，需要在道路交通情况、道路类型、天气状况等干扰条件中各随机挑选一种，作为 BSD 系统测试的具体场景。

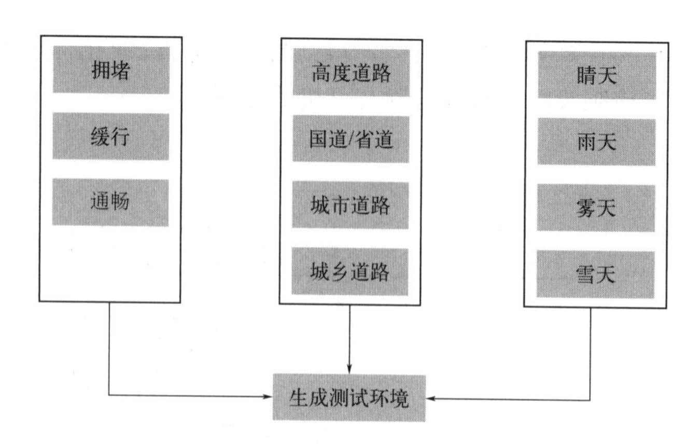

图 8-24 生成盲区监测系统测试环境架构图

对 BSD 进行测试时，需要规定被测车辆的行驶路线、实时速度、加速度，还要模拟驾驶员在具体时间点的驾驶行为。同时，还要拟定驶入被测车辆盲区的目标车辆的数量、行驶路线、实时速度、加速度以及具体时间点的驾驶行为。

8.2.2 测试数据保存与分析

BSD 系统的开发者可选择专门的测试软件，用于快速验证控制策略并分析试验结果。如图 8-25 所示，这款软件可以全程记录车辆所处测试环境的影像，保存车辆侧后方毫米波雷达的运行数据和试验过程中车辆的其他重要参数。软件可将以上几种不同频率的数据在时间上同步，便于在后面的步骤回放观察，更细致地分析试验结果。

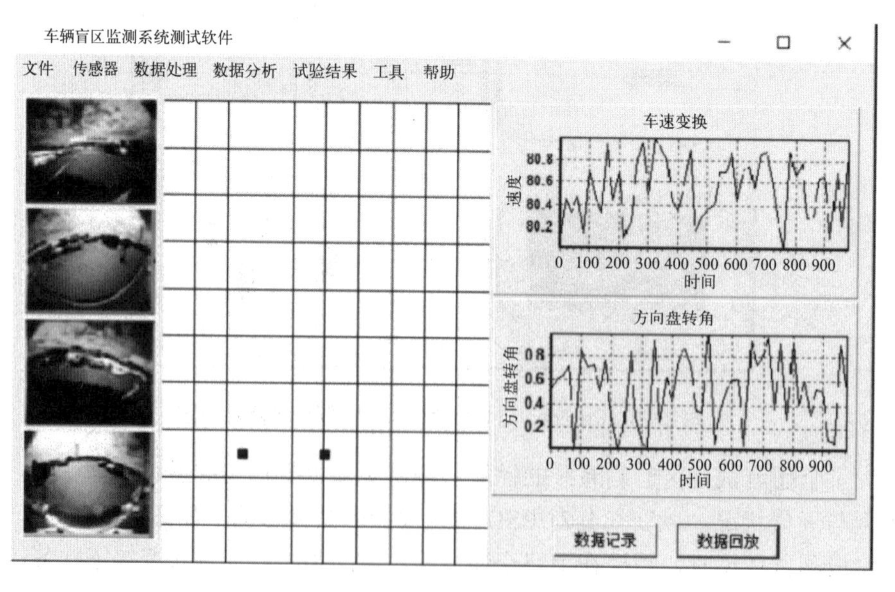

图 8-25 数据采集与分析软件

为确保虚拟仿真测试时可以使用软件采集数据并进行分析，开发者需要提供应用程序接口（API），实现测试软件和Matlab/Simulink之间的通信，向软件输入角毫米波雷达的运行数据和测试过程中车辆的其他重要参数，快速分析结果。

被测车辆的前后左右都需要配备摄像头用于采集车辆所处环境的图像，还要加装一套GPS装置记录测试过程中车辆的具体位置，GPS的定位误差不能超过20cm。如此，软件可以直接提供车辆所处环境的图像信息，车辆行驶速度、转向盘转角等信息则可以通过GPS辅助计算后实时显示。

对于BSD系统性能的测试有两个类别，一种是标准法规测试，另一种是公开道路测试。标准法规测试是为了分析BSD系统是否符合标准，依照公开的规范检验车辆盲区监测系统是否违背了相关法律法规。公开道路测试则是为了检验盲区监测系统是否可靠，研究其对驾驶员实际的行车过程有何影响，设计量表统计驾驶员对BSD系统的满意度。

（1）标准法规测试

开发者在进行标准法规测试时，要严格参照《道路车辆 盲区监测（BSD）系统性能要求及试验方法》的相关要求设计测试场景、收集试验数据。测试中的目标车辆要涵盖摩托车与普通汽车，通过控制车辆行驶速度、车辆之间的横向纵向距离、视野盲区内车辆的侧向分速度等参数完成标准法规测试。

为了准确控制以上参数并完成记录，被测车辆与目标车辆都需要加装一套高精度的GPS装置和ABD机器人控制系统。ABD机器人控制系统如图8-26所示。

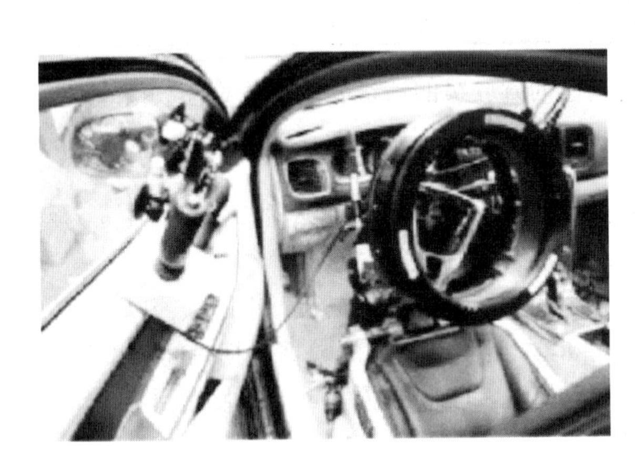

图8-26 ABD机器人控制系统

测试中，主要依靠大功率电台完成被测车辆与目标车辆的数据通信。开发者通过电台将被测车辆的位置信息和速度参数传输给目标车辆，得出被测车辆与目标车辆的相对位置及变化情况，据此控制目标车辆改变运动状态。同时，目标车辆的车速改变的关键节点和实时位置也会通过电台反向输送给被测车辆，利用上文提到的数据采集与分析软件完成保存，便于后续得出测试结果。

（2）公开道路测试

公开道路测试是在城市、乡村、高速公路等实际场景对被测车辆进行测试，要求参与测试的驾驶员给出对于盲区监测系统性能的评价分数，并由开发者进行统计，还要收集系统报警和应报警而未报警的数据以检验系统的可靠性。为了方便驾驶员直观地评价系统性能，需要设置几个典型的指标，统计多个维度的具体数据，科学地分析盲区监测系统的性能。主要的几个性能指标如下：

$$k_1 = d_1 / d_2 \times 100\%$$
$$k_2 = d_3 / \left(d_2 + d_3\right) \times 100\%$$
$$k_3 = k_1 / k_2 \times 100\%$$

式中，k_1 为 100 公里虚警率；k_2 为 100 公里漏报率；d_1 为汽车每行驶 100 公里盲区监测系统的虚警次数；d_2 为汽车每行驶 100 公里盲区监测系统的报警次数；d_3 为汽车每行驶 100 公里盲区监测系统的漏报次数；k_3 为 100 公里虚警率与漏报率之间的比值。

不同驾驶员对盲区监测系统性能进行评价时，其评价分数表如表 8-1 所示，评价分为 4 个等级，评价结果小于 6 分为不满意，6 ～ 7 分为基本满意，8 ～ 9 分为满意，10 分为非常满意。

表8-1　驾驶员评价规则表

评价分数	＜6 分	6 ～ 7 分	8 ～ 9 分	10 分
满意度	不满意	基本满意	满意	非常满意

统计所有参与测试的驾驶员的评价分数，并对分数按照下式进行计算：

$$k_4 = \text{sum}\left(p_i\right) / n \times 100\%$$

式中，p_i 为第 i 个驾驶员对盲区监测系统的评价分数；n 为驾驶员人数，从而得到盲区监测系统驾驶员综合评价分数。

车辆盲区监测系统的测试软件能够记录每次的预警以及漏报、误报情况，最终得到的表格样式如图 8-27 所示，记录的数据包括时间、事件类型、车速、传感器状态、天气情况、道路情况、GPS 数据等。通过收集预警、误报与漏报的数据，分析系统的可靠程度。

8.2.3 BSD 系统的测试方法

（1）车辆盲区监测范围

根据 ISO 17387—2008《智能运输系统 换道决策辅助系统 性能要求和测试程序》的内容，车辆盲区监测系统生效的范围如图 8-28 所示，图示范围是由车辆尺寸决定的相对范围。

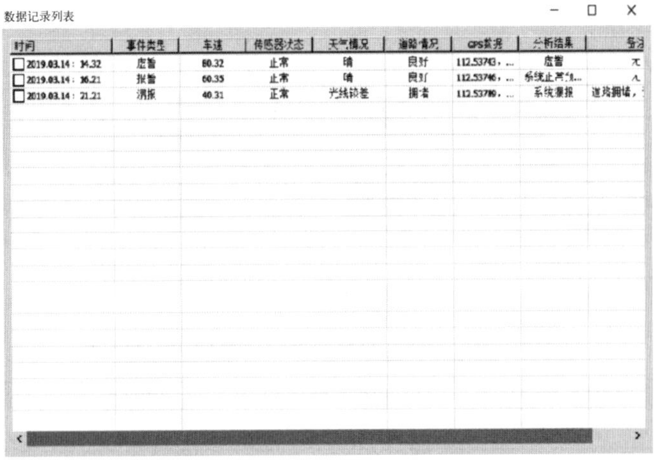

数据记录列表

时间	事件类型	车速	传感器状态	天气情况	道路情况	GPS数据	分析结果	备注
2019.03.14：14.32	虚警	60.32	正常	晴	良好	112.53743，…	虚警	无
2019.03.14：16.21	报警	60.35	正常	晴	良好	112.53746，…	系统正常检…	无
2019.03.14：21.21	漏报	40.31	正常	光线较差	拥堵	112.53789，…	系统漏报	道路拥堵，

图 8-27　盲区监测软件数据记录列表

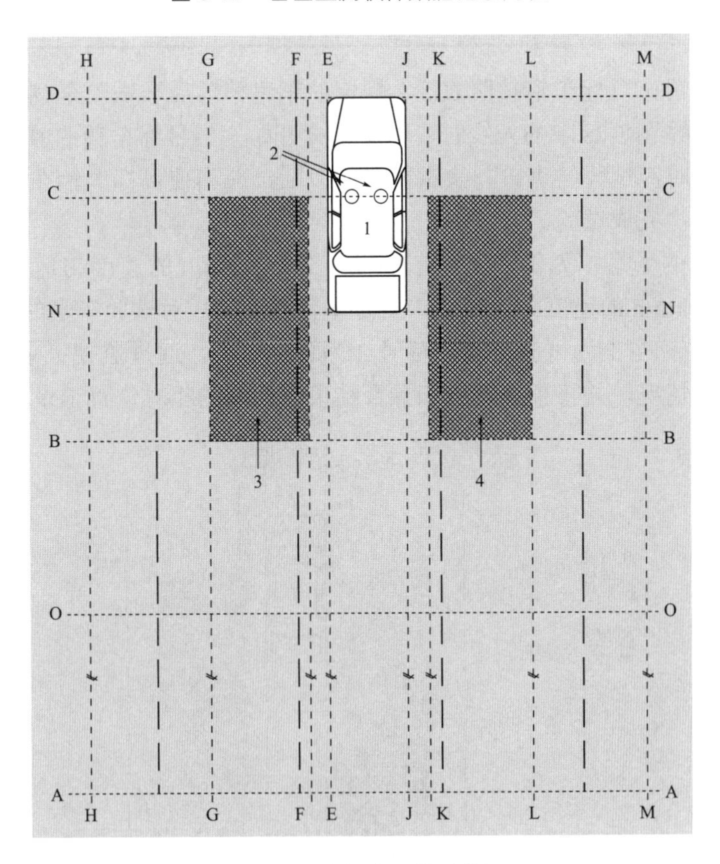

图 8-28　车辆盲区监测范围

（2）车辆盲区监测试验方法

在车辆盲区监测的试验中，试验车辆以（50±2）km/h 的速度匀速直线行驶，目标车辆以更高的速度匀速直线行驶，并完成对试验车辆的超越，具体过程如

图 8-29 和表 8-2 所示。

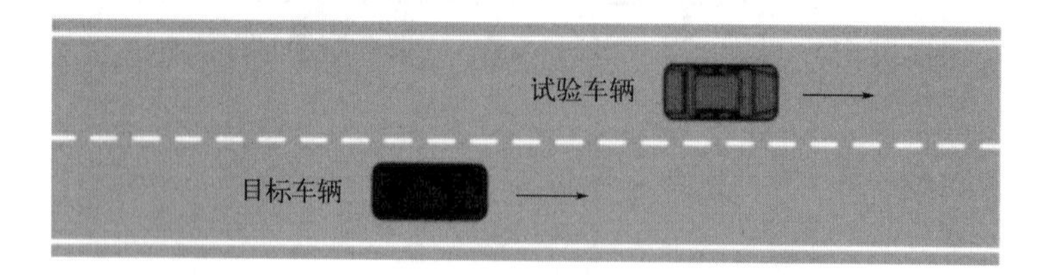

图 8-29 直线道路目标车辆超越试验车辆测试示意图

表8-2 目标车辆超越试验车辆场景试验方案参数

场景	试验车辆速度 /km・h^{-1}	目标车辆速度 /km・h^{-1}	速度差 /km・h^{-1}	试验开始两车纵向距离 /m
1	50±2	60±2	10±2	11
2	50±2	65±2	15±2	22
3	50±2	70±2	20±2	33

试验开始前，目标车辆按照表 8-2 规定的车速稍落后于试验车辆行驶，当目标车辆的前缘驶过图 8-28 中的 A 线时，试验正式开始。当目标车辆的前缘驶过图 8-28 中的 C 线 3m 时，试验结束。一次试验完成以后，应当使目标车辆在试验车辆的另一侧行驶，再次完成试验。

以上表中的场景 1 为例，试验车辆以（50±2）km/h 的速度匀速行驶，目标车辆以（60±2）km/h 的速度匀速行驶，目标车辆逐渐完成对试验车辆的超越。

图 8-30 中标号 1 为试验车辆，标号 2 为目标车辆。通过监控记录预警灯亮起、持续、熄灭的情况，并将预警发生和预警结束时两车的相对位置记录下来。

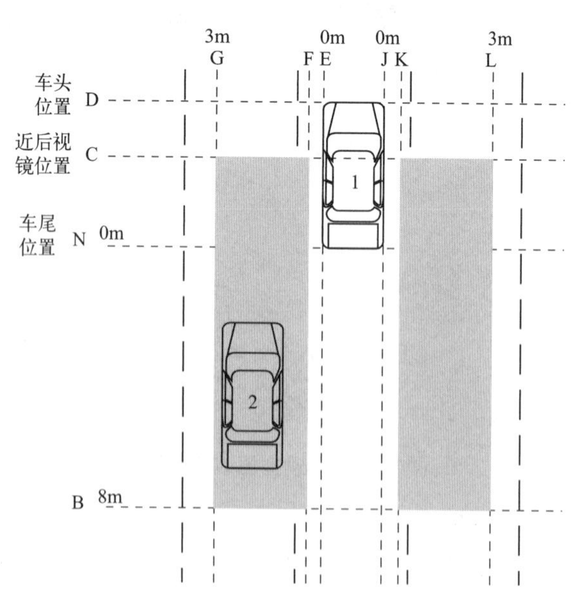

图 8-30 目标车辆超越试验车辆测试过程

如图 8-31 所示，将与试验车辆所在车道的相邻车道分为三个区域，其中Ⅱ号区域是车辆的视野盲区，也是车辆盲区监测系统的生效范围。

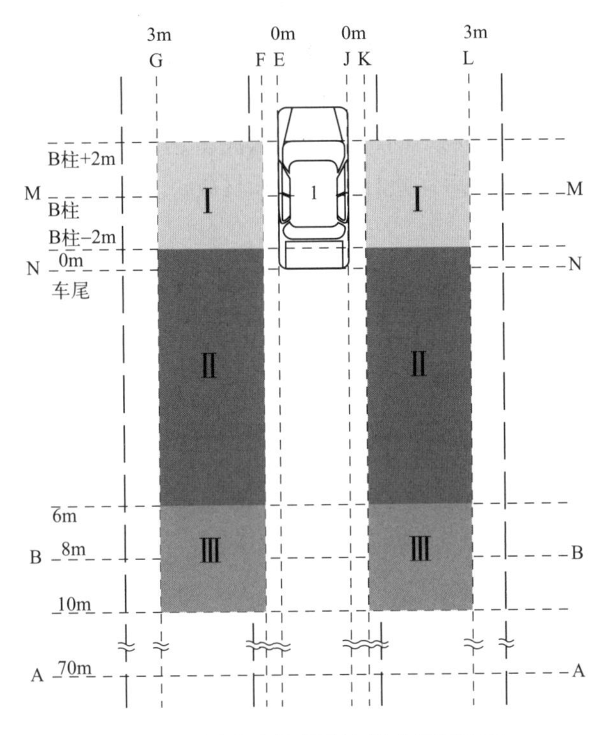

图 8-31　试验车辆相邻车道分区示意图

当目标车辆驶入区域Ⅲ后还未驶出时，预警灯亮起，则视为合格；若目标车辆在Ⅱ号区域内预警灯常亮，能够稳定预警，则视为合格；当目标车辆驶入区域Ⅰ后预警灯熄灭，预警解除，则视为合格。

8.2.4　实车测试的效果验证

如图 8-32 所示，将毫米波雷达安装在车尾，预警灯安装在外后视镜上，再将以上盲区监测系统的部件通过线束连接之后，按照步骤开始实车测试。

图 8-32　盲区监测系统安装示意图

测试结果说明，当试验车辆所在车道的相邻车道后方10m内出现其他车辆时，系统可以实现有效预警。

试验车辆匀速行驶过程中，若有目标车辆自后方驶入图8-28所示的盲区监测范围内，预警灯常亮，系统进行一级报警；若驾驶员要在这时转向并打开转向灯，预警灯闪烁，系统进行二级报警；当目标车辆驶出图示范围，报警解除。

不同物体表面的介电常数不同，会让毫米波雷达发射的电磁波产生不同程度的折射与反射，这就要求汽车后保险杠采用特殊材质，并设计成一定的形状。

第9章 疲劳驾驶预警系统（DMS）

9.1 疲劳驾驶预警系统概述

9.1.1 DMS 系统原理与构成

高级驾驶辅助系统中的疲劳驾驶预警系统（driver monitoring system，DMS）可以在驾驶人员行驶过程中实时监测其疲劳状态与驾驶行为等。一旦该系统发现驾驶员出现疲劳的驾驶状态，如打哈欠、眯眼睛等危险驾驶行为，预警系统便会对这类行为进行及时分析，并对驾驶员发出语音或灯光提示，以警示驾驶员，使其调整自身的驾驶行为或状态。

（1）DMS 技术的发展历程

驾驶员疲劳驾驶预警系统在发展初期大多应用于飞机、高铁等具有自动驾驶或高阶辅助驾驶的领域中，能够采集和分析人体疲劳时生理反应特征信号，实现对驾驶员状态的实时监测。一般来说，DMS 系统可以按照使用信号属性划分成以下两种类型：

① 直接监测。这类 DMS 系统大多使用能够直接表征驾驶员疲劳状态的信号，如驾驶员面部运动、眼部运动、心电和脑电等，且驾驶员面部运动和眼部运动信号还具有采集难度低和精度高等特点，因此基于这类信号的监测系统应用也比较多。

② 间接监测。这类 DMS 系统大多使用驾驶行为信号和车辆状态信号，并借助统计分析和机器学习等手段实现对驾驶员状态的分析。与直接监测相比，间接监测的精度相对较低，但同时也具有无须装配传感器和硬件设备的优势，能够节约车辆制造成本。

近年来，汽车行业和相关科研机构不断加大对间接监测的研究力度，间接监测已经实现了产品化。就目前来看，汽车行业中既有装配基于直接监测的驾驶员疲劳驾驶预警系统的车型，也有装配基于间接监测的驾驶员疲劳驾驶预警系统的车型。

（2）DMS 系统的原理

作为驾驶员状态监测系统的重要部分，驾驶员疲劳驾驶预警系统可以监测和提醒驾驶员的疲劳状态，以避免驾驶员因疲劳驾驶造成事故。一旦驾驶员精神状态下降或进入浅层睡眠，该系统便会通过判定驾驶员精神状态指数来发出语音提示、振动提醒以及电脉冲警示等不同程度的警告，以提醒驾驶员不要在疲劳状态下继续行驶，及时休息。与此同时，系统会自动记录相关数据，便于日后的查询与鉴定。

（3）DMS 系统的构成

DMS 系统主要由信息采集单元、电子控制单元以及预警显示单元三个部分构成。

① 信息采集单元主要负责依靠传感器进行驾驶员信息与车辆状态信息的采集。驾驶员信息主要指司机的眼部信号、面部特征以及头部运动性等；车辆状态信息主要指行驶速度、行驶轨迹以及转向盘转角等。

② 电子控制单元主要负责接收信息采集单元发来的信号，对其进行运算与分析，由此判断驾驶员是否存在疲劳驾驶情况。若存在一定程度的疲劳状态，那么就会及时将信号传给预警显示单元。

③ 预警显示单元一旦接收到电子控制单元传来的信号，便会通过语音提示、智能提醒、电脉冲警示等方式，对驾驶员发出不同程度的预警提示。

9.1.2 DMS 系统的技术支撑

DMS 系统中的图像传感器捕捉到一帧帧图像数据后，会将其传输给处理器模块，处理器模块开始分析和预处理每一帧图像。生活中所发生的交通事故通常就在几秒的时间内，相关调查研究显示，只要提前 2s 预警便可减少 92% 的交通事故。若提前 0.5s 预警便可防止 73% 的交通事故。由此可见，时间对于预警系统而言是一个极为关键的因素，要想更快地发出预警就要提高处理器的处理性能与软件的算法水平，所以，使用高速硬件处理系统与算法优化对于系统的及时预警是很有帮助的。

（1）硬件性能

通常情况下，图像处理系统主要通过中央处理器的计算性能来满足处理要求，这种硬件可以应对一些复杂的计算，但在应对大量重复的图形计算时就会造成处理的延迟性，难以达到高速硬件的处理性能要求。

正常情况下的系统，其 CPU 核心数在两位数左右，而 GPU 系统搭载了更多的处理图形专用的处理器，可以顺利解决上述问题。面对海量的图形数据时，GPU 能够做到三位数的核心数一同计算数据，具有较好的加速性能，进而迅速完成图像的处理工作。

（2）软件性能

软件性能的提升可以通过优化算法来实现。摄像头采集的图像是二维的，而现实是三维的空间，这就造成算法在针对二维图像进行特征识别和决策判断时会存在较大难度。因此，传统疲劳驾驶预警系统识别的准确率较低。

若要把图形恢复重建为立体图像，可以借助 3D 点云技术，达成特征像素的三维坐标描述。立体化的图像中，诸如头部低下、嘴巴张合、眼睛闭合以及瞳孔变化等疲劳状态的信息可以更好捕捉，系统可以更好地进行特征识别。要想提高系统的预警准确性，算法的优化是不可忽视的一个环节。

深度机器学习是人工智能中一项较为关键的技术。疲劳驾驶预警系统便采用了该技术中的卷积神经网络，以便更加精确地识别与表达特征信息。与只有 3 ～ 4 层的普通神经网络不同，深度神经网络能够达到 8 ～ 10 层，可以捕捉到数据中的深层联系，由此获得更为精准的模型。

随着全球汽车保有量的不断增加，交通事故与驾驶安全等问题也日益严重，疲劳驾驶预警系统的出现为驾驶安全提供了一份保障，通过监控驾驶员行为来确保其驾驶行为的正确性与安全性，能够有效避免事故的发生，促进ADAS系统实现良好运用。

9.1.3 DMS系统的监测算法

在早期的驾驶员疲劳状态监测算法中，基本都要基于专家系统和规则算法设定一个阈值，通过对驾驶员的面部、眼部、头部或驾驶行为进行分析计算，获得一个疲劳程度值。将疲劳程度值与预先设定的阈值进行比较，如果前者更大，那么驾驶员将被判定处于疲劳状态，如果后者更大，则表示驾驶员处在正常状态中。

这种判定方法算法简单、实时性较好、占用内存小，能在大多数工况下保持高精度，目前被大多数配备于市场在售车型的DMS系统所采用。不过此方法也有缺点，它在侧风、路面凸起等特殊工况下不适用，或是在这些特殊工况下精度较低。

此外，不同的驾驶员之间存在着个体差异，单一阈值的设定忽略了这一点。实现在控制器中使用实时运算占用内存较大的算法，或是在控制器的云后台运行内存较大的算法的同时，不占用车辆有限的控制器资源，将为在驾驶员疲劳状态监测领域引入机器学习创造有利条件，而芯片技术和云存储技术的发展让这一切成了可能。

机器学习有许多优点，比如具备处理海量数据的能力，无须建立复杂的数学模型，可以将尽可能多的有效信息从数据中提取出来，确保分析结果的精度处在较高水平。不过机器学习也有缺点，那就是在运行算法时会占用比较大的内存。

机器学习算法能够处理多维信息，比如在对驾驶员的疲劳状态做出监测时，它可以对车辆和驾驶员的相关信息做出分析，包括驾驶员面部、眼部、头部等视频信号，或驾驶行为、车辆状态、车辆轨迹信号，同时它还会涉及环境信息，如温度等车内环境信息、车流量等外部道路交通信息。基于机器学习算法的DMS系统目前成为许多国内外高校和科研机构的研究对象。

相较于传统方法，机器学习算法会在一定程度上提高驾驶疲劳识别精度，但在进行运算时需占用较大的内存，将其集成到现有的电子控制系统的控制器里是一件很棘手的工作，因此其实时性比较差。云平台技术的发展为机器学习算法开辟了道路，使其得以在云平台运行，不必占用电子控制系统的控制器内存，在车辆硬件成本不增加的情况下，实现疲劳监测精度的提高。

疲劳监测系统的应用范围会随着其精度的提高而扩大，在预警之外，它可以与自动紧急制动（AEB）、车道保持辅助（LKA）、车道偏离报警（LDW）等其他驾驶辅助系统集成，在保障行车安全上更进一步。

每个驾驶员都有自己的操纵偏好，有的驾驶员在驾驶时表现得比较激进，会做出大幅度踩加速踏板和制动踏板、大幅修正转向、经常换道等行为；而有的驾驶员偏向于谨慎驾驶，习惯慢踩加速踏板和制动踏板，以及小幅高频修正转向，比较少超车换道；还有的驾驶员属于中和型，介于这两者之间。

如果在监测驾驶员疲劳状态时采用同一标准或模型，忽略了驾驶员有着不同的类型，那么就容易出现误报和漏报的情况，驾驶员的体验会因此变差。另外，工况也会对驾驶员的操纵偏好造成影响，例如侧风工况下不同类型的驾驶员会做出大体一致的驾驶行为，为了使车辆保持直线行驶状态，他们都需要不断修正转向，只不过修正幅度会稍有差别，这就要求疲劳监测算法要具备在这些特殊工况下的适用性。因此，高精度、考虑驾驶员类型、在各种工况下适用，将是驾驶员疲劳驾驶预警系统这一辅助驾驶系统未来的发展方向。

9.1.4 国外 DMS 系统的应用

（1）梅赛德斯 - 奔驰公司 Attention Assist

德系车的驾驶员疲劳驾驶预警系统以 Attention Assist（注意力辅助系统）为代表，它属于间接监测，如图 9-1 所示，在对驾驶员状态做出检测时，它依据的是驾驶员的驾驶行为和车辆状态参数，比如车速、发动机转速、横摆角速度、侧向加速度、转向盘角速度和角加速度及各信号的后处理参数等，驾驶员状态监测结果由综合考虑以上因素后的分析计算得来。

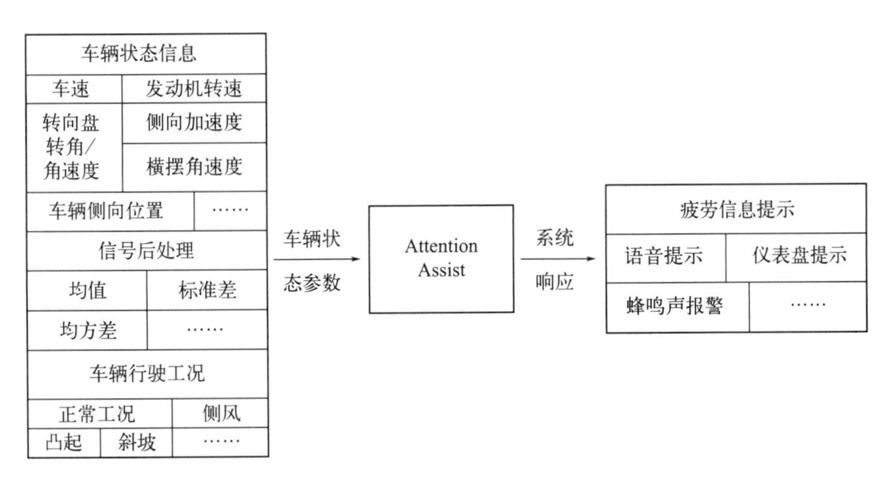

图 9-1　Attention Assist 工作原理

Attention Assist 能够覆盖正常的行驶工况，此外有些外部干扰，如侧风、路面凸起和斜坡等不均匀的工况等会对疲劳监测产生影响，这些情况也被 Attention Assist 考虑在内，如此它便拥有更广的适用范围和更高的精度。Attention Assist 在 80 ～ 180km/h 这一车速区间内生效，当监测到驾驶员出现疲劳状况时会主动报警，并将提示信息显示在仪表盘上。在 2011 年的梅赛德斯 - 奔驰 B 级车上，Attention Assist 已经得到了应用。

另外，Attention Assist 顺利通过了欧盟新车安全评价协会的评审，这证明这一系统能够得到普遍应用，可以用于 C 级、E 级、M 级等奔驰车型。

（2）大众公司疲劳驾驶检测系统

与梅赛德斯 - 奔驰 Attention Assist 一样，大众汽车疲劳驾驶检测系统也属于间接监测，在估计驾驶员疲劳程度时，以转向盘运动、车速、行驶时间等驾驶行为作为依据。

- 用蜂鸣声和显示在仪表盘上的提示信息提醒处于疲劳状态的驾驶员，提示信息显示时长为 5s；
- 提示信息会在驾驶员没有采取任何措施的情况下重复出现。工作车速为 65km/h 以上，除被动触发外，当连续行驶超过 4h 时也会主动触发，向驾驶员发出驾驶时间过长需要停车休息的提醒；
- 如果驾驶员未听从提醒停车休息而是继续行驶，在 15min 后会再次做出提醒。不想激活疲劳驾驶检测系统的用户可通过设置将其关闭。如今在迈腾、高尔夫 7、凌渡等车型上，该系统已得到了应用。

（3）福特公司 Driver Alert System

福特公司采用的方法是融合直接监测与间接监测，包含车辆运动状态、驾驶行为、周围环境和驾驶员生理信息 4 个维度，以大而全的数据源为基础，较大幅度地提高监测算法的准确性。

但是，大量数据运算占用的内存比较大，通常来说，将其集成到某一电子控制系统的控制器里是有很大难度的，这时需要一个用于 Driver Alert System 数据运算的额外的控制器，为了获得车辆运动轨迹信息，Driver Alert System 将一个前置摄像头装在后视镜的后方。该系统现在配备在福克斯、S-MAX 和 Galaxy 系列车型上，当监测到驾驶员处于疲劳状态时会启用报警功能，其工作原理如图 9-2 所示。

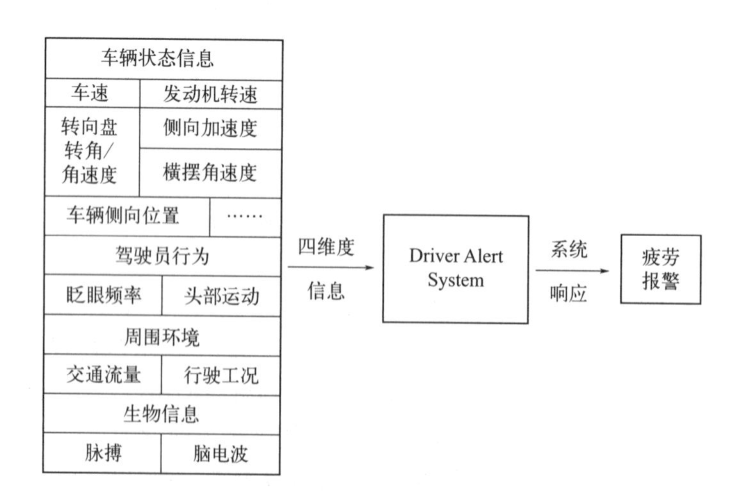

图 9-2 Driver Alert System 工作原理

（4）丰田公司的 DMS 系统

丰田公司配备于 Lexus 和商用车上的 Driver Monitor 采用的是直接监测方法，由电装株式会社提供，通过驾驶员面部状态信号和眼睛运动信号，同时结合驾驶员头部位置和运动信息来识别驾驶员状态，前两种信息利用摄像头获得，后两种信息则借助红外传感器得到。

车辆会在发现驾驶员出现疲劳状况时发出警报提醒，图 9-3 是 Driver Monitor 的工作原理。对于驾驶员的疲劳状态，Driver Monitor 有着相当高的识别精度，但这需要在车辆上额外安装一个需花费较高成本的摄像头和红外传感器。车辆 ADAS 和生物识别技术的普及会不断扩大 Driver Monitor 的应用范围。

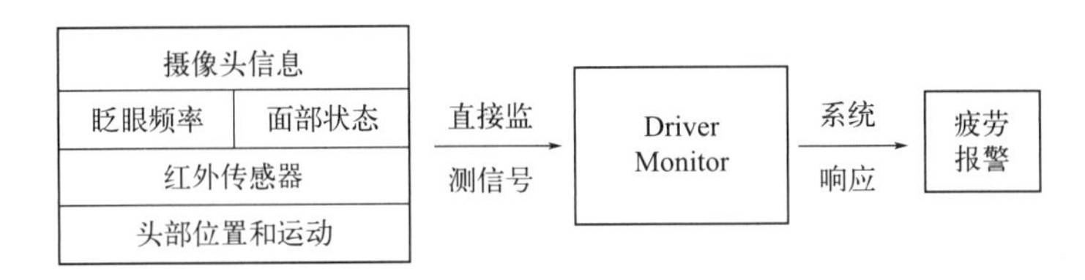

图 9-3　Driver Monitor 工作原理

（5）日产公司的 DMS 系统

日产公司使用的是不同于丰田公司的间接监测方法，它依据的是这样的原理：与正常驾驶状态下的转向操纵行为相比，疲劳状态下驾驶员的转向操纵行为会呈现出较大的差异，例如转向操作逐渐变得缓慢甚至停止，因此驾驶员的转向行为信号可以作为监测其状态的依据。

日产公司通过对多方面的信息进行综合研究来判断驾驶员是否处于疲劳状态，包括电动助力转向（electric power steering，EPS）系统的转向盘转角与角速度、转向盘力矩信号，车辆状态信号和车内环境信息，比如车速、侧向加速度、横摆角速度、车内温度、雨刷器、空调控制等信号。

（6）沃尔沃公司 DAC 系统

驾驶员安全警告系统（driver alert control，DAC）的监测内容不仅包括驾驶员的疲劳状态，也包括驾驶员的注意力是否分散。DAC 的硬件由摄像头、各种车辆状态传感器、车辆轨迹传感器和控制器等组成，在判断当前驾驶状态时，控制器要综合分析多种信息，包括驾驶员头部位置和角度、眼睛运动、车辆与车道的相对位置、转向盘操纵数据等，并且将判断结果与控制器记录器里内置的驾驶员正常驾驶状态进行对比，针对驾驶员是否处于疲劳或控制力分散状态的问题做出判断。如果结果是肯定的，那么就通过声音信号对驾驶员发出提醒，提示信息也将显示在仪表盘上。

DAC 还可以与其他驾驶辅助系统集成，如车道保持、自适应巡航、碰撞预警等，它不仅可以用警报做出提醒，也能主动有效地干预车辆运动。DAC 会在车速超过 65km/h 时激活，在车速 60km/h 以下时休眠。驾驶员安全警告系统工作原理如图 9-4 所示。

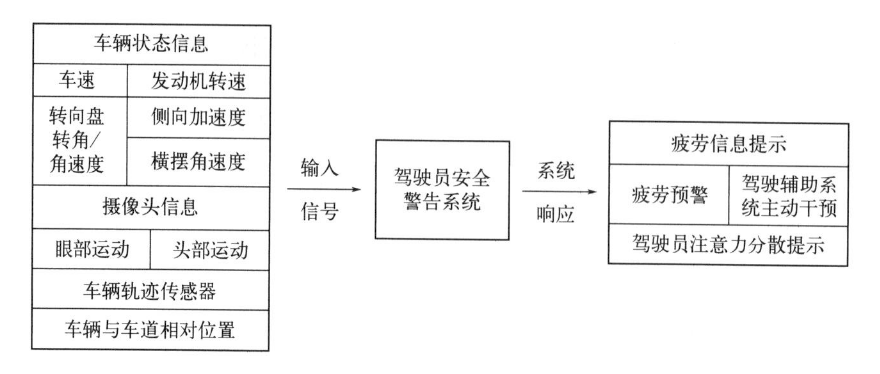

图 9-4 驾驶员安全警告系统工作原理

（7）捷豹公司 DMS 系统

捷豹 F-Type 的驾驶员状态监测系统内置在其转向盘里，提供者为澳大利亚 Seeing Machines 公司，选择英特尔酷睿 i7 处理器作为控制器，实现对驾驶员面部运动和眼睛运动信息的采集，对驾驶员的状态和注意力集中情况做出监测。

当判断出驾驶员处在疲劳或注意力分散状态，有发生碰撞事故的可能时，与紧急制动系统集成的 DMS 会主动制动，以此来保证行车的安全。驾驶员佩戴眼镜或墨镜不会影响到识别精度。

（8）博世公司 DDDS 系统

关于驾驶员疲劳状态间接监测，由博世公司研发的驾驶员疲劳监测系统（driver drowsiness detection system，DDDS）是一个典型代表，德系车疲劳状态监测系统的原理大体上与它没有差别，此处不再做过多说明。博世的 DDDS 有着良好的集成性，电子稳定控制系统、CAN 网关、FlexRay 网关等都可以和它集成，应用载体不会受到制造商的限制。

9.1.5 国内 DMS 系统的应用

在国内，有关驾驶员疲劳状态监测技术的研究起步时间较晚，尽管该系统已配备在部分国产车上，但大部分供给还是来自国外零部件供应商。

（1）清华大学的疲劳驾驶预警系统

清华大学成波教授团队的驾驶行为相关研究起于 2000 年初，在科研成果上有国家 863 项目“驾驶人状态及行为监测预警技术与装置”和国家自然科学基金资助项目等科研课题，成果的产品化也已通过清研微视公司实现，公司是由清华大学苏州学院培育的。

由清研微视公司开发的疲劳驾驶预警系统属于直接监测，以驾驶员面部信息为依据，判断驾驶员是否处于疲劳或注意力分散等欠安全状态，如果判断结果为肯定的，就会向驾驶员发出警报提醒。

该疲劳驾驶预警系统还有其他功能，可以监测驾驶员是否存在行车过程中吸烟、接打电话、玩手机等其他危险驾驶行为，清研微视公司的疲劳驾驶预警系统具备的功能如图 9-5 所示。众泰 M11、M12 和陕汽重卡目前已配备了这一系统。

图 9-5　清研微视 DMS 系统功能

（2）哈弗 H9 的驾驶员状态监测系统

在工作原理上，哈弗 H9 的驾驶员状态监测系统与博世的 DDDS 基本相同，两者都属于间接监测，将驾驶员的驾驶行为作为判断其状态的依据。在监测驾驶员状态时，该系统用到了转向盘转角、制动踏板位移、车速、侧向加速度、横摆角等信号，并将驾驶员疲劳状态划分为从轻微疲劳到重度疲劳的 9 个级别，向驾驶员发出警告时采用的是声音报警和仪表盘显示信息的方式。

该系统会在车辆启动后 10min 自动开启，不会受到车速的限制，一次的报警时长为 20s。如果驾驶员没有在报警后改变驾驶状态，10min 后该系统会再一次报警。驾驶员需要通过停车熄火的方式关闭疲劳报警。

（3）比亚迪 G6（BAWS）

疲劳驾驶预警系统（biological aerosol warning system，BAWS）属于直接监测，硬件包括摄像头、红外线传感器和控制器，通过采集并综合分析驾驶员的面部表情、眼部和头部运动等信号来获知其状态。如果发现驾驶员处于疲劳状态，要马上采取相应措施，将警报信号发送给驾驶员。

（4）一汽集团红旗 H7DSM

红旗的驾驶员状态监测系统 H7DSM（driver state monitor）属于直接监测系统，摄像头会采集驾驶员面部和眼部的运动信息，系统需以此信息为依据，同时结合车辆与车道的相对位置关系，对驾驶员的状态做出判断，判断的内容包括驾驶员是否疲劳、注意力是否分散，以及是否酗酒，必要时应发送警报并主动对车辆运动实施控制。

该系统基于车道偏离报警系统的硬件，不需要加入其他硬件设备，这是它的优点，并且当车辆因驾驶员疲劳而偏离车道时，车道保持辅助系统会主动实现对电子转向系统的控制，车辆由此得以返回原车道继续行驶。

9.2 驾驶员疲劳检测原理与方法

9.2.1 基于生理指标检测

目前，世界上很多国家都很重视DMS的研究工作。最初疲劳驾驶测评是从医学领域出发的，通过医疗器械来进行疲劳检测。现在应用较多的DMS是根据采集、分析和处理驾驶员生理信号或非生理信号的变化来进行监测的，最终判断司机是否发生疲劳或睡眠状态。

在对驾驶员进行疲劳检测时，通常从四个方面出发，分别是驾驶员生理指标的检测、生理反应的检测、车辆行驶状态的检测以及多特征信息融合的检测。

下面首先对驾驶员生理指标检测的原理和方法进行简单分析。

在车辆行驶过程中，如果驾驶员出现疲劳状态，那么其身体的各项生理指标都会出现异常，比如脑电、呼吸以及脉搏等。车辆的疲劳预警系统可以依靠生理传感器来对驾驶人员的各项生理指标进行检测，由此来对司机是否存在疲劳驾驶行为进行判定。

具体来说，驾驶员生理指标检测主要有如图9-6所示的5种方法。

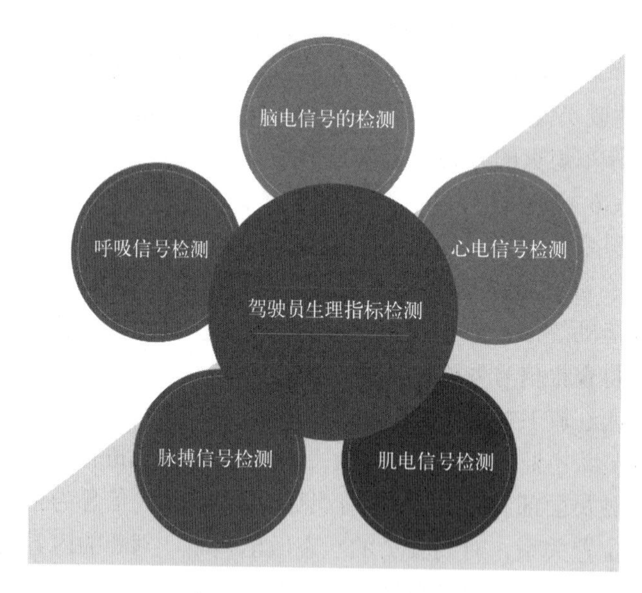

图9-6 驾驶员生理指标检测

（1）脑电信号的检测

在人体释放的各类生理信号中，脑电信号最适合用来检测人类的疲劳状态，因此它也被视为疲劳检测中的黄金标准。脑电信号是人脑技能的宏观反应，一旦人处于疲劳状态，其脑电的慢波会增加，快波会降低，所以这种检测方式在判断疲劳状态时的出错率较低。不过该方法需要通过在头皮上放置电极等方式进行检测，操作程序过多，不利于放入车载系统中进行实时检测。

（2）心电信号检测

心电图可以有效反映心脏兴奋的产生、传导以及恢复过程中的电变化，它主要包含两项重要指标，即心率与心率变异性。心率信号主要体现的是任务与情绪等对人体疲劳程度的影响；心率变异性则体现的是人体心脏神经活动的紧张度与均衡度。

心电信号这种生理信号，在判断驾驶员的疲劳状态方面具有很高的准确率。不过这项检测需要将电极贴合于人体皮肤，这会对驾驶员行驶过程中的正常操作造成影响。

（3）肌电信号检测

肌电信号也可以反映人体的疲劳情况，当人体出现疲劳状态时，肌电图的频率会随之下降，当人体的疲劳程度变大时，肌电图的幅值也会增大。这种检测方法的操作并不复杂，得出的判断也较为准确。

（4）脉搏信号检测

脉搏信号主要反映的是人体心脏与血液的循环，当人的精神状态发生变化时，其心脏活动与血液循环也会随之产生变化。所以疲劳驾驶预警系统也可以考虑采用脉搏来检测驾驶员的疲劳状态。

（5）呼吸信号检测

除去以上检测外，还可以采用呼吸信号的检测来判断驾驶员疲劳与否，该检测是目前疲劳驾驶预警系统研究的重要方向。通常情况下，车辆行驶时驾驶员会比较专注，此时其呼吸频率较高。若在此期间与他人产生对话，那么其呼吸频率会更高。但是当其产生疲劳时，专注程度便会降低，呼吸会趋于平缓。因此呼吸信号可以有效地进行驾驶员疲劳状态的判定。

以上5种检测方法，均是基于人体生理指标的检测，不仅客观，而且准确率高，但是受检测仪器的影响较大。但是也存在两个明显的局限：一是这些检测几乎都是接触性的，会对驾驶员行车中的正常操作造成影响，存在安全隐患；二是生理信号是因人而异的，且与个人的心理活动密切相关，所以在实际进行疲劳检测时会影响检测结果。

9.2.2 基于生理反应检测

基于驾驶员生理反应特征的检测方法，主要借助机器视觉技术来检测驾驶员嘴巴张合、视线方向、眼动信息与头部位置等面部的生理反应特征，用以判定驾驶员的疲劳状态，通常采用的是非介入式的检测方法。

具体来说，基于生理反应检测的方法主要包括如图 9-7 所示的 4 种。

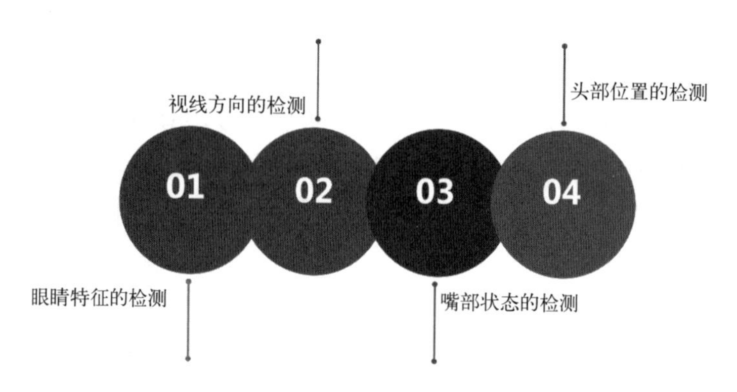

图 9-7　基于生理反应检测的方法

（1）眼睛特征的检测

驾驶员的眨眼幅度、频率以及眼睛的平均闭合时间等都可以直接作为疲劳检测的指标，其中驾驶员的眼动信息与眨眼信息被视为反映疲劳的重要特征。目前，一定时间内眼睛闭合时所占的时间比例（percentage of eyelid closure over the pupil over time，PERCLOSE）疲劳检测被业内视为应用前景最为广阔的实时疲劳检测方法。一般会按照 p80（单位时间内眼睛闭合程度超过 80% 的时间）的标准检测，它与疲劳驾驶程度的相关性最强。

在这种疲劳检测的过程中，若想要提高检测的准确率，可以对驾驶员的平均睁眼程度与最长睁眼时间进行综合检测，进一步提高疲劳检测的准确率。

利用眼睛特征检测驾驶员疲劳程度，不会对驾驶员行车中的正常操作带来任何影响，所以这种检测方式成了该领域当前研究的焦点。

（2）视线方向的检测

这种检测方式会将人体眼球中心和眼球表面亮点的连线作为驾驶员的视线方向。当驾驶员处于正常状态时，其视线会落在车辆运动的前方，且视线方向的移动速度较快；当驾驶员处于疲劳状态时，视线轴会偏离正常位置，视线方向的移动速度会减慢，甚至出现迟钝的现象。

（3）嘴部状态的检测

通常情况下，人在疲劳时会频繁出现打哈欠的动作，一旦系统检测到驾驶员打哈欠的频率超过系统所设定的阈值，便可以判断驾驶员处于疲劳状态，由此可以顺利实现对驾驶员的疲劳检测。

（4）头部位置的检测

调查研究显示，驾驶员在正常驾驶和疲劳驾驶时，头部位置是存在差异的。可以针对这一差异性特征对驾驶员进行疲劳程度检测，借助头部位置传感器实时跟踪驾驶员的头部位置，按照头部位置的变化规律来判断驾驶员是否存在疲劳驾驶行为。

9.2.3 基于车辆行驶状态检测

以车辆行驶状态为基础的疲劳检测方法，主要通过CCD摄像头与车载传感器来检测汽车行驶状态，从驾驶员对汽车的操纵情况出发进行研究，而非以驾驶员为主进行研究，由此推断驾驶员的疲劳状态，这是一种判断驾驶员疲劳与否的间接方法。

基于车辆行驶状态检测的方法主要包括如图9-8所示的两种。

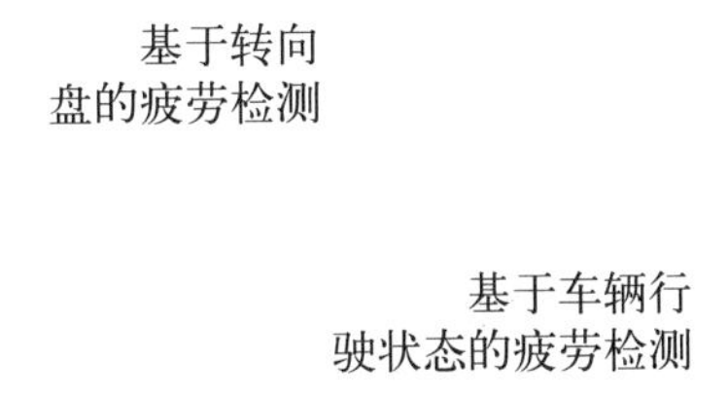

基于转向
盘的疲劳检测

基于车辆行
驶状态的疲劳检测

图9-8 基于车辆行驶状态检测方法

（1）基于转向盘的疲劳检测

基于转向盘的疲劳检测主要包含转向盘转角信号检测与力矩信号检测。当驾驶员产生疲劳时，其对汽车的控制能力会降低，转向盘的转角会变大，操纵转向盘的频率会变低。疲劳驾驶的评价指标可以通过转向盘的方差或平方差来确定。现阶段，利用转向盘转角变化来检测驾驶员疲劳是该领域的研究焦点，此方法算法简单，数据准确，信号和驾驶员疲劳状况密切相关，结果准确度高。

除此之外，驾驶员在行车过程中如果产生疲劳，那么其对转向盘的握力就会变小，而传感器会通过检测驾驶员的握力来判断驾驶员的疲劳程度。驾驶员对转向盘的操纵特征可以间接体现驾驶员的疲劳程度，且无须接触，可靠性较高。不过受传感器技术影响，其准确度仍需进一步提高。

（2）基于车辆行驶状态的疲劳检测

对汽车行驶速度的实时检测可以有效判断车辆是否处于控制状态，由此间接判断驾驶员是否发生疲劳。

除此之外，当驾驶员产生疲劳时，反应会变慢，注意力会分散，车辆行驶会发生偏移。基于车辆行驶状态的检测方法，比较容易进行信号的提取，可采取非接触检测来提取信号，不会影响到驾驶员的驾驶操作，而且可行性强，实用价值高。不过这种方法容易受到车辆、道路以及驾驶员习惯、经验与条件等方面的限制，检测的准确度并不高。

9.2.4 基于多特征信息融合检测

（1）多特征信息融合法的原理

基于多特征信息融合法的驾驶员疲劳检测方法，主要是利用信息融合技术，把驾驶员的驾驶行为、生理特征与汽车行驶状态结合起来进行综合检测，是一种较为理想的检测方法，这种基于多特征信息融合的检测方法大幅减少了单一检测方法导致的误检与漏检。

在信息融合技术的加持下，疲劳检测技术不断发展与提高，实时、客观、迅速且准确地判断驾驶员的疲劳状态是疲劳检测技术未来发展的大势所趋，最大程度上避免疲劳驾驶导致的交通事故。

（2）驾驶员疲劳特征的判决构架

基于信息融合理论的驾驶员疲劳特征的判决架构能够通过特征提取、特征选择和多特征融合的方式实现对驾驶员疲劳状态的精准判断。从过程上来看，首先，该架构可以充分发挥数字图像信号处理和传感器技术的作用，采集驾驶员的眼睛特征、驾驶行为和视线方向等信息；其次，该架构可以利用特征选择方法，从各项特征中找出代表性和区分度最强的特征；最后，该架构可以利用多特征融合技术来融合各项特征，并生成疲劳判定结果。

各项关于驾驶员疲劳检测方法的有效性实验显示，这种方法既能精准检测出驾驶员的疲劳状态，也能及时进行预警，从而确保行车的安全性。一般来说，这种基于多特征融合法的驾驶员疲劳检测方法大幅降低了误警率和漏警率，具有检测精准度高和可靠性强的优势，能够有效强化交通安全性能。未来，这一方法的完善程度和成熟度都将不断提高，并逐渐被广泛应用到各类实际驾驶场景中。

9.2.5 基于图像处理的疲劳驾驶检测

（1）系统构成

基于图像处理的疲劳驾驶预警系统主要由如图 9-9 所示的四个模块组成。

图像采集模块是系统最前端的模块，主要负责不间断地采集图像。它搭载了图像传感器的摄像头以便对图像进行实时采集，确保可以在各种环境、任何时间实时采集司机的面部特征与肢体图像，保证准确性与及时性，做到监控的无延迟。

图像处理模块主要负责分析和处理所采集到的图像，将每一帧图像进行数字化、降噪、滤波以及重建等，之后传送至中央处理器，通过图像处理算法进一步优化结果，最终输出结果，借助声音或指示灯提示来发出预警。

由图像采集模块、图像处理模块、中央处理器和报警显示模块组成的 DMS，主要通过监测驾驶员眼部信号、面部特征以及头部运动等来判断驾驶员是否存在疲劳状态，若判定存在，则发出警示并采取相关措施，为驾驶员提供智能的安全保障。

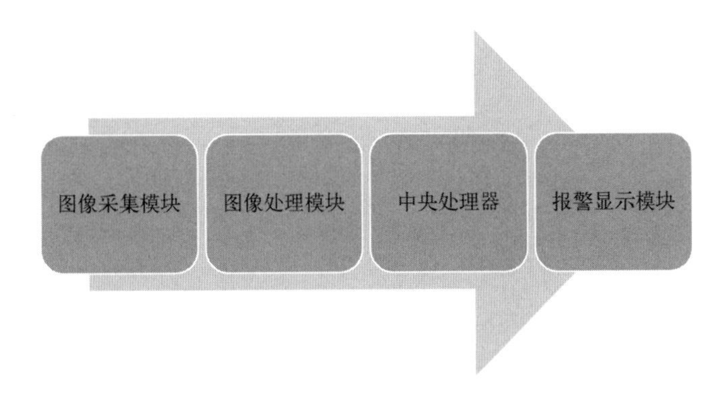

图 9-9 基于图像处理的疲劳驾驶预警系统构成

（2）技术原理

基于图像处理的疲劳驾驶监预警系统的技术原理主要涉及以下几项内容：

① 图像预处理。该系统在进行图像处理时需要先利用相关算法和技术进行图像预处理，如去噪、平滑、增强和边缘检测等，为后续进行图像处理提供方便。

② 眼睛检测。该系统可以利用 Haar 级联分类器来识别人眼特征，分析特征点对之间的关系，从而掌握驾驶员眼睛所处状态，并获取其他各项检测信息，以便利用各项相关信息进行综合评估，实现对驾驶员疲劳状态的准确判断。

③ 面部表情识别。该系统可以利用人脸关键点检测技术分析驾驶员的面部表情变化，如嘴巴、眼睛、眉毛等面部器官的位置变化，从而实现对驾驶员面部表情的有效识别，并据此判断驾驶员的疲劳状态。

④ 驾驶行为分析。该系统可以通过采集和分析行车速度、行车路线和转向盘转角等驾驶行为信息来实现对驾驶员疲劳状态的精准判断。

（3）应用前景

基于图像处理的疲劳驾驶预警系统可广泛应用于多个领域，具体来说，主要涉及以下几个领域：

① 交通安全。该系统能够实时监测驾驶员行为，并在发现驾驶员疲劳驾驶时，及时进行预警，防止出现因疲劳驾驶造成的交通安全事故，从而确保行车的安全性。

② 远程监控。该系统可以应用于智能家居、智慧物流等新兴行业，对厂房、机房等场所中的工作人员进行远程监控，以便及时发现工作人员的疲劳状态，提醒工作人员及时休息，从而防止因疲劳造成的生产安全问题，同时也能够在一定程度上提高工作人员的工作效率。

③ 智能交通。该系统可以与智能交通系统协同作用，实现对驾驶员行为的实时监测、对交通信号灯的灵活调控，以及对车流量的智能化控制和调度，进而达到提高道路的畅通性和安全性的效果。

第 10 章 夜视辅助系统（NVS）

10.1　车载夜视辅助系统概述

10.1.1　夜视辅助系统的结构原理

夜间行驶时，普通近光灯只能照亮车辆前方30m左右的区域，驾驶员难以获取这个区域之外的环境信息，因此存在一定程度的安全隐患。若打开远光灯，虽然视野距离延长，但由于远光灯亮度过高，会妨碍对向来车的视线，某些情况下可能发生交通事故，如何在安全的前提下提升车辆的夜视性能就成了一个问题。

国内外的汽车厂商就此进行了大量的研发，使得汽车装载的辅助驾驶系统不断更新，夜视辅助系统（night vision system，NVS）就是其中之一。夜视辅助系统是一种使用红外成像技术提高驾驶员夜间视物能力，帮助驾驶员规避行人和障碍，降低交通事故风险的汽车智能安全系统。NVS在内的驾驶辅助技术的应用，为驾驶者带来了安全、舒适的驾驶体验。

（1）NVS系统的组成

夜视辅助系统共有四个组成部分：红外发射单元、红外成像单元、控制单元（ECU）、图像显示单元，如图10-1所示。

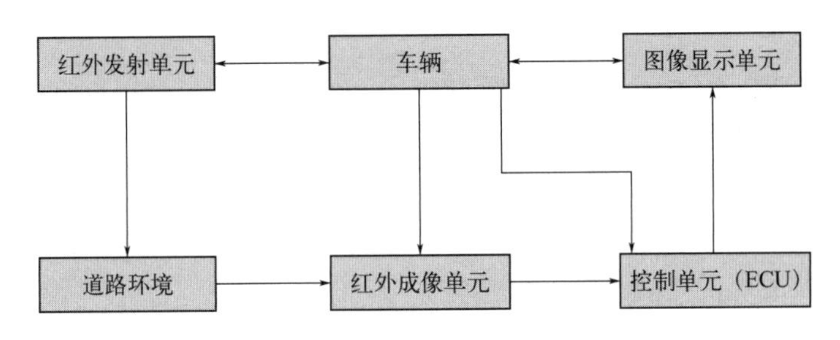

图10-1　NVS系统的组成

① 红外发射单元。在车辆前照灯内通过红外发射管向前方发射红外线的装置。

② 红外成像单元。夜视辅助系统的关键部件，一般是能够记录车辆前方影像的红外摄像设备。接收返回的红外射线，根据红外探测结果判断车辆前方是否有行人或其他车辆，并将结果传输给控制单元。

③ 控制单元。控制单元是负责信息处理和传输的核心单元，是NVS系统的中枢。控制单元与红外成像单元相连接，接收上游传来的数据进行分析。与图像显示单元相连接，将采集到的信号进行必要的处理，突出行人和障碍等信息后，输出给图像显示单元。与车辆主体相连接，以获取汽车整体信息，配合驾驶员的驾驶操作。

④ 图像显示单元。将控制单元传来的信号转化为图像，并显示在中控屏上。

系统激活时，红外图像经过换算处理，在中控屏上最终呈现为司机透过前挡风玻璃所能看到的视角，变相延长了驾驶员的视物距离。

被动夜视系统只由成像单元、控制单元、显示单元组成，通过红外摄像头接收行人、障碍的热辐射，系统本身没有红外光源。

（2）NVS 系统的工作原理

夜视辅助系统的原理是目标和环境的温度不同，其本身的辐射率和对红外线的反射能力也不同，行人、车辆能释放出更多的热量，因此可以被区分出来。夜视辅助系统对这些人眼看不到的信息进行扫描处理，使之变成人眼能够看到的图像，辅助驾驶员夜间视物。

夜视辅助系统有主动型和被动型之分，其具体工作流程也稍有不同：主动夜视辅助系统是主动向前发射红外线，通过扫描返回的射线成像；被动夜视辅助系统不发射红外线，而是通过红外摄像头直接接收目标物体散发的红外辐射形成图像。被动型 NVS 系统可能难以识别无生命的目标。

夜视辅助系统通过传感器识别光线强度，判断时间是否处于夜晚，当光线足够微弱时，夜视系统开启，红外发射管开始工作。驾驶员按下仪表盘上的按钮可以使车速显示界面切换为红外图像界面，以便获取前方路况信息。有些车型的夜视辅助系统可以变焦，当车速较快时，驾驶员可以主动调节焦距，放大远处图像。此时，系统也会开启红外灯增强成像效果。

10.1.2 夜视辅助技术的工作原理

（1）红外光与红外成像

红外感知技术是夜视辅助系统的基石，提高夜视辅助系统的性能就要从红外辐射的原理和红外成像的策略入手。

红外辐射就是人们常说的红外线。光的热效应是从紫光到红光逐渐增强的，粒子热运动的频率和红外光的频率相近，因此能与红外线共振。红外线基本物理性质与可见光相同，只是无法被人眼识别。本质是电磁波，波长介于可见光与微波之间，为 750nm ～ 1mm，比红光长，比微波短。根据波长不同，红外线可分为近红外线、中红外线与远红外线。

虽然紫外线的能量比红外线高，但其频率与分子本身运动的特征频率相差过大，其能量无法被分子吸收而跃迁，但红外线却可以，这也是为什么红外线的热效应最强。物体辐射能与内能的转化是不规则的，运动引起了粒子之间的碰撞，带来能级的跃迁。粒子从高能态跃迁到低能态的过程中，会发射与其特征频率相同的电磁辐射。物质分子运动的特征频率分布于红外谱区，它们相互碰撞产生的电磁辐射也在这一频率，因而所有运动的分子（温度高于 0K）都会向外发射红外线。

红外成像技术是利用特殊设备将物体辐射或反射的红外线转化成人眼可见的图

像。主动型红外成像就是向前发射红外线，接收返回的红外线生成物体的图像；被动型红外成像就是利用物体自身的红外辐射成像。根据这两种成像方式，人们分别研究出了主动夜视技术和被动夜视技术。

① 主动红外夜视技术。主动红外夜视技术就是用能够发射红外线的装置如红外发射管照射前方，物体能够反射与其频率相近的红外线，根据反射回来的红外线多少，可以得知物体分子运动的活跃程度，从而明确其温度。由于物体与环境的温度存在差异，因此可以将其从环境中识别出来。主动红外成像系统更大，耗能更多，但却可以生成更清晰、分辨率更高的图像。

红外发射管向前发射红外线，光电阴极上会形成因反射红外线而成的红外图像。由于光电子接收红外辐射能量而发生跃迁，阴极面上会产生基于入射红外线强度的光电子反射，形成电子图像。红外变像管对电子图像进行处理时，电子会经高压电场加速，产生聚焦，而使亮度增强，但依旧与电子图像上的电子密度成正比，因此可得高对比度的图像。

主动红外夜视技术使用的是近红外线，波长在 800 ～ 1000nm，红外变像管是该技术必不可少的部件之一，可实现光电转换与图像处理。主动红外夜视技术的主要优点就是分辨率高，在识别目标时更精确。

② 被动红外夜视技术。被动红外夜视技术也叫红外成像技术，并不主动发射红外线，而是利用物体自身的红外辐射成像。热成像系统根据目标与环境的温度和热辐射强度不同，利用辐射测温技术测定物体的辐射强度，得出侦测范围内各点的温度，从而生成热图像。被动红外夜视技术使用的红外摄像头能够接收的最短红外辐射波长为 80nm，最长为 0.014mm。

与主动红外夜视技术不同，红外成像技术的核心设备是热像仪，能够支持对物体的扫描、处理，直至最终成像。热像仪直接扫描前方环境，根据目标与背景的热辐射强度不同，将目标分辨出来。红外辐射经大气吸收、散射后被热成像仪接收，用来接收红外线的装置是单个或线列式的红外线探测器。这种探测器只能生成目标的一部分图像，为了获取前方的完整图像，必须按光学扫描的方法使探测器扫描整个目标范围，接收的反射红外线是按时间顺序在平面空间内变化的，经过光电变换可以得到随时间变化的电信号，从而在阴极射线管上生成对应的图像。

（2）图像处理技术

由于图像中的高光点会造成极端的亮度对比，从而导致眩光，影响驾驶员视物而引起危险，需对近红外传感器生成的图像进行处理，避免眩光效应的发生。对于远红外传感器生成的图像，则需要提高对比度，让物体与环境的界限更加明显。

图像处理技术可以检测并突出物体的轮廓，将目标轮廓带入基于知识分类的特定程序中，辨认出该轮廓属于何种事物。例如热成像的结果中有模糊的高亮，利用图像处理技术对其进行分析，从运动轨迹和大致轮廓可知是正在横穿马路的行人，从而提醒驾驶员进行规避。甚至可以将图像与环境声音结合分析，明确该目标的更多信息，进一步降低风险。

夜视辅助系统的屏幕有黑白和彩色两种。在黑白显示屏上，驾驶员可根据生成图像的灰色程度不同，分辨不同温度的物体；在彩色显示屏上，驾驶员可以看到前方物体的真实颜色，甚至可以看清红绿灯的颜色，系统生成的图像已经非常接近真实影像。

图像处理技术关系到夜视辅助系统的安全性与舒适性，还需进行更加深入的研究。在未来，利用图像处理技术生成的图像应该与真实影像无异，让探测范围内的行人与障碍无所遁形，让驾驶员夜间行驶的安全程度与白天无异，进一步提升驾驶体验。

10.1.3 主动式 NVS 与被动式 VNVS

通过应用主动红外夜视技术和被动红外夜视技术，汽车厂商分别安装了主动夜视辅助系统和被动夜视辅助系统。

① 主动夜视辅助系统。使用主动红外成像技术，主动发射红外线，将目标反射的红外线经过光电转换变成电信号，再输入到显示屏变换成人眼可见的图像。因为主动式 NVS 都配备红外光源，所以可以探测到热量微弱的物体，如道路标志、警示牌等，生成图像更接近真实环境。

② 被动夜视辅助系统。使用热成像技术，通过物体本身的热辐射的强度判断其温度，从而得到热图像，再转化成人眼可见的图像。因为被动式 NVS 不配备红外光源，探测不到热量微弱的“死物”。物体本身的红外线会被大气吸收或散射，受天气影响也较大，因此最终成像与实际环境有一定差异。

（1）主动夜视辅助系统的工作原理

主动夜视辅助系统配备红外发射管，向外发射红外线。物体反射红外线后，系统再通过前照灯内的红外摄像头识别红外反射波，得到车辆前方的实时影像。具体是由 CCD 摄像头接收目标反射的短红外线，经过系统控制单元（ECU）的分析处理，将图像信号传递给汽车中控屏幕，以供驾驶员观察。主动夜视辅助系统的优点在于分辨度高，图像比较清晰，比较能够反映车前的真实路况。由于不依靠物体本身的热辐射成像，因此可以识别出热辐射效应较弱的物体，如未点火的机动车、行道树、道路指示牌等。

主动夜视辅助系统的组成部分就是前端红外发射单元、红外成像单元、控制单元、图像显示单元。前端红外发射单元的具体组成是红外驱动控制电路单元、前端 VCSEL 激光二极管、透镜组合单元；红外成像单元的组成部分有图像传感器和透镜单元；控制单元的组成部分有微处理器（MCU）、存储器（ROM、RAM）、输入 / 输出接口（I/O）、模数转换器（A/D）和整形、驱动，图像显示单元的组成包括信号接收器、显示驱动控制电路单元和数字显示屏。

主动夜视辅助系统的激光二极管向前发射红外波束，图像传感器再感知返回的红外波束，控制单元分析红外成像单元输出的数据，处理后形成图像并显示在数字显示屏上。

（2）被动夜视辅助系统的工作原理

被动夜视辅助系统依靠热成像摄像头接收目标物体发出的与背景不同的红外热辐射。与主动夜视辅助系统使用的近红外线不同，被动型系统接收到的辐射波长在远红外线的范围内。通过直接接收这些辐射形成图像，再对图像进行必要处理后显示出来。

被动夜视辅助系统不具备红外光源，活物或者已发动的机动车自体辐射相对显著，在热辐射图像中就比较突出。通过红外传感器的接收，发热物体的热辐射可以形成图像，经过处理显示在屏幕上，这种图像与照相机的底片相类似。

但是，被动夜视辅助系统的原理就决定了它无法识别无生命、不主动发热的物体，如未点火的机动车、行道树、道路指示牌等。由于长波远红外线穿过汽车前挡风玻璃的损耗较大，因此红外摄像头只能安装在车厢外，一般在汽车正前方的格栅后。需要定期清洁，也比较容易损坏。

被动夜视辅助系统的关键部件是红外摄像头，工作原理与主动夜视辅助系统中的红外摄像头相同，但由于接收的是目标自身的热辐射，而不是红外反射波，因此其结构也略有不同。被动夜视辅助系统中的红外摄像头有自己的运算单元，摄像头不仅要录下图像输出给控制单元，还要将图像储存下来。如此，在夜视辅助系统的控制单元损坏并更换后，不必再重新校准，红外摄像头会自动将储存的图像输出给更换后的控制单元。图像经过处理后直接显示在数字屏上，省去了麻烦。

被动夜视辅助系统识别活物的效果较好，甚至可以监测到行人有横穿马路的意图，将其突出显示并使用声音信号提醒驾驶员。

10.1.4 BMW 夜视系统技术解析

国内的一线汽车厂商，如宝马、奔驰等已经完成了夜视辅助系统的流程化配备，且该技术正在二三线汽车厂商中普及。BMW 是全球首家开发并应用远红外线技术的汽车厂商，宝马汽车也是最早装备夜视辅助系统的汽车品牌之一。现以宝马 7 系为例，介绍宝马带有行人识别功能的夜视辅助系统。

宝马汽车的夜视系统（BMW night vision）是宝马互联驾驶（connected drive）计划中的驾驶辅助系统之一。该系统于 2005 年问世，如今已更新到了第三代，宝马 7 系配备的正是第三代宝马汽车夜视系统。该系统已经能够准确识别行人，并且通过仪表盘上的符号、HUD 抬头显示器上的图像提醒驾驶员。

在夜间行车时，第三代夜视辅助系统可以同步显示出红外摄像头接收的影像，自动识别前方 15 ～ 100m 的行人或其他运动物体。该系统还可以分析采集的数据，计算出车辆与目标发生碰撞的概率，并通过显示屏显示系统预警。该系统反应迅速，计算延迟为毫秒级。

宝马汽车夜视系统是新型驾驶辅助系统，使用远红外线相关技术，通过集成数个模块，安装在车辆中，与车辆的其他电子系统相配合。宝马汽车夜视系统有热成像摄像头、控制单元和图像显示单元三个组成部分。其中，图像显示单元是与导航系统共用的 8.8 英寸显示屏，因此在安装时只需要安装热成像摄像头与控制单元。

热成像摄像头需要安装在汽车前保险杠左侧的壳体中，靠防撞玻璃和格栅保护。在壳体中还有摄像头清洗器喷头和加热装置。清洗喷头能够与雨刷器一同启动，清洗镜头以确保成像质量。加热装置能够在环境温度低于 5℃时加热摄像头的玻璃盖罩，防止镜头结冰而导致图像失真。

第三代宝马夜视系统不配备红外光源，仅有一个分辨率为 340×240 的摄像头，直接接收前方目标的红外辐射，并将光波汇总成热图像。夜视系统的控制单元（ECU）可以将光波信号处理成电信号，并为电子加速提高亮度，最终在车载显示屏上形成驾驶员能看见的图像。

使用被动红外夜视技术的宝马夜视系统集中于车辆前方对驾驶员行车影响最大的一些目标，不会被其他细节影响。红外影像在显示屏上以图形化的形式呈现，使对前方路况的描述简明扼要，是否存在危险一目了然，方便驾驶员更迅速地判断行车信息。

远红外线技术的探测能力超出其他技术一倍有余，应用此项技术的系统摄像头的探测角度更大，探测距离也更长。与之相比，近红外线技术的探测范围只是略微大于传统远光灯。BMW 夜视系统的探测距离达到了 300m，在车速达到 100km/h 时，能够比使用远光灯的汽车提前 5s 探测到车辆前方的目标。

在车速较低时，BMW 夜视系统装载的热成像摄像头有着 360°的广角，能覆盖比其他夜视系统更大的范围；车速中等时，水平广角为 240°，同时还能随着车辆转弯最多转动 60°；车速较快时，驾驶者还可以开启夜视系统的变焦功能，将远处物体的图像最多放大 1.5 倍。

远红外线技术生成的热辐射图像没有高光点，因此不会产生眩光效应，不会受对向车辆的灯光、红绿灯、路灯、强反光表面的干扰。且由于不主动发射红外线，拥有相同远红外线系统的车辆不会对彼此造成影响。

驾驶员在行车过程中，可以通过车灯旋钮旁的开关启动宝马汽车的夜视系统，还可以通过中控屏的下拉菜单主动变焦放大目标，或者改变屏幕的亮度、对比度，切换全屏、分屏。

BMW 夜视系统另一个创新之处就是配备了“动态光点（BMW dynamic light spot）”的灯光选项。汽车前照灯切换至该状态时，位于雾灯处的 LED 灯组能够发射出高亮光照亮行人，以提醒驾驶员，从而降低碰撞风险。在未开启“动态光点”照明时，灯组的亮度与远近光灯相同，提供正常的照明功能。

10.2　红外热成像技术原理与应用

10.2.1　红外热成像的技术原理与特点

所有温度高于绝对零度的物体，其内部的分子都在做热运动，而分子运动的特征频率又分布在红外线的频率范围内，因此这些物体都能向外辐射红外线。红外线与无线电波、微波、可见光、紫外线、X 射线、γ 射线共同构成完整的电磁波谱，是太阳光总辐射的组成部分之一。如图 10-2 所示，红外线的波长范围是 760nm ～ 1mm，介于可见光与微波之间，人眼不可见。

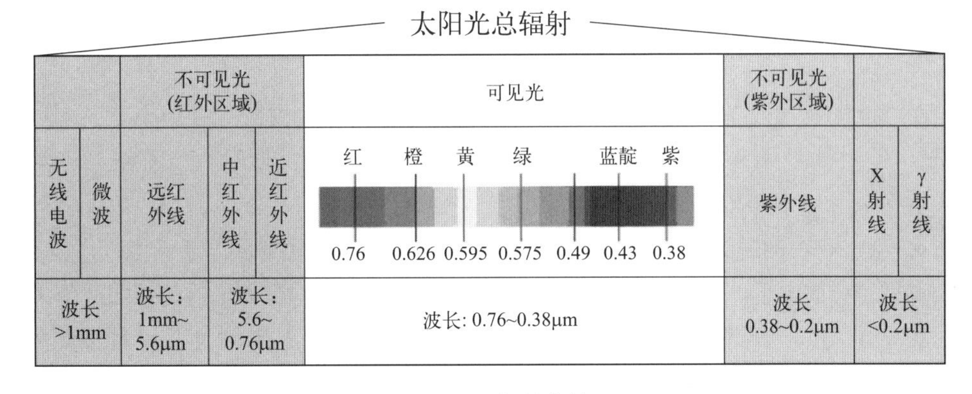

图 10-2　电磁波谱

红外热成像技术能够将人眼不可见的红外线转变成人眼可见的热图像，根据红外热图像，能够明确物体表面分子热运动的活跃程度，即温度的高低。温度越高，红外线的辐射越强烈。不同物体之间、同一物体的不同部位之间温度都不同，自身红外辐射的强烈程度与对红外线的反射程度都不同。物体与环境的温度不同，自身各部位温度也存在差异，利用红外热成像技术就可以感知到红外辐射的强弱，并直观显示这些差异，从而得知物体的温度分布、轮廓等特征。成像效果如图 10-3 所示。

可见光视角

红外视角

图 10-3　可见光 VS 红外热成像对比

（1）红外技术成像原理

红外热像仪能够捕捉目标发出的红外辐射，先通过红外探测器将其转换成电信号，再对电信号进行放大处理，最后根据电信号得出数字图像，就完成了红外辐射到视频的转化。整个过程如图 10-4 所示。

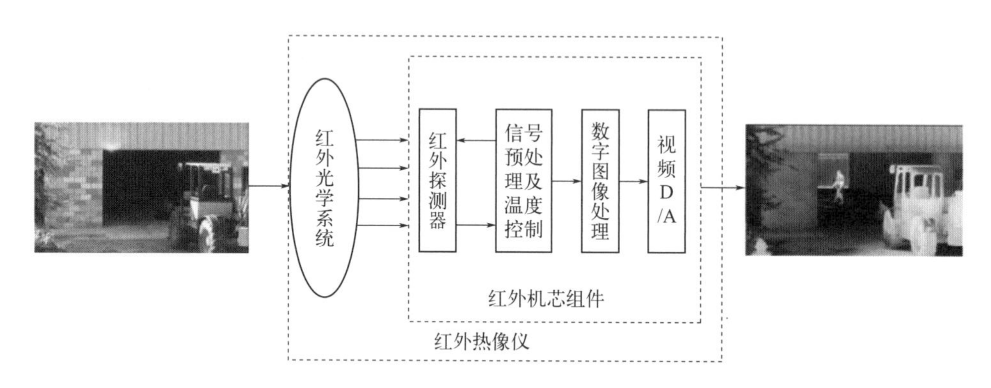

图 10-4　红外技术成像原理

红外技术成像具体分为三步：

- 第一步，红外探测器内的光电子可以吸收物体红外辐射的能量完成跃迁，并在这个过程中释放电子，因此会产生微弱的电信号，电流大小与红外辐射的强弱成正比；
- 第二步，在高压电场中聚集并加速电子，从而放大电信号，让目标红外辐射的分布情况更加清晰；
- 第三步，在图像显示单元中进一步处理电信号，最终得到电子视频信号。图像显示单元能够将电子视频信号输送到屏幕上，生成人眼可见的图像。

（2）核心部件：红外探测器

红外探测器是红外成像仪最重要的配件，可以用来捕捉物体发出的红外辐射，红外探测器的敏感程度关系到最终成像的质量。

红外探测器有制冷型和非制冷型两种，两种类型的特点与适用场景如表 10-1 所示。

表10-1　制冷型探测器和非制冷型探测器

类型	特点	应用场景
制冷型探测器	基于光电效应，也称光子型探测器。该型探测器需在液氮低温状况下工作，需要配置制冷器，具有灵敏度高、作用距离远的特点，但设备体积大、功耗大、寿命短	主要应用于航天、船舰等高端领域
非制冷型探测器	基于热敏材料温升后的物理性质变化，也称热探测器。该型探测器可以在常温下使用，具有轻便、结构简单、低成本、低功耗、长寿命的优势，但灵敏度低，观测距离较短	可以满足一般军事需求及大部分民用需求。车载红外技术一般采用该类型探测器

（3）红外热成像优势和不足

① 红外热成像的优势。相较于目前使用广泛的普通摄像头与雷达，红外热成像设备有以下几个方面的优势：

a. 由于物体与环境之间存在着温度与辐射率的差距，通过热辐射来区分生命体与背景，比通过光线来区分二者的效果更加明显，如图 10-5 所示。在最终得到的图像中，生命体的亮度更高，视觉效果更突出，也更能提醒驾驶员躲避行人和动物。

图 10-5 普通视角 VS 远红外视角（一）

b. 在光线较弱甚至没有光源时，光传感器的探测效果较差。但红外技术不依靠可见光成像，在无光源的情况下生成的图像依然清晰，因此适用于雨雪、大雾、夜晚等行车环境，如图 10-6 所示。

图 10-6 普通视角 VS 远红外视角（二）

c. 红外热成像技术不依赖可见光，其成像效果不会受前方的强光影响，因此驾驶员不会被眩光影响。在夜间会车时，时常会出现远近光灯交替闪烁的情况，这时红外成像技术就能够提供比较好的驾驶体验，如图 10-7 所示。

② 红外热成像的不足。

a. 红外技术成像的依据是单一的热信号，因此所呈图像只能体现景物的热辐射强度，不能体现色彩。相比轮廓清晰、纹理丰富的可见光图像，红外图像景物之间的界限也比较模糊，例如一个行人与一只站立的灵长类动物同时处于车辆前方，从红外图像上可能无法将二者区分。

图 10-7　普通视角 VS 远红外视角（三）

b. 红外技术根据物体的热辐射强度成像，温差小的物体最终的成像效果相似，灰度值相差不大，对比度也有限，很难分辨。夜间行车时，遇到两个行人并排而行，其界限可能并不清晰，甚至是模糊的一团高亮，无法分辨出来。

c. 用于接收热信号的红外探测器阵列较少，导致单元探测器的体积较小，接收信号的能力较低，最终成像的分辨率也就较低。

d. 红外成像的过程中有各种噪声来源，因此成像的信噪比很低，图像的噪点很多，因此最终成像也较为模糊。这一点与可见光成像是相同的。

10.2.2 红外热成像在自动驾驶中的应用

现有的雷达、摄像头等智能驾驶传感设备都是依靠可见光来获取环境信息的。具体过程是通过可以感知可见光的传感器接收物体自身的光线或物体反射的其他光源的光线，再经过光电转换后，由图像处理器转化成最终的图像。而可见光十分依赖光源，在有障碍物阻挡光源、恶劣天气、能见度低等情况下，如图 10-8 所示。

图 10-8　可见光在极端条件下成像效果

可见光传感器很难从环境中接收物体发出的光或物体反射的其他光源的光线，这时就需要红外技术发挥作用获取环境信息。多种传感器互相融合是自动驾驶的一个发展方向，其他传感器可以生成比红外传感清晰度更高、边界更明显、色彩更鲜艳的图像，红外传感器也可以弥补其他传感器在恶劣行车条件下无法有效发挥作用的不足。多种传感器彼此配合，使车辆的感知功能可以全时段覆盖，最终提升驾驶的安全性。因为具备独特的优势，红外传感在现有汽车上的应用已经越来越广泛，功能性也逐渐增强。目前已经可以实现对车辆周围的360°实时监测，还可以与其他种类的传感器相互配合辅助驾驶。红外技术在一些其他系统中也有应用，例如可以提升紧急制动系统的制动效果，还可以在数字座舱中发挥作用，以识别驾驶员身份，或防止驾驶员疲劳驾驶。

单一种类的传感器在使用过程中存在着各个方面的问题，如感知错误、感知遗漏、感知的精度较低等问题。多种传感器融合使用则能同时获取各种形式的信息，各种信息之间相互参照、互为补充，使最终得到的感知效果更加清晰、更加准确，可以提高汽车各系统的容错率，还能增强信息冗余性，为驾驶员的决策提供准确的依据，使驾驶更加安全。

例如，由于车载激光雷达的信号会受到车辆自身的遮挡，探测结果会有一定程度的偏差，而如果融合红外技术进行感知，就可以实现对车周信息的无死角获取，充分了解环境信息（图10-9），可以降低感知错误、感知遗漏的发生概率。

图10-9　多传感器融合感知（1）

又比如，步行或驾驶非机动车的行人由于体积较小，单纯使用激光雷达进行探测，能够返回的信号有限，因此探测结果可能较差。但由于行人和环境有较大温差，红外感知的结果可能较好，融合使用两种传感器就能避免漏测或误测，如图 10-10 所示。

图 10-10 多传感器融合感知（2）

相较于可见光摄像头、毫米波雷达、激光雷达等传感设备，红外摄像头的技术优势主要在于可以在夜间行车时发挥作用，且受雨雪、雾霾等恶劣天气的影响较小。此外，红外摄像头对活物的监测灵敏度非常高，可以在上述行车环境中为驾驶员的安全行驶，甚至智能汽车的自动驾驶提供技术保障。

10.2.3 红外热成像在车辆检修中的应用

红外成像技术可用于检测车身各个部位的温度，借此排查车辆异常发热的零部件，诊断各部分的功能缺陷和潜在风险时，效果往往更好，效率更高，也更加精确。具体可以用于检查刹车片等会因为摩擦发热的部件，或排气管、发动机、车窗加热装置等运行中温度升高的部件。

红外热成像在车辆检修中的应用主要体现在以下几个方面，如图 10-11 所示。

（1）发动机故障诊断

传统的诊断发动机故障的方法一般是检查发动机的振动和工作中的噪声，但这种方法过于简陋，难以排查出比较细微、复杂的结构故障。

一些发动机上的裂隙很难通过肉眼分辨，普通的工具也难以将其检测出来，但发动机上的细小裂纹会漏出很多灼热废气，导致温度上升。因此，使用红外感知手段可以快速找到故障位置，也可以很方便地检验维修的效果。

（2）制动系统故障诊断

车辆的制动性能直接受温度影响，异常的高温会使刹车灵敏度下降。通过红外感知技术可以有效监测刹车片的温度，还能预测刹车片的温度变化趋势，从而保证制动系统的正常工作。

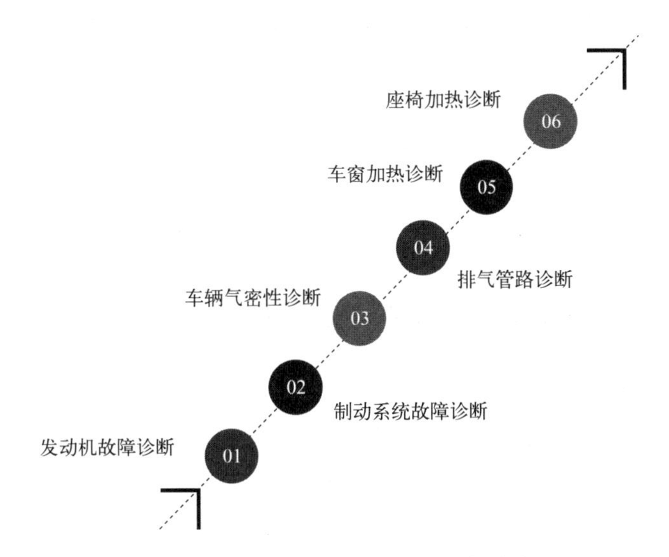

图 10-11　红外热成像在车辆检修中的应用

（3）车辆气密性诊断

与故障检验的原理相同，可以根据车内红外感知的结果判断车辆的气密性。车辆内不密闭的部位会发生气体泄漏，打开车辆的空调系统，并利用红外感知技术持续监测车内各部分的温度，如果红外图像显示某一部分的气温低于车内平均水平，那么说明这一部分和外界的气体发生了交换，此处的车体有缝隙。

（4）排气管路诊断

汽车排气管若有损坏，可能会影响到发动机的性能、底盘轴承的耐久度、电气设备的使用寿命和驾驶的舒适性。燃油的不充分燃烧和压缩比过高都会导致汽车排气管的异常高温，通过红外热像仪对汽车排气管的温度进行监测，可以快速发现以上隐患，延长汽车的使用寿命。

（5）车窗加热诊断

车窗的加热丝非常重要，可以在雨雪天气下保持后窗的干燥，便于司机观察道路状况。使用红外热像仪可以快速检查加热丝是否有熔断，保障驾驶的安全。

（6）座椅加热诊断

原理与车窗加热诊断相同，红外热像仪也可以对座椅中的加热丝进行检查，确定其是否有熔断现象并快速定位故障。

此外，红外热像仪还可以用于其他一些部件的检修，比如检查水箱水管是否有淤堵、电路是否老化、继电器能否正常工作、汽车的电子元器件和电路板是否有异常高温、空调管道是否泄漏、制冷设备是否损坏等。在汽车零部件的检查维修中，使用热像仪可以有效降低成本，还能缩短寻找故障的时间，提高检修效率。

总而言之，将红外热像仪用于车辆检修有以下优势：

① 红外热像仪成像属于非接触测温，更全面、更快速、更简便；

② 对于测温区域的选择比较自由，温度高低一目了然，可以快速锁定异常的高温低温区域；

③ 可见光与红外线相结合，直接显示异常部位的温度，能帮助驾驶员快速找到故障原因；

④ 能够自动采集测温数据，并将结果可视化，帮助检修人员制定维修策略。

10.2.4 全球红外热成像领域的典型玩家

（1）艾睿光电

睿创微纳总部位于烟台，是一家专营非制冷红外热成像与MEMS传感技术的高新技术企业，致力于专用集成电路与红外成像产品的设计与制造。目前具备多光谱传感研发的核心技术与AI算法研发能力，深耕红外、微光、微波领域，为全球提供红外探测器、机芯模组、红外热像仪整机、微光、微波产品及专属光电系统。

其子公司艾睿光电是非制冷红外热成像行业的领军者，具备完全自主知识产权，研发人员占比48%，已获授权及受理知识产权项目共2030件、国内专利及专利申请1299件，包括但不限于集成电路芯片、MEMS传感器设计和制造、Matrix Ⅳ图像算法、AItemp智能精准测温算法、IR-Pilot红外AI智驾方案等。

2022年1月，艾睿光电提出了可以适配任何场景的IR-Pilot汽车红外热成像方案，推出了256×192、384×288、640×512、1280×1024、1920×1080等多种分辨率的车载红外摄像头，可以满足多种视角、多种场景、多种距离的探测需求。不止如此，IR-Pilot系列的红外热成像装置还拥有良好的生物测温能力，可用于智能座舱的搭建，为乘载人员的隐私提供保障，还能实时监测车上成员的生命体征。

2023年上海车展的多种车型都搭载了艾睿光电的红外探测产品，包括比亚迪仰望U8、大运运航系列。还有搭配艾睿光电红外装置的汽车技术，如滴滴自动驾驶。此外，艾睿光电还与图森未来、踏歌智行、智加科技等公司达成合作，将红外热成像技术应用于卡车、矿用车上。

（2）轩辕智驾

轩辕智驾有限公司成立于2016年7月，总部位于武汉，是武汉高德红外股份有限公司的子公司。轩辕智驾以自主研发、自主生产的红外产品积极开拓市场，以安全可控的核心技术为支撑，实现远红外技术的应用。代表产品有N-Driver640S车载红外摄像头、AI算法盒、COIN612一元红外芯、TIMO120微型红外模组，应用于智能驾驶系统、智能座舱中。

目前，轩辕智驾已经中标多个夜视系统前装项目，其中包括东风“猛士科技”、广汽埃安、陕汽重卡。

（3）广州飒特

广州飒特红外致力于红外热像仪的研发、生产与销售，公司拥有自主研发能力，是我国红外热像仪领域的首家民营企业，曾研发了我国第一台民用的红外热电视产品。

在 2023 年的 AWE 家电与消费电子展上，飒特红外向外界推出了“NV628 车载夜视辅助系统”，该系统搭载远红外镜头与 DSP 微型处理器，使用红外数据图像细节增强技术（DDE）与 AI 行人识别算法，对前方车辆的识别距离可以达到 500m，识别行人的有效距离能达到 120m。

（4）Veoneer 维宁尔

维宁尔电子有限公司是一家专门从事汽车雷达、摄像头、驱动器等汽车电子安全产品的研发与生产销售的企业，专注于汽车电子系统的研发，提升驾驶的安全性。公司既有硬件开发制造能力，也有软件研发能力，主要产品包括自动驾驶域控制器、主被动安全系统以及自动驾驶传感器。

维宁尔是全球范围内车载红外热成像系统规模化生产的成功范例，其生产的配备 FLIR 机芯的热成像传感系统被配置在一众高端车型上，如奔驰 S400、奥迪 A6、奥迪 A8、奥迪 Q7、宝马 7 系、凯迪拉克 CT6、标致 508L、DS7、大众辉昂、大众途锐等。

当前，维宁尔的热成像传感系统已经发展到第四代，第四代产品配备了 FLIR BOSON 640 紧凑型长波红外热像仪机芯，相比宝马 7 系等车型上搭载的第三代产品，第四代体积更小、重量更轻、探测范围更大。同时，第四代产品的算法进行了更新，可以更精确地识别车辆、行人，为 AEB 系统提供支持，最高能在 L4 级自动驾驶中发挥作用。

（5）FLIR System

美国菲利尔公司（FLIR Systems）成立于 1978 年，倡导车载红外热成像系统的高性能与低成本化。菲利尔公司是全球创新成像领域的领头羊，生产的产品主要有热成像仪、航空摄像机和机械检测系统，应用于全球 60 多个国家的工商业及政府办公中。FLIR 不断收购其他公司，推出新产品，提升市场份额，目前维持着全球市场的最高占有率。

在车载红外领域，FLIR 主营热成像机芯产品，将产品提供给主机厂与零件供应商。麦姆斯咨询数据显示，FLIR 通过与 Autoliv（瑞士公司，Veoneer 的前母公司）达成合作，提供了超过 70 万个红外热成像机芯给奔驰、奥迪、通用等汽车厂商。

（6）ADASKY

ADASKY 是一家以色列初创企业，主要从事智能高分辨率热感系统的开发，该系统能够提升车辆安全和感知应用能力。除此以外，公司还提供智能城市道路解决方案。

ADASKY将军工级成像设备改造，并将其应用于智能汽车领域，将智能算法与FIR传感技术相结合，用一个小型固件容纳传感器，称为“ Viper”。ADASKY让该传感器加入到自动驾驶技术协同工作的领域中，填补其他方案留下的空白，加强车辆对周围环境的感知和决策能力。为了提升“Viper”的性能，公司还与意法半导体公司共同研发了一款图像处理器芯片，该芯片可以让“Viper”实现24h持续工作。

（7）Stoneridge-Orlaco

Orlaco公司成立于1988年，为挖掘机、卡车、起重机、叉车等重型车辆提供摄像系统。从2017年开始，Orlaco公司成为Stoneridge Inc. 的一部分。Stoneridge是一家美国上市公司，在12个国家的27个城市都有分公司。两家公司的融合，使Stoneridge-Orlaco在商用与工业汽车的摄像头和监控领域有了一定的威望。

（8）ULIS

ULIS成立于2002年，是Sofradir Group的子公司。ULIS的业务遍及欧洲、亚洲以及北美市场，产品涉及安防、测温、国防、户外休闲等传统领域，同时也深耕于智能建筑、道路安全、汽车驾驶辅助系统等新领域。ULIS的母公司有30多年的红外成像生产历史，因此ULIS拥有较强的自主研发能力。

参考文献

[1] 李克强，戴一凡，李升波，等. 智能网联汽车（ICV）技术的发展现状及趋势 [J]. 汽车安全与节能学报，2017,8(01):28-32.

[2] 张欣迪，沈文涛，莫骁鸣. 货运车辆主动安全预警系统 [J]. 时代汽车，2023,(09):184-186.

[3] BlackBerry 联合麦格纳开发下一代高级驾驶辅助系统 [J]. 单片机与嵌入式系统应用，2022,22(07):95.

[4] 王少峰. 高级驾驶辅助系统建模与仿真测试研究 [D]. 南昌：南昌大学，2022.

[5] 钟明霞，姜柏军. 红外热成像技术在 ADAS 系统中的应用 [J]. 激光与红外，2022,52(05):721-725.

[6] 李俊凯，肖挥厘，李国强. 高级驾驶辅助系统课程教学探索 [J]. 汽车实用技术，2022,47(07):156-160.

[7] 何班本，程梁柱，夏钰璋，等. 高级驾驶辅助系统测试浅析及评价模型 [J]. 汽车文摘，2022,(02):58-62.

[8] 何班本，罗婵，文翊. 高级驾驶辅助系统状态机人机交互设计 [C]// 中国汽车工程学会（China Society of Automotive Engineers）. 2021 中国汽车工程学会年会论文集（1）. 东风汽车公司技术中心；国家汽车质量监督检验中心（襄阳），2021:6.

[9] 王飞，张科，全坤. 高级驾驶辅助系统热仿真 [J]. 电子机械工程，2021,37(05):44-47.

[10] 郑刚，张朝阳，组兆飞，等. 高级驾驶辅助系统硬件在环测试平台研究 [J]. 现代电子技术，2021,44(20):65-68.

[11] AllegroMicroSystems 公司推出新款传感器可用于新一代高级驾驶辅助系统 [J]. 汽车与新动力，2021,4(03):5.

[12] 何班本，文翊，李瑞翩. 高级驾驶辅助系统传感器布置策略研究 [J]. 汽车文摘，2021,(06):50-55.

[13] 何班本，文翊，刘帅. 高级驾驶辅助系统（Level2）开发研究 [J]. 汽车文摘，2020,(12):48-53.

[14] 徐洋. 简述汽车高级驾驶辅助系统 ADAS 的影像化趋势 [J]. 内燃机与配件，2020,(20):187-189.

[15] 西门子 Simcenter 全新的汽车自动驾驶 & 高级驾驶辅助系统测试解决方案 [J]. 汽车制造业，2020,(12):37.

[16] 张历童. 可视化卷积神经网络在高级驾驶辅助系统中的应用研究 [D]. 广州：华南理工大学，2020.

[17] 钱国刚，闫祯，李春，等. 乘用车高级驾驶辅助系统节油技术发展现状 [J]. 北京汽车，2020,(02).

[18] 肖宇，陈传阳，肖鑫，等. 高级驾驶辅助系统标准测试场景研究 [J]. 智能网联汽车，2020,(02):93-96.

[19] 陈娟娟，陈传阳，葛炳南等. 国内外高级驾驶辅助系统标准测试场景研究 [J]. 交通节能与环保，2020,16(01):29-32.

[20]陈杰．基于 x86SoC 的车辆智能驾驶舱和高级驾驶辅助系统设计 [D]．南京：南京邮电大学，2018．

[21]徐继财．对于高级驾驶辅助系统 EDR 数据的读取 [J]．汽车实用技术，2019,(21):48-49．

[22]史璐，石振新，高发．汽车 360 度全景影像系统及其应用前景研究 [J]．科技风，2019,(29):19．

[23]杨维生．ADAS 雷达感应器微波基板研发探讨 [C]// 中国电子材料行业协会覆铜板材料分会（CCLA），中国电子电路行业协会 (CPCA) 覆铜板分会．第二十届中国覆铜板技术研讨会论文集．南京电子技术研究所，2019:12．

[24]孙宝明．无人驾驶汽车技术解析 [J]．中国新技术新产品，2019,(18):15-16．

[25]李石．采用摄像头传感器的高级驾驶辅助系统硬件在环测试研究 [J]．机械工程师，2019,(09):87-89．

[26]万旭升．高级驾驶辅助系统评价方法及软件实现 [D]．重庆：重庆大学，2019．

[27]孙兴智．高级驾驶辅助系统对驾驶员表现的影响研究 [J]．汽车文摘，2019,(04):58-60．

[28]俞庆华．安波福将为广汽新能源汽车提供高级驾驶辅助系统 [J]．汽车零部件，2018,(09):56．

[29]郭剑鹰，陈晓，高升．高级驾驶辅助系统前视摄像头硬件在环测试 [J]．光学仪器，2018,40(03):22-27．

[30]张琪．基于 dSPACE 的高级驾驶辅助系统测试技术研究 [D]．保定：河北农业大学，2018．

[31]胡艳峰，唐键，黄河．高级驾驶辅助系统在纯电动重型牵引车上的应用 [J]．汽车电器，2018,(04):11-12+17．

[32]柏麟．智能网联汽车 ADAS 及 V2X 技术推广动态浅析 [C]// 中国智能交通协会．第十二届中国智能交通年会大会论文集．中国汽车工程研究院股份有限公司技术经济咨询部，2017:9．

[33]边宁，赵保华，赖锋，等．基于高速公路的半自动驾驶辅助系统的开发与应用 [J]．汽车安全与节能学报，2017,8(02): 149-156．

[34]JanduJ．高级驾驶辅助系统安全功能焦点 : 全景环视系统 [J]．今日电子，2017,(Z1):60-62．

[35]Intersil 的同步降压稳压器为车载信息娱乐和高级驾驶辅助系统应用提供负载点电源转换功能 [J]．汽车零部件，2016,(04):93．

[36]ArmstrongT．高级驾驶辅助系统的采用即将出现改变 [J]．中国集成电路，2016,25(04):87-89．

[37]QNX 推出用于高级驾驶辅助系统和自动驾驶的全新软件平台 [J]．电子设计工程，2016,24(04):55．

[38]瑞萨电子展示最新推出的 R-CarV2H 高级驾驶辅助系统技术 [J]．汽车零部件，2015,(03):77．

[39]宋宁．高级驾驶辅助系统学习功能的设计与实现 [D]．沈阳：东北大学，2014．